陈兴良作品集

篆刻：魏璟岳

陈兴良作品集 10

立此存照

陈兴良 编著

高尚挪用资金案侧记

（增补版）

北京大学出版社
PEKING UNIVERSITY PRESS

图书在版编目（CIP）数据

立此存照：高尚挪用资金案侧记：增补版／陈兴良编著．—2版．—北京：北京大学出版社，2021.2
ISBN 978-7-301-31971-0

Ⅰ.①立… Ⅱ.①陈… Ⅲ.①经济犯罪—案例—中国 Ⅳ.①D924.335

中国版本图书馆CIP数据核字（2021）第013736号

书　　　名	立此存照：高尚挪用资金案侧记（增补版）
	LICI CUNZHAO: GAOSHANG NUOYONG ZIJIN AN CEJI
	（ZENGBU BAN）
著作责任者	陈兴良　编著
责任编辑	焦春玲　陈　康
标准书号	ISBN 978-7-301-31971-0
出版发行	北京大学出版社
地　　　址	北京市海淀区成府路205号　100871
网　　　址	http://www.pup.cn　http://www.yandayuanzhao.com
电子信箱	yandayuanzhao@163.com
新浪微博	@北京大学出版社　@北大出版社燕大元照法律图书
电　　　话	邮购部 010-62752015　发行部 010-62750672
	编辑部 010-62117788
印　刷　者	三河市北燕印装有限公司
经　销　者	新华书店
	880毫米×1230毫米　32开本　9.125印张　255千字
	2014年10月第1版
	2021年2月第2版　2021年2月第1次印刷
定　　　价	39.00元

未经许可，不得以任何方式复制或抄袭本书之部分或全部内容。

版权所有，侵权必究

举报电话：010-62752024　电子信箱：fd@pup.pku.edu.cn
图书如有印装质量问题，请与出版部联系，电话：010-62756370

目 录

"陈兴良作品集"总序	001
增补版前言	001
序	001
Ⅰ 引言：一步一步走向洞穴深处	001
Ⅱ 梗概：高尚挪用资金案案情简介以及评析	007
Ⅲ 进程：相关法律文书以及评析	021
2005年5月13日 淮北市公安局提请批准逮捕书	023
2005年7月18日 淮北市公安局起诉意见书	027
2006年3月21日 淮北市相山区人民检察院起诉书	031
2006年6月12日 一审辩护词	037
2006年9月8日 淮北市相山区人民法院一审判决书	042
2006年9月13日 淮北市相山区人民检察院抗诉书	078
2006年10月16日 二审辩护词	080
2006年12月11日 淮北市中级人民法院刑事判决书	083
2008年3月25日 淮北市中级人民法院驳回申诉通知书之一	106
2009年7月30日 淮北市中级人民法院驳回申诉通知书之二	111
2011年2月23日 安徽省高级人民法院驳回通知书	113
2012年11月29日 最高人民法院立案一庭通知书	116
2013年1月19日 专家法律意见书之一	119
2013年3月8日 高尚向最高人民检察院递交的刑事申诉状	132
2013年10月14日 高尚案两审公诉人给最高人民检察院的报告	138

| IV | 众议:媒体报道、评论以及对评论的评论 | 141 |

2013年11月22日 《中国青年报》:安徽退休检察官向最高检
举报自己办错案 143

2013年11月25日 《法制日报》:安徽省检察院回应"退休检
察官自检办错案" 153

2013年11月下旬 媒体及自媒体上对高尚案的评论四则 154

2013年12月 媒体对公诉人孟宪君的访谈两则 161

| V | 回音:舆论聚光灯下的程序再启以及评析 | 179 |

2013年12月4日 专家论证意见书之二 181

2014年2月26日 正义网:安徽淮北退休检察官坚持举报错案
自己反遭调查 190

2014年4月8日 安徽省高级人民法院再审通知书 198

2014年11月20日 高尚挪用资金案再审辩护词 200

2014年12月8日 安徽省高级人民法院刑事判决书 209

| VI | 感言:如何尽可能地避免错案 | 235 |
| VII | 附录:无冤——司法的最高境界 | 251 |

"陈兴良作品集"总序

"陈兴良作品集"是我继在中国人民大学出版社出版"陈兴良刑法学"以后,在北京大学出版社出版的一套文集。如果说,"陈兴良刑法学"是我个人刑法专著的集大成;那么,"陈兴良作品集"就是我个人专著以外的其他作品的汇集。收入"陈兴良作品集"的作品有以下十部:

1. 自选集:《走向哲学的刑法学》
2. 自选集:《走向规范的刑法学》
3. 自选集:《走向教义的刑法学》
4. 随笔集:《刑法的启蒙》
5. 讲演集:《刑法的格物》
6. 讲演集:《刑法的致知》
7. 序跋集:《法外说法》
8. 序跋集:《书外说书》
9. 序跋集:《道外说道》
10. 备忘录:《立此存照——高尚挪用资金案侧记》(增补版)

以上"陈兴良作品集",可以分为五类十种:

第一,自选集。自1984年发表第一篇学术论文以来,我陆续在各种刊物发表了数百篇论文。这些论文是我研究成果的基本载体,具有不同于专著的特征。1999年和2008年我在法律出版社出版了两本论文集,这次经过充实和调整,将自选集编为三卷:第一卷是《走向哲学的刑法学》,第二卷是《走向规范的刑法学》,第三卷是《走向教义的刑法学》。这三卷自选集的书名正好标示了我在刑法学研究过程中所走过的三个阶段,因而具有纪念意义。

第二,随笔集。1997年我在法律出版社出版了《刑法的启蒙》一书,这是一部叙述西方刑法学演变历史的随笔集。该书以刑法人物为单元,以这些刑法人物的刑法思想为线索,勾画出近代刑法思想和学术学派的发展历史,对于宏观地把握整个刑法理论的形成和演变具有参考价值。该书采用了随笔的手法,不似高头讲章那么难懂,而是娓娓道来亲近读者,具有相当的可读性。

第三，讲演集。讲演活动是授课活动的补充，也是学术活动的一部分。在授课之余，我亦在其他院校和司法机关举办了各种讲演活动。这些讲演内容虽然具有即逝性，但文字整理稿却可以长久地保存。2008年我在法律出版社出版了讲演集《刑法的格致》，这次增补了内容，将讲演集编为两卷：第一卷是《刑法的格物》，第二卷是《刑法的致知》。其中，第一卷《刑法的格物》的内容集中在刑法理念和制度，侧重于刑法的实践；第二卷《刑法的致知》的内容则聚焦在刑法学术和学说，侧重于刑法的理论。

第四，序跋集。序跋是写作的副产品，当然，为他人著述所写的序跋则无疑是一种意外的收获。2004年我在法律出版社出版了两卷序跋集，即《法外说法》和《书外说书》。现在，这两卷已经容纳不下所有序跋的文字，因而这次将序跋集编为三卷：第一卷是《法外说法》，主要是本人著作的序跋集；第二卷是《书外说书》，主要是主编著作的序跋集；第三卷是《道外说道》，主要是他人著作的序跋集。序跋集累积下来，居然达到了一百多万字，成为我个人作品中颇具特色的内容。

第五，备忘录。2014年我在北京大学出版社出版了《立此存照——高尚挪用资金案侧记》一书，这是一部以个案为内容的记叙性的作品，具有备忘录的性质。该书出版以后，高尚挪用资金案进入再审，又有了进展。这次收入"陈兴良作品集"增补了有关内容，使该书以一种更为完整的面貌存世，以备不忘。可以说，该书具有十分独特的意义，对此我敝帚自珍。

"陈兴良作品集"的出版得到北京大学出版社蒋浩副总编的大力支持，收入作品集的大多数著作都是蒋浩先生在法律出版社任职期间策划出版的，现在又以作品集的形式出版，对蒋浩先生付出的辛勤劳动深表谢意。同时，我还要对北京大学出版社各位编辑的负责认真的工作态度表示感谢。

是为序。

陈兴良
2017年12月20日
谨识于北京海淀锦秋知春寓所

增补版前言

《立此存照：高尚挪用资金案侧记》出版以后，高尚挪用资金案又有了一些进展，本书第一版末尾就提及本案已经被安徽省高级人民法院提起再审。为此，高尚精心准备参加再审。再审的辩护人是邬明安，中国政法大学刑事司法学院的副教授。据说，再审的庭审效果还不错，但判决结果并不尽如人意。再审判决只是核减了部分挪用数额，但仍然维持了原先的量刑结果。收入本书的再审辩护词和再审判决书，可以完整地展示本案的最终司法裁判结果。对于我来说，再审的判决结果是在预料之中的，其中的内情亦有所知悉。尽管这仍然是一个有罪判决，但对于当事人高尚来说，这已经是所能争取到的最好结果。

已经好长时间没有高尚的消息了，前不久从与高尚关系较为密切的一位朋友那里得到消息，高尚又"进去"了，第二次吃官司。不知道这个消息是否确切，也不知道这次"进去"和本书所记述的挪用资金案有没有关系。在中国，不知道的事情还很多。也许有一天，高尚还会站在我的面前，向我叙说他第二次"进去"的遭遇。于是，我又能知道他第二个案件的各种信息。不过，本书不可能再有第三版了。所以，我还是希望把高尚给忘了，就当我从来没有遇见过这么一个人。当然，本书还是会长久地存世，也算是为了忘却的纪念吧。

谨识于北京海淀锦秋知春寓所
2020 年 7 月 12 日

增补版前言

序

与其说这是一本书,不如说是一份案卷。其实,有时候阅读一份案卷要比阅读一本书还要增长知识。对于法律人来说,尤其如此。

高尚挪用资金案是我所接触到的一个普通经济犯罪案件,我对它的关注仅仅因为这个案件的独特"经历":从基层人民法院、中级人民法院、高级人民法院到最高人民法院,经过了四级法院的审理。除了基层人民法院的一审和中级人民法院的二审,高级人民法院和最高人民法院都是申诉审。更为难得的是,该案在长达八年的诉讼和申诉过程中,积累了各级法院的司法文书,这些司法资料见证了这个案件漫长的申诉之旅,也使我们得以旁观这个案件的进展。

案件是因纠纷而形成的法律事件,而刑事案件则是因刑事追究而形成的法律事件。司法活动就是以案件为中心展开的。司法实践中,案件的数量是一个天文数字,我们不可能关注每一个案件,但通过某些或者某个典型案件,我们还是可以发现一些问题,获得一些启发。高尚挪用资金案就是如此:从案件的形成,到逮捕、起诉、判决,都可以觉察到法外的因素。至于判决生效以后的漫长申诉过程,更是反映了我国司法目前面对的窘境。

本书的前半部分,曾经发表在我主编的《刑事法评论》第33卷(北京大学出版社2013年版)。发表之际,新闻媒体又上演了一出"退休检察官向最高人民检察院举报自己办错案"的闹剧。这里的"闹剧"不是贬义词,而是形容这一新闻的爆炸性,此谓之"闹",以及离奇性,此谓之"剧"。上述新闻中的退休检察官孟宪君,就是高尚挪用资金案一审和二审的公诉人。孟宪君的这一举动,使高尚挪用资金案以一种全新的姿态呈现在社会公众面前,这也是我在写作《立此存照:高尚挪用资金案侧记》一文时始料不及的。当这一新闻传播开来时,我的文章已经交付出版,不能再作增补。《刑事法评论》第33卷面世以后,该文引起了读者的兴趣。北京大学出版社蒋浩副总编读了该文,也颇有感触,希望我增补以后,以单行本的形式出版。本来只是一篇文章,既然已经发表,出书也没有太大的必要。但考虑到文章截稿以后,高尚挪用资金案进一步演变,相关内容并未收入该文。为此,我答应蒋浩将文章充实、扩展,最终形成读者面前的这本小册子。其实,本书所反映的还是这个案件浮现在表面的东西,而只有把高尚挪用资金案背后的那些内容揭示出来,才能发现这个案件的真相。当然,这是我难以做到的。也许有一天本书还要出版修订版,那应该是高尚挪用资金案获得"平反"之日。也许这一天永远不会到来,本书就是这个案件的墓志铭。

本书还收录了《无冤——司法的最高境界》一文,是我对佘祥林等四件冤案的点评文章。"无冤是司法的最高境界"这个命题,我在多年前发表在《民主与法制》上的一篇案件点评中就已经提出,可惜这篇短文已经找不到了。此后,我在研究客观真实与法律真实问题时,曾经有过反思,认为在任何司法体制下,无冤都是不可能做到的。因此,是否就此得出结论,这个命题是错误的呢?现在想来,不能得出这个结论。因为,"无冤是司法的最高境界"这个命题,表达的是我们对理想的一种追求,尽管难以实现,还是应当心向往之。这里需要指出,普通刑事犯罪的冤案与经济犯罪的错案还是存在较大区别的:前者主要是证据问题,而后者更多的是定性问题。但是,无论是普通刑事犯罪案件还是经济犯罪案件,都应当得到公正处理,这是司法公正的应有之意,这一点是共同的。因此,我们不仅应当关注冤案,而且还要关注错案。

在本书行将定稿之际,高尚收到了安徽省高级人民法院的再审通知书。从该再审通知书所引《刑事诉讼法》条文的内容来看,本案前景并不乐观。我很希望本书在本案有了最新的再审结果以后,再行付样。但蒋浩副总编还是催促我抓紧完成本书,在这种情况下,高尚挪用资金案前景未明之际,本书与读者见面,给读者留有一个悬念。我与蒋浩约定:无论高尚挪用资金案最终的结果如何,当再审结果出来以后,我都将出版本书的修订版,收入高尚案件的最终处理结果。

本书在写作过程中,得到蒋浩副总编的大力支持和鼓励,本书责任编辑陈蔼婧女士为本书出版付出了辛勤的劳动,特表深切的谢意。当事人高尚为我提供了本案的各种资料,使本书能够以现在的面目与读者见面。记者郑飞为本书的写作提供了便利,我的博士生袁国何为本书写作提供了帮助。对此,深表谢意。

最后,我还要对收入本书的司法文书、辩护词、专家意见书、媒体访谈和评论的众多作者表示深切的感谢。由于本书具有资料汇集的性质,正是这些作品,无论是职务作品还是非职务作品,完整地呈现了高尚挪用资金案的面貌,成为本书写作的资料来源。在我无法逐一征得以上作者同意的情况下,希望获得各位作者的谅解。若有需要,请与北京大学出版社或者我本人联系。

此记。

谨识于北京海淀锦秋知春寓所
2014 年 4 月 1 日愚人节

I

引言:一步一步走向洞穴深处

2013年春节后不久的一天,一个名叫高尚的当事人访问了我,他为其自身的刑事案件,正在各处申诉奔波。春节前,我应邀参加过高尚挪用资金罪的专家论证,与会专家一致认为,该案定性确有错误。这次,高尚又特意来访。高尚大约四十出头的年纪,衣着整洁,相貌端正。从形象上来看,不像一般的上访人员。因为上访人员在我的印象中总是破衣烂衫的,多少有些祥林嫂一样的倾诉欲望,而高尚更像是一个工程技术人员。其实,目前他是一个较为成功的商人。虽然申诉屡屡失败,经商却颇有斩获。本案之所以发生,正是因为高尚太有生意头脑,因此现在经商成功也不意外。这也叫做"失之桑榆,收之东隅"。总之,高尚给我的印象是极为理性的。当然,骨子里还是有着一份执著,否则也不会出监这么多年以后还在四处奔波,八方申诉。

我在家里接待了高尚,他给我看了新近收集的一些案件材料,并提供了电子版。这些材料中有最高人民法院立案一庭的驳回通知书——此前不久,高尚的案件刚刚被最高人民法院驳回申诉。我对高尚说,你这个案件的申诉几乎走到头了,再想翻案难乎其难。我之所以说"几乎",是因为还有最高人民检察院抗诉这一最后的程序可走,但到目前为止,我还没有见到过最高人民检察院为追求被告人无罪的结果,而向最高人民法院提起抗诉的。高尚似乎并不甘心,还是要司法机关"给个说法"。自从张艺谋的电影《秋菊打官司》走红以后,"给个说法"几乎成为申冤者们的口头禅。高尚对自己的行为不构成犯罪似乎胸有成竹,一再强调自己的案件是当地市委书记干预的结果。几乎每一个向我诉说案情的申诉人,甚至包括一些律师,都会向我提到各种案外因素,领导干预就是最为常见的一种。有的还会给我讲一个曲折复杂的故事,仿佛离开了这些案外因素就无法理解案情。但这些案外的因素或者故事又往往是没有证据能够证实的,所以我只是顺耳听听而已。其实,讨论一个案件并不需要了解太多的案外因素。有时即使当事人没有说,面对一个怪异的案件,我们也自然会触摸到或者猜测到案外因素的存在。因此,对于法律判断来说,案外因素并不重要。

    高尚这个案件经过这么多年的申诉,案件材料已经积攒了不少。高尚说自己的案件主要是证据问题,其实,该案的主要问题还是法律适用问题。高尚这个案件从基层人民法院(以下简称基层法院)一审,到中级人民法院二审,再到高级人民法院(以下简称高级法院)驳回申诉,最后是最高人民法院(以下简称最高法院)驳回申诉,已经走完了我们国家的四个审级。我国实行的是二审终审制度,一般案件到了二审,维持原判也就结束了审判。但我国又存在申诉及再审制度:一个案件在终审以后,还可以提起申诉;申诉从终审的法院开始,一直可以申诉到最高法院。在申诉过程中,各级人民法院如果认为原判确有错误,都可以提起再审,从而推翻原判。因此,如果当事人认为自己的案件在认定事实或者适用法律上确有错误,随时可以提起申诉。高尚这个案件就是如此。但是,申诉而获得再审继而推翻原判,概率是极低的,程序的存在只是让人从门缝中看到一丝光亮而已。即使是这么一丝光亮,也使当事人像飞蛾扑火一样,趋光而至。高尚就是这样,最终还是撞到了南墙。不过,他仍然不服,认为省高级法院和最高法院在申诉过程中并没有仔细地审查他的材料。也许,高尚说得是对的。但面对成千上万个像高尚一样的申诉人,高级法院和最高法院怎么能够像一审、二审那样,对一个陈年旧案进行全面审查呢?再说,一些案件的案情本身就极为复杂,不是在三头六面的情境下,仅有书面审查,要想弄明白案情都不太可能,又怎么能够指望通过申诉审查得出一个反面的结论呢?除非这个案件的原审判决漏洞百出。对于高尚的案件,专家在论证的时候也是事前阅读了所有案卷,并由律师介绍案情以后才得以了解整个案件经过,经过充分讨论以后才得出初步结论。因此,对一个案件,尤其是复杂疑难案件的了解,如果不下工夫是十分困难的。

高尚的申诉材料包含了从基层法院到最高法院各个审级法院的司法文书。高尚的意思是想让我对这个案件再专门研究一下,若有可能再进一步帮助他申诉。帮助申诉对于我来说是一个难题,但考虑到高尚案件的材料较为齐全,对这个案件进行专门研究倒是具备条件。如果我是一个面对申诉的法官,能否从这些案件材料中对案件作进一步的解剖,尤其是对于案内与案外的各种因素进行实证性描述?这个念头在我的脑海中升腾,我让高尚把这些材料给我留下,等我有时间再慢慢看,有消息了再告诉他。在我的私心里,对这个案件是没有抱多大希望的。而且,我之所以对这个案件感兴趣,也主要是基于一种实验性的求证心理,只是没有向高尚说破这一层意思。我告慰高尚,申诉无止境,上访无穷期,让他保留一丝对未来的希望,以便显得不那么残酷。

案件材料放在我这里大半年了,高尚没有来催问。也许他对这个案件已经懒得过问,从申诉的窘境中解脱出来了,这倒是我所希望的。对我来说,首先,当然是忙;其次,也有些畏难情绪,不愿去触碰这么一大堆案件材料。不过,这些案件材料还是像一块石头压在我的心上,在不经意间瞥见搁置在书架一侧开始蒙上尘土的它们,我的心有些隐隐作痛。终于等到一个为期3天的小长假,我下定决心,要彻底解读高尚留给我的这些案件材料,试图进入一个深不可测的洞穴进行探险。我想把这些案件材料如实地整理出来,然后再对这些案件材料作一些分析判断。由于自己的打字水平较低,把这些字数不少的案件材料,一个字一个字地输入电脑的过程,就像是一步一步地走向这个洞穴深处。

希望各位读者耐心读下去,跟着我走进这个案件。

梗概：高尚挪用资金案案情简介以及评析

这是一份案件简介,是高尚给我的一份介绍全案案情的文字性材料。为了区别,我把这份案情简介的字体设置为仿宋体。在没有接触到本案的司法文书之前,阅读这份案情简介,可以对高尚的挪用资金案先有一个大致的了解。当然,对没有办案经验与阅卷经历的人来说,要想通过这份案情简介了解案情还是相当困难的。不过,你可以试试,暂且摈弃一切杂念,让头脑像一张白纸一样,开始接触案情。

在下列材料中提到的附件,高尚都给了我电子摄影版,以示所述内容的真实。

一、三方两份协议的订立

1. 2003年1月,淮北市国土资源局给刘家保颁发了S1101号宗地土地使用证,土地使用权类型为"转让",使用用途为"综合用地"(见附件1)。

2. 2003年11月6日,刘家保公证委托高尚全权办理S1101号宗地的"权属转让、结算及相关事宜或联合开发、结算及相关事宜"(见附件2《公证书》)。转让类型说明:该宗地已进入二级市场,刘家保的委托合法有效。

3. 2004年1月8日,高尚与淮北图南房地产开发有限公司(以下简称图南公司)签订《联合开发协议书》(见附件3)。协议第2条"项目地块编号:S1101号宗地及该宗地块南至跃进河北、李桥村土地西、李楼村土地东";第3条"地块面积:约2.8万平方米(最终以土地使用证定位面积为准)";第 7 条"比例分成:按实际开发面积计算,甲方(淮北图南房地产有限公司)分得 30%,约合 1.2 万平方米,折合人民币捌佰肆拾万元整"。S1101 号宗地实际面积 17 238 平方米,其他面积不在 S1101 号宗地范围内。《联合开发协议书》第 2 条、第 3 条实际约定了高尚有代买 S1101 号宗地以外规定地块的义务。

4. 2004 年 2 月 10 日,淮北市市容局(以下简称市容局)与图南公司签订《住房购销协议书》(见附件 4)。协议第 1 条"所购住房项目地块编号:S1101 号宗地及该宗地块南至跃进河土地";第 3 条"地块面积:约 2.8 万平方米";第 5 条第 1 款"购房价格:乙方(淮北市市容局)购买甲方该小区住宅,购房价格按土建安装成本(以招投标价计,变更部分以实际变更签证为准,另行结算)、土地费用(840 万元÷实际总建筑面积/㎡计)、实缴税费及利润(建筑成本的 2.5%)四项计";第 5 条第 4 款"付款方式:由于甲方售房基本属无利润销售,故在选址确定后十五天内,乙方支付甲方人民币伍佰万元整作为订金,余款按工程进度支付。乙方确保足额资金到位,不影响正常施工,否则造成停工或给甲方造成损失,乙方承担全部责任";第 5 条第 7 款"甲乙双方设立共同账户,资金调配由甲乙双方共同管理"。

第 1 条、第 3 条内容表明,市容局是以签订《住房购销协议书》的形式加入《联合开发协议书》的,同时表明,市容局既认可高尚的土地方身份又委托高尚代买 S1101 号宗地界外土地的事实;第 5 条的"土地费用"既是市容局所谓购房款中的四项之一,同时又把《联合开发协议书》中规定的"比例分成:按实际开发面积计算,甲方分得 30%,约合 1.2 万平方米,折合人民币捌佰肆拾万元整"明确为人民币 840 万元;第 5 条第 4 款规定的市容局支付的 500 万元订金,实际是购买土地款:从协议中可以看出,规定市容局出资给图南公司的款项只有四项即土建、土地、税费和 2.5% 的好处;由于土建、税费都没有发生,2.5% 的好处是以土建造价为标的的,也没有实际发生,不存在支付或预付问题,在当时只有土地需要付款,所以该协议规定的 500 万元订金,实际是土地款;市容局这样签订协议,是为了规避买地事实;第 5 条第 4 款规定的 500 万元订金支付条件是选址确定后15天内,S1101号宗地已经有了土地证,不需要选址,需要选址的是没有土地使用证的界外土地,本条款的规定也是高尚代买界外土地的证明(见附件5《建设项目选址意见书》);第5条第7款的规定表明,资金的管理和调配权属于市容局和图南公司,高尚没有这两方面的权力。

《住房购销协议书》签订后,由其下属单位环卫处工会代行市容局职权,市容局方面的负责人为李安祥。

二、三方两份协议的执行

1. 2004年2月24日,淮北市城市规划局(以下简称市规划局)出具《建设项目选址意见书》(见附件5),批准图南公司的用地申请。

2. 2004年3月24日,市容局委托其下属单位环卫处工会开始集资并设立专户,集资专户使用印鉴为"环卫处工会行政章"和"李安祥"私章。环卫处共集资148户,每户3万元,计款444万元;另高尚代收李安祥关系户1户,3万元。

3. 2004年3月26日,市容局分管副局长李安祥签批支付高尚S1101号宗地地款人民币伍拾万元整(见附件6),高尚出具收条(见附件7)。

4. 2004年4月29日,环卫处工会转款360万元(见附件8)到市容局和图南公司共管账户,也就是建设专户上。该建设专户使用的印鉴章为"图南公司"的一枚章和"李安祥"私章。该款实际是用来支付高尚土地款的。

5. 360万元集资款到共管账户后,图南公司将此款分批,部分支付了高尚土地款:2004年4月29日当天,图南公司给付高尚220万元(见附件9);2004年5月26日,图南公司给付高尚110万元(见附件10);由于图南公司总打截流主意,使得市容局不能完全履约,2004年12月8日,环卫处工会书面通知图南公司,将360万元全部交给高尚(见附件11);接到通知后,图南公司于2004年12月15日给付高尚51 700元,此款应含360万元利息,余款被图南公司强行借用。

6. 市容局集资447万元(含高尚代收3万元)流转情况:2004年3月26日,李安祥签批支付高尚S1101号宗地地款50万元。此签批有两层含义:①付的是S1101号宗地不是界外地块;②证明是市容局买的地。后来,李安祥证明付S1101号宗地地款是为了让高尚支付寇湾村地款,此证明与50万元地款支付共同说明高尚把S1101号宗地卖给了市容局,并帮助了市容局购买界外土地(2004年3月26日,高尚收取50万元地款的当天,就与寇湾村签订了购地协议,见附件12)。2004年4月29日,环卫处工会转款360万元到图南公司,图南公司分批将此款支付高尚地款(含图南公司强借款)。2004年12月8日,环卫处工会通知图南公司将此款给高尚。2005年1月19日,高尚给市容局打了444万元的收条(见附件13),此444万元是市容局集资447万元(含高尚代收3万元)被环卫处挪用3万元(见附件14)后的全部集资款,包括上述50万元、连图南公司强行借用的360万元及在集资专户上准备给高尚还未给的部分。2005年4月19日,市容局与淮北市公民黎辉签订《购房转让协议》(见附件15),承认尚欠高尚地款400万元,这是协议840万元已付440万元的未付部分。总之,至2005年5月19日前,市容局或图南公司一直在根据三方两份协议给付高尚土地款,同样的,高尚也在根据三方两份协议收取土地款,已构成完整的收取和给付土地款完整证明链,足以证明。

三、案件的发生和发展

1. 2005年5月19日,淮北市公安局接受市容局的诬告,不顾本案的民事法律关系事实,强行传讯高尚,淮北市公安局办案人员谢旭东告诉高尚:领导让我们搞你,没办法,你应当配合我们保存证据,以利后面翻案。谢当时拿出2005年4月20日问话笔录(见附件16)和2005年5月13日提请批准逮捕书(见附件17),说:你看,今天是5月19日,我们提前一个月弄好问话笔录,提前一个礼拜弄好提请批准逮捕书,没有领导安排,我们敢吗?

2. 2005年8月1日,淮北市公安局将高尚刑事案件移送(见附件18《淮北市公安局起诉意见书》)淮北市人民检察院审查起诉。依照规定,审查起诉期限为1个月,最迟不超过1个半月,如果是改变管辖,应在7日内作出,淮北市人民检察院(以下简称市检)于2005年9月14日指令淮北市相山区人民检察院(以下简称区检)审查高尚案件。区检检察委员会在全面审查后一致认为无罪,并且作出不起诉的决定(见最高人民检察院2007年7月20日总第227期《方圆法治》《集资建房引来牢狱之灾》)。由于检察机关认为无罪,不愿起诉,市容局局长吕剑活动市领导强行起诉,检察机关不得已将高尚案件卷宗在市检和区检之间来回倒腾,到2006年3月21日被逼起诉(见附件19相山区人民检察院起诉书),共经236天,远超《刑事诉讼法》规定的45天期间。

3.2006年9月11日,淮北市相山区人民法院(以下简称一审法院)判决高尚无罪(见附件20一审判决书),予以释放。随即不愿起诉的检察机关提起抗诉(见附件21相山区人民检察院抗诉书),2006年12月11日,二审法院判高尚犯挪用资金罪,处有期徒刑3年,缓刑5年执行(见附件22二审判决书)。二审判决后,高尚向淮北市中级人民法院申请再审,2008年3月20日,淮北市中级人民法院作出〔2007〕淮刑监字第9号驳回申请通知书(见附件23),高尚随即向安徽省高级法院递交了申诉材料。安徽省高级法院于2008年9月8日立案审查,立案后却作出没有法律根据的〔2008〕皖刑监字第0071号函(见附件24),将本案转回淮北市中级人民法院"复查报果"。二审法院于2009年7月30日作出〔2008〕皖刑监字第5号驳回通知书(见附件24)。高尚接到通知书后再次到高级法院申诉,奇怪的事情发生了:二审法院驳回的申诉,高级法院的电脑里显示"正在处理"。2011年2月23日,高级法院作出〔2008〕皖刑监字第0071号驳回通知书(见附件25),驳回高尚申诉。从2008年9月8日立案算起,省市两级法院以演双簧的方式调卷用了18个月,结案用了29个半月。

4.2012年3月10日,傅延华等6位第十一届全国人民代表大会代表在全面审查高尚卷宗后,认为没有犯罪事实,共同签署了《关于申请要求对高尚案件再审的建议》(见附件26),2012年6月14日,最高法院决定对高尚案件立案复查,2012年11月29日最高法院立案一庭决定不予再审(见附件27)。按规定,此类案件复查应当交审监庭审查。

从卷宗证据可以看出,本案的发生、发展,直到今天,无不透露着诡异。高尚的屈辱经历透露着一个重大的社会法律现实：当今中国社会虽然已经做到了有法可依，但是有法不依的现象还相当严重，其主要原因便是地方政府的面子和权力关系互为表里，使得"违法必究"成为一句空话。可以这样说，淮北市的公、检、法无一不对高尚案件作了一定程度的抵制。淮北市公安局保留了高尚的确实充分的无罪证据，同时又把自己的违法事实留于卷宗；淮北市相山区人民检察院一致认为高尚无罪，并且作出不起诉的决定(《方圆法治》记者韦洪乾采访录音并拍照证明)；淮北市人民检察院时任分管公诉的副检察长徐从峰(现任检察长)和公诉处处长司洪波(现任濉溪县人民检察院检察长)均对相山区人民检察院检察委员会的决定予以支持；淮北市中级人民法院在判决高尚有罪的判决书中，保留了不审而判的事实(抗诉86万元，判360万元)；安徽省高级人民法院虽然在驳回申诉书中说高尚没有提供新的证据与事实，但是办案法官良心未泯，把高尚提供的市容局出假证的证据完整地保留了下来。上述事实说明，在高尚一案中，公安、司法机关在抵制不成后，大都屈服于权力的压迫，最终按领导意见给高尚定罪。在问题暴露后，这些被拖下水的公检法机关又对各自的上级机关公关，各上级机关为了自己部门的荣誉，地方领导为了地方的荣誉，协力提防，于是就有了"犯罪人"及其代理律师努力按证据与程序申诉而公安司法机关却违背事实和证据，自设诉讼阶段，不按《刑事诉讼法》规定程序办案的怪事。

四、公安司法机关用各自的法律文书证明自己的行为是权力压迫下的不得已而为

1. 公安局的提请批准逮捕书歪曲事实部分

① 第2页第13行"同年3月25日，市容局成立临时基建办，由李安祥副局长全面负责，高尚具体负责"与事实不符：市容局没有临时基建办，基建办是市容局和土地方成立的联合机构；李安祥是市容局方面的负责人，高尚是土地方或土地方的代理人；该提请批准逮捕书第2页第2段、第3段上的两份协议清楚地表明了高尚的土地方身份，突然变成了所谓的市容局临时基建办具体负责人，证据在哪儿？② 两份协议清楚表

明,基建是图南公司的事情,证据证明两份协议签订后由环卫处代行市容局的权力,证据证明高尚依据协议收取土地款是得到市容局和图南公司双方认可的土地方权利,高尚在协调机构基建办里面代表土地方取得权利,并代表土地方办些必须由土地方出面的事,履行义务。③ 淮北市公安局隐瞒市容局和图南公司给付高尚土地款事实,隐瞒高尚收取土地款事实,直接把资金的去向嫁接到虚构的高尚挪取土地款的"事实"上,徇私枉法证据昭然!如此荒谬的提请批准逮捕书,是怎么被检察院批准的呢?

2. 淮北市公安局起诉意见书歪曲事实部分

该起诉意见书第2页第4段第5行说"高尚刻了李安祥私章",这是原提请批准逮捕书上面没有的内容,也是与事实不符的。该枚李安祥私章与环卫处工会行政章组成集资专户印鉴章,与图南公司一枚章(不知什么章)组成建设专户印鉴章。无论在集资专户上转款、用款还是在建设专户上转款、用款,单凭该枚李安祥印章都是不可能办到的。淮北市公安局起诉意见书,先是诬陷高尚私刻李安祥印章,然后把环卫处工会和图南公司转款、用款(包括给高尚地款)说成是高尚拿着一枚李安祥印章就可以办到,与事实不符。上述事实说明,该枚李安祥私章的使用得到了市容局和图南公司的共同认可,淮北市公安局起诉意见书回避主要事实,置无罪人于有罪,依法应按徇私枉法罪、滥用职权罪处置。

3. 淮北市相山区人民检察院起诉书

① 起诉书开始表明,经依法审查高尚与图南公司、市容局签订的三方两份协议,承认了高尚的刘家保委托代理人身份,实际上等于承认了高尚的土地方身份。② 起诉书第1页倒数第2段把起诉书"高尚负责基建办具体工作"改成了"高尚负责基建办全面工作",由此上述高尚的土地方代理人身份突然转变成了所谓的市容局基建办负责人。高尚的土地方身份有公证委托和三方两份协议证明,高尚的所谓市容局基建办负责人身份哪有证明呢?市容局成立基建办或者临时基建办的证据在哪儿呢?高尚的土地方身份通过两份协议市容局是清楚知道的,代表市容局的是环卫处工会,负责基建的是图南公司,所谓的市容局基建办是干什么的?市容局是怎么任命高尚做市容局的基建办或临时基建办负责人的?

Ⅱ 梗概:高尚挪用资金案案情简介以及评析

证据在哪儿？起诉书只字未提。③ 起诉书把每一笔市容局或图南公司转、用款(含给高尚土地款)都说成是高尚怎么转款,怎么提款,市容局是高尚家开的？图南公司也是高尚家开的？连市容局局长都无法做到的事,高尚却可以完成,实在荒谬至极。④ 起诉书说高尚挪用单位资金数额巨大,但却没有起诉数字,这是有违法律规定的。

4. 淮北市人民检察院抗诉书

本抗诉书把起诉书中"尚有86万余元被高尚个人占用"部分当作高尚挪用,与事实与法理不符:"尚有86万余元被高尚个人占用",说明原来用的不止86万元,假定挪用成立应当以实际数字起诉,而不应以未归还部分起诉,事实上,无论哪几笔数字加在一起都不会出现86万这个结果,用公诉人在一审时说的话,此86万元的来历是"领导意见"。起诉书和公安局的法律文书对中国法治进步的最大贡献在于:公检法可以利用自己的话语权,对真实的东西视而不见,他们的贡献还在于让懂法的人能看得出来,他们违法的做法是权力压迫的结果。

5. 淮北市中级人民法院判决书

二审法院判决的理由是"另查明,原审被告人高尚在担任淮北市市容局基建办负责人期间,私刻市容局分管基建办的副局长李安祥的个人印章,利用职务便利,挪用由淮北市市容局和图南公司共同管理的职工集体购房款360万元"。这个理由是错误的:① 法院只能根据指控进行"庭审查明",而不能对没有指控的事进行"另查明",所谓的"另查明",实际上就是"自控自审"。② 市容局从成立直到今天,都没有基建办此一机构设置,所谓的高尚为基建办负责人的唯一"证据"是环卫处总支委2004年3月12日会议记录上的一句话:"关于抽调高尚、王毅、纵静、尚云鹏四人负责集体购房工作。"这句话与所谓的高尚为基建办负责人根本不具关联性,这句话的最后一人尚云鹏当时还是社会闲杂人士,不在环卫处上班(见附件28),添加人承认这句话是他2004年7月13日加上去的,是领导安排的。③ 所谓私刻的印章与环卫处工会行政章组成集资专户印鉴、与开发方印章组成建设专户印鉴的事实表明,建设方和出资方共同认可并使用了该枚印章,相反,从没有任何证据证明高尚使用了该枚印章,更根本不存在高尚私刻的道理。④ 上述给、收款的完整证据链证明,360万元是给付高尚的土地款的一部分,从市容局或图南公司来说,是给付土地款,从高尚来说,是收取土地款,高尚收取的土地款无论用到什么地方,都不应被视为挪用市容局资金。二审法院隐瞒资金性质、径取使用方向的做法是错误的。事实上,就是该360万元还被图南公司截留了10万,给到高尚手上的只是350万元。⑤ 相山区人民检察院向二审法院抗诉的是挪用86万元,庭审的也是86万元,而中院却判了360万元,中院超越指控和庭审范围径直判决,事实上变相剥夺了高尚当庭辩解的权利,是典型的不审而判,属重大违法。⑥ 翻遍卷宗没有中院判罪的证据。⑦ S1101号宗地最终没能按协议开发,是因为在具备开发条件后,吕剑对高尚诬告的结果(见附件29《关于S1101号宗地使用说明》)。

另:附件30 刻制"李安祥"印章当事人证明

从这份案情简介中可以看出,本案是由一块地引起的,套用"一个馒头引起的血案"的句式,本案可以说是"一块地引发的一个神案"。我对上述案情简介进行了以下归纳:

1. S1101号宗地的权属

这块地为S1101号宗地,原系刘家保所有,后刘家保委托高尚开发这块地。从材料来看,S1101号宗地的权属与刘家保的委托,手续均齐全。

2. S1101号宗地的开发

刘家保委托高尚对S1101号宗地进行开发,高尚与淮北图南房地产开发有限公司(以下简称图南公司)签订协议进行联合开发,高尚以S1101号宗地投入,图南公司出资建设,按照30%与70%的比例进行分成。高尚应得的30%折合人民币840万元整。但是,S1101号宗地只有17 238平方米,约定的开发面积为约2.8万平方米,其中10 762平方米土地不在S1101号宗地范围内。《联合开发协议书》约定了高尚有代买S1101号宗地以外地块(以下简称界外地块)的义务。

3. 市容局的介入

高尚当时是市容局环卫处的工人,在S1101号宗地以及界外地块的开发过程中,市容局介入进来。市容局与图南公司签订《住房购销协议书》,实际上是以购房的名义加入了联合开发,我想是为了解决开发的资金问题。在相关协议中,高尚应得的 840 万元以及高尚代为购买的界外地块的费用 500 万元订金,均由市容局以土地费用的名义支付。

4. 高尚的角色

如前所述,高尚当时是市容局下属单位的职工,市容局参加房屋的开发是高尚牵线搭桥的结果。因此,从案情简介的叙述来看,市容局既认可高尚的土地方身份,又委托高尚代买 S1101 号宗地界外地块。在本案中,争议较大的是高尚是否具有所谓基建办负责人的身份问题。从目前的证据来看,这显然不是一个正式身份,既没有文件也没有任命书。指控方以环卫处总支委的会议纪要为凭据,而高尚则予以否认。

5. 集资款的去向

市容局的投入采取了集资建房的方式,并从集资款中支付高尚土地费用。根据案情简介的叙述,市容局集资 447 万元(含高尚代收 3 万元),市容局支付给高尚 S1101 号宗地地款 50 万元。另有 360 万元转到图南公司,图南公司分批将此款支付高尚地款,高尚给市容局打 444 万元收条。

6. 界外地块的购买

2005 年 4 月 19 日,市容局与淮北市公民黎辉签订《购房转让协议》,购买界外地块,并承认市容局尚欠高尚地款 400 万元,这是协议 840 万元已付 440 万元以外的未付部分。

以上这些要点都有书证证明,基本脉络是清楚的。这里应当指出,在一般情况下,听取当事人对案情的叙述,都要防止听信其一面之词。因为当事人身涉其案,对案情的叙述往往是具有自己的倾向性,因此你要仔细分辨哪些是客观事实,哪些是当事人的价值判断。要求当事人对案情的叙述,每一句话都有证据支持也不太可能。因此,一般案件的事实陈述往往真假难辨。但如果某一案件有书证,尤其是主要依靠书证定罪的案件,依照书证去认定案件事实就要容易得多。高尚案件就是这样一个存在大量书证的案件,这些书证反映了案件的真实情况,因此理解起来要方便可靠一些。当然,在高尚案中,也存在个别依靠证言认定的事实,例如李安祥是否同意高尚刻制其私章,就会出现各执一词的情况。对此,应该根据其他证据以及情理,进行审查判断。此外,上述案情简介是以时间为线索对案件进行勾勒的,这也是一种较为简便的了解案情的方式。因为,任何一个案件,尤其是较为复杂的案件,都是一个故事,具有时间维度。因此,我们可以根据案件主要情节发生的时间关系,描绘出案件的基本脉络。就此而言,上述案情简介对案情叙述部分还是写得较为专业的。

这份案情简介叙述到案发部分,案件的时间进程突然被打断,甚至连指控的犯罪事实究竟是什么也未能在案情简介中展示出来,使人感到唐突。本来这一部分内容是可以根据司法文书的顺序,继续把这个故事往下讲的。案件简介后半部分对案外干预因素的披露,其实暂时与本案无关。这份案情简介不知是高尚本人所写还是律师所写,前半段的案情叙述清楚,到了后半段叙述突然中断。因此,从这份案情简介,我们只能了解到围绕着S1101号宗地的集资建房过程,完全无从了解案件的审理过程,也无法对高尚的行为是否构成犯罪进行判断,甚至高尚的什么行为被指控为犯罪,都无从把握。

既然案情简介无法给我们描绘清晰的全案事实,以下我们开始阅读司法文书。按照时间顺序,从公安局的提请批准逮捕书开始。

III

进程:相关法律文书以及评析

2005年5月13日　淮北市公安局提请批准逮捕书

目前,我所能见到的、最初始的案件材料,是淮北市公安局的提请批准逮捕书。如果说,以上案情简介是从高尚的角度对案情的叙述;以下司法文书则是从官方角度对案情的叙述。对比这两种视角,可以使我们较为准确与全面地掌握案情。

淮北市公安局
提起批准逮捕书

淮公经捕字〔2005〕006号

犯罪嫌疑人高尚(曾用名高自力),男,1968年11月2日出生,濉溪县人,汉族,身份证号码:340603197305100××××,高中文化,淮北市市容局环卫处工人,住:淮北市长山路相山区政府宿舍6号楼201室。

犯罪嫌疑人高尚于2005年5月19日因涉嫌"挪用资金"罪被我局刑事拘留。

经依法侦查查明:2001年5月18日,寇湾村村民六组组长刘祥安与淮北市平安房地产有限责任公司张如红(法人)签订一份"有偿转让土地协议书",土地面积25.88亩(即S1101号宗地),合计人民币31.0560万元。2002年12月经土地局局长办公会议研究(4次),同意出让该宗土地给张如红,出让期限是50年,合计17 238平方米,每平方米土地使用权出让金是18.44元,合计317 765元。2002年12月31日淮北市平安房地产公司获得S1101号宗地土地使用证。同年12月25日,平安房地产公司张如红与刘家保签订了S1101号宗地的转让协议。2003年1月3日刘家保获得该宗地的土地使用证,而实际出资转让该宗土地的是雷河选煤有限公司官超(刘家保是其职工),具体经办人是高尚,也就是说,该宗土地实际拥有者是官超与高尚,刘家保只是挂名。2003年11月6日,刘家保授权委托高尚全权代表处理S1101号宗地的事宜。高尚在得知张如红没有给寇湾六组S1101号宗地钱后,于2004年3月26日与寇湾村六组组长刘德新签订一份土地转让协议,商定S1101号宗地价格为180万元,交定金2万元,首付30万元,同年5月10日付清全部款项,而实际共付72万元。

2004年1月8日,高尚与淮北市图南房地产开发有限公司李峰签订《联合开发协议书》,高尚投入S1101号宗地,该宗地块南至跃进河北,李桥村土地西,李楼村土地东[该宗地号:168,图号煤(84)航57—81,面积12 432.32 m^2,土地使用证为淮北市图南房地产开发有限责任公司,1998年3月6日获得],并确保投入土地无争议。

2004年2月10日,图南公司李峰与淮北市市容局签订了《住房购销协议书》,购房价格按土建安装、土地费用、实缴税费和利润(建筑成本2.5%)四项计,造址确定后15天内,支付人民币500万元,余款按工程进度支付,设立共同账户,资金调配双方共同管理。

同年3月25日,市容局成立临时基建办,由李安祥副局长全面负责,高尚具体负责,纵静担任会计,抽调相关人员,并向环卫处职工集资,从2004年3月25日至2004年8月13日共计148户,合计集资444万元,设立基建办账户:01167118241009593,高尚刻了李安祥私章。同年3月26日,经李安祥同意,高尚将集资款50万元转到其四姐高萍存折上,又于当天和寇湾村六组签订土地转让协议时,将其中30万元付了地款。同年4月29日,将360万元转到图南房地产与市环卫处工会共同管理账户。2004年7月7日借给环卫处购买劳保用品,付给荣海侠3.7828万元,转到纵静账户10万元,付给南京百市设计院5万元,擅自付给寇湾村治保主任(原六组组长)刘祥安5万元,剩下9.92万元全部转到纵静账户,合计444.2028万元,其中2028元是利息。

2004年4月29日,高尚将360万元转出后,当天转出220万元,其中给李春艳20万元,200万元给了官超。同年5月10日,支出4.9万元给圣广军(寇湾村民兵营长)好处费。同日支取20万元付寇湾村买地款。同年5月26日转出110万元到高尚四姐高萍存折上。

2004年3月26日和2004年5月26日,两笔转到高萍存折上160万元,将其中50万元付给寇湾村地款,30万元付给李峰,30万元替朋友陈小刚还账,余款被高尚花费和归还个人欠账了。

认定上述犯罪事实的证据如下:报案材料、证人证言、书证,犯罪嫌疑人高尚供认不讳。

综上所述,犯罪嫌疑人高尚利用职务便利,挪用资金385.5217万元,数额特别巨大,其行为已触犯《中华人民共和国刑法》第272条第1款,涉嫌挪用资金罪,依照《中华人民共和国刑事诉讼法》第60条、66条之规定,特提请批准逮捕。

此致
淮北市人民检察院

局长:(印章)
二〇〇五年五月十三日

附:1. 本案卷宗共计三卷;
2. 犯罪嫌疑人高尚现羁押于淮北市看守所。

这份提请批准逮捕书较为客观地叙述了整个案件的经过,介绍了在前一份案情简介中没有的S1101号地块的"前生"。但这宗土地在与图南公司和市容局合作已经处于高尚的控制之中,对此并无争议。提请批准逮捕书明确了对高尚的指控,即:利用担任临时基建办负责人的职务便利,将360万元转出,归个人支配。但该提请批准逮捕书认定的挪用数额是385.5217万元,其中的25.5217万元是如何计算出来的,实在无从知晓。另外,该提请批准逮捕书上高尚的身份证号码与其年龄对不上,不知哪一个出了错。

提请批准逮捕书的最大破绽在于,该文书的正文载明,"犯罪嫌疑人高尚于 2005 年 5 月 19 日因涉嫌挪用资金罪被我局刑事拘留"。但该提请批准逮捕书的落款时间却是 2005 年 5 月 13 日。如果不是有官方的书面文本在手,简直不敢相信会有这种时间误差的存在。如果高尚确实是 2005 年 5 月 19 日被刑事拘留的,就是在其刑事拘留之前一周,提请批准逮捕书已经写好。这与高尚在案情简介中所述完全一致。另外,在高尚的材料中,还有 1 份询问笔录,询问时间是 2005 年 4 月 20 日,但高尚的签字时间则是 2005 年 5 月 20 日,相差 1 个月。这些情况给本案蒙上了一层神秘色彩,不由得使我们相信,如高尚所述,本案确实是因为领导干预而做成的案件。

2005年7月18日　淮北市公安局起诉意见书

上述提请批准逮捕书显然获得了淮北市检察院的批准,但高尚给我的材料中,没有批准逮捕书,只有淮北市公安局的起诉意见书。

淮北市公安局起诉意见书

淮公经诉字〔2005〕006号

犯罪嫌疑人高尚,曾用名高自力,男,1968年11月2日出生,出生地安徽省濉溪县,身份证号码:340603197305100××××,汉族,高中文化,淮北市市容局环卫处工人,捕前住淮北市长山路相山区政府宿舍6号楼201室。

犯罪嫌疑人高尚于2005年5月19日因涉嫌挪用资金罪被淮北市公安局刑事拘留,经淮北市人民检察院批准,于同年6月1日被依法逮捕。

犯罪嫌疑人高尚涉嫌挪用资金一案,由被害人单位淮北市市容局于2005年5月18日报案到我局。我局经过审查,于5月19日立案侦查。犯罪嫌疑人高尚已于2005年5月19日被抓获归案。犯罪嫌疑人高尚涉嫌挪用资金案,现已侦查终结。

经依法侦查查明:2001年5月18日,寇湾村村民六组组长刘祥安(在逃,另案处理)与淮北市平安房地产有限责任公司张如红(法人)签订一份"有偿转让土地协议书",土地面积25.88亩(即S1101号宗地),合计人民币31.0560万元。2002年12月经土地局局长办公会议研究(4次),同意出让该宗土地给张如红,出让期限是50年,合计17 238平方米,每平方米土地使用权出让金是18.44元,合计317 765元。2002年12月31日淮北市平安房地产公司获得S1101号宗地土地使用证。同年12月25日,平安房地产公司张如红与刘家保签订了S1101号宗地的转让协议。2003年1月3日刘家保获得该宗地的土地使用证,而实际出资转让该宗土地的是雷河选煤有限公司官超(刘家保是其职工),具体经办人是高尚,也就是说,该宗土地的实际拥有人是官超与高尚,刘家保只是挂名。2003年11月6日,刘家保授权委托高尚全权代表处理S1101号宗地的事宜。高尚在得知张如红没有给寇湾六组S1101号宗地的钱后,于2004年3月26日与寇湾村六组组长刘德新(另案处理)签订1份土地转让协议,商定S1101号宗地价格为180万元,交定金2万元,首付30万元,同年5月10日付清全部款项,而实际共付72万元。

2004年1月8日,高尚与淮北市图南房地产开发有限公司李峰签订《联合开发协议书》,高尚投入S1101号宗地,该宗地块南至跃进河北,李桥村土地西,李楼村土地东[该宗地号:168,图号煤(84)航57—81,面积12 432.32平方米,土地使用证为淮北市图南房地产开发有限责任公司,1998年3月6日获得],并确保投入土地无争议。

2004年2月10日,图南公司李峰与淮北市市容局吕剑签订了《住房购销协议书》,购房价格按土建安装、土地费用、实缴税费和利润(建筑成本2.5%)4项计,造址确定后15天内,支付人民币500万元,余款按工程进度支付,设立共同账户,资金调配双方共同管理。

同年3月25日,市容局成立临时基建办,由李安祥(移交市纪委查处)副局长全面负责,高尚具体负责,纵静担任会计,抽调相关人员,并向环卫处职工集资,从2004年3月25日至2004年8月13日共计148户,合计集资444万元,设立基建办账户01167118241009593,高尚刻了李安祥私章。同年3月26日,经李安祥同意高尚将集资款50万元转到其四姐高萍存折上,又于当天和寇湾村六组签订土地转让协议时,将其中30万元付了地款。同年4月29日,将360万元转到图南房地产与市环卫处工会共同管理账户。2004年7月7日借给环卫处3.7828万元购买劳保用品,转到纵静账户10万元,付给南京百市设计院5万元,擅自付给寇湾村治保主任刘祥安5万元,合计444.2028万元,其中2028元是利息。

2004年4月29日,高尚将360万元转出后,当天转出20万元给李春艳(李峰妹),200万元给了官超。同年5月10日支出4.9万元给圣广军(寇湾村民兵营长)。同日支取20万元付寇湾村买地款。同年5月26日转出110万元到高尚四姐高萍存折上。

2004年3月26日和2004年5月26日两笔合计160万元转到高萍存折上,高尚将其中50万元付给寇湾村(六组)地款,30万元付给李峰,30万元替朋友陈小刚(已死)还账,余款被高尚花费和归还个人欠账了。

联合管理账户上5.17万元也被高尚于2004年12月15日支出挥霍了。

另查,犯罪嫌疑人高尚于2004年3月25日侵吞谢肖玉3万元集资购房款,未入账。

认定上述事实的证据如下:报案材料、被害(人)单位有关人员证言和证人证言、书证、鉴定等,犯罪嫌疑人高尚亦供述不讳。

上述犯罪事实清楚,证据确实、充分,足以认定。

综上所述,犯罪嫌疑人高尚利用职务之便,挪用资金444万元,侵占资金3万元,其行为已触犯《中华人民共和国刑法》第272条、第271条,涉嫌挪用资金罪、职务侵占罪。依照《中华人民共和国刑事诉讼法》第129条之规定,现将此案移送审查起诉。

此致
淮北市人民检察院

局长:(印章)
2005年7月18日

附:1. 本案卷宗三卷;
2. 犯罪嫌疑人高尚现羁押于淮北市看守所。

以上起诉意见书正文的绝大部分,几乎原文照抄提请批准逮捕书,只是在最后指控部分发生了以下两个重大变化:①指控挪用资金罪的数额从提请批准逮捕书的385.5217万元增加到444万元。②另外又增加了一个罪名,即职务侵占罪,侵占数额是3万元。这里的444万元,也就是市容局环卫处集资的总数额。提请批准逮捕书将这444万元中的合理支出部分,例如经李安祥同意付给高尚的50万元地款,借给环卫处购买劳保用品的3.7828万元,转到会计纵静账上的19.92万元,以及付给南京百市设计院的5万元和付给刘祥安的5.5万元,全部都计入高尚的挪用资金的数额。并且,起诉意见书还把高尚代收的3万元集资款认定为职务侵占。显然,起诉意见书对高尚的指控是无所不用其极。至此,高尚处于一种十分不利的法律地位。

2006年3月21日 淮北市相山区人民检察院起诉书

从2005年7月18日淮北市公安局提交起诉意见书,到2006年3月21日淮北市相山区人民检察院出具起诉书,这期间长达236天,远远超过了我国《刑事诉讼法》所规定的45天的法定期限。在这期间,到底发生了什么?高尚在案情简介中叙述,相山区人民检察院不愿起诉,并且作出了不起诉决定。这里的作出了不起诉决定是指开会讨论的决定,还是指出具了不起诉的法律文书,我们不得而知。我想可能是指前者。该案还是在各种因素的作用下起诉了。案件从公安局推到检察院,检察院又向法院推进。我们来看看检察院的起诉书对所指控的犯罪事实又会如何叙述。

淮北市相山区人民检察院
起 诉 书

相检诉[2006]64号

犯罪嫌疑人高尚,男,1968年11月2日生,汉族,濉溪县人,高中文化,淮北市市容局环卫处工人,住相山区政府宿舍6号楼201室,2005年5月19日被刑事拘留,同年6月1日被逮捕,现押淮北市第二看守所。

被告人高尚涉嫌挪用资金、职务侵占一案,由淮北市公安局侦查终结,经淮北市人民检察院向本院交办审查起诉。

经依法审查表明：

被告人高尚的朋友刘家保于2003年11月6日,经公证将其拥有所有权的淮北市地号S1101号宗地1.7万余平方米,委托高尚处置该地权属转让、结算及相关事宜,或联合开发、结算及相关事宜。

2004年1月8日,高尚以刘家保委托代理人的身份与淮北市图南房地产开发有限公司签订《联合开发协议书》,约定使用S1101号宗地,刘家保可分得拟建面积4万平方米的30%,折合人民币840万元。

2004年2月10日,淮北市市容局与图南房地产开发有限公司签订《住房购销协议书》,约定:用地包括S1101号宗地,拟购面积4万平方米,土地费840万元,设立共同账户,资金共同管理,等等。

市容局安排副局长、环卫处处长李安祥负责职工购房工作,李安祥在环卫处抽调高尚等人成立基建办公室,由高尚负责基建办全面工作。

2004年3月23日,高尚用其私下刻制的"李安祥"的印章和环卫处工会行政公章,在市建行设立职工购房集资款专用账户(账号0116711824100 9593)。

基建办会计纵静经手收148户首付款444万元,存入上述专用账户。

高尚经手收谢肖玉首付款3万元,给谢打了收据,但未将该款交给纵静入账。

2004年3月26日,高尚经李安祥书面签批,提取集资款50万元存入其姐高萍存折,高萍将这笔款汇入相山区任圩镇会计核算中心,转给寇湾村六组,作为支付地款。

2004年4月29日,高尚将集资款360万元汇入淮北市图南房地产开发有限公司与市容局设立的共同账户上。当日高尚从该账户提取20万元转入烈山区雷河洗煤有限公司官超账户上,还原从官超处支付的买地款。同日又提取一笔20万元交图南房地产开发有限公司李春艳,由李春艳转交该公司经理李峰,是给李峰的联合开发预计利润款。

同年5月10日高尚提取该账户上20万元,付寇湾村土地款。

同年5月10日提取该账户上4.5万元,高尚将该款支付给寇湾村委员会圣广军。

同年5月26日高尚提取该账户110万元,存入高萍存折上。高尚将其中30万元交给李峰,是付给李峰的联合开发预计利润款。

同年12月8日,高尚以环卫处工会的名义通知废止市容局与图南房地产开发有限公司签订的《住房购销协议书》。

同年12月15日,高尚将该账户的余款5.17万元取出,存入高萍存折上。

2005年1月19日,高尚给市容局打张收条:收淮北市环卫处工会转职工委托购房款人民币444万元整。

同日高尚给市容局写下退款承诺。

同日高尚与环卫处签约,将S1101号宗地使用证交环卫处保管。

2005年2月24日、3月30日,高尚与环卫处工会签订两份关于环卫处有权拍卖S1101号宗地的协议。

2005年4月19日,市容局与淮北雷河洗煤有限公司签订"购房转让协议",市容局收首付款200万元。

高尚于4月30日给市容局党委写下还款保证书。

案发后从高萍手中追回17560元,尚有86万余元被高尚个人占用。

认定上述事实的证据有:

(1)被害人陈述;(2)被告人供述;(3)证人证言;(4)书证;(5)鉴定结论;等等。

本院认为,被告人高尚利用工作职务便利,侵占单位资金数额较大,挪用单位资金数额巨大,其行为涉嫌触犯《中华人民共和国刑法》第271条、第272条,犯罪事实清楚,证据确实、充分,应以职务侵占罪、挪用资金罪追究其刑事责任。根据《中华人民共和国刑事诉讼法》第141条的规定,提起公诉,请依法判处。

此致
淮北市相山区人民法院

检察员:孟宪君

二〇〇六年三月二十一日

附注:随文书正本移送证人名单、证据目录、主要证据复印件。

Ⅲ 进程:相关法律文书以及评析

以上起诉书采取了流水账的方式,陈述了围绕着 S1101 号宗地的购买、开发以及资金往来而展开的案件事实。其中,给人留下深刻印象的是关于高尚刻制李安祥私章的行为,对于这一行为在淮北市公安局的提起批准逮捕书和起诉意见书中均表述为"高尚刻了李安祥私章",但到了淮北市相山区人民检察院的起诉书被表述为"私下刻制"。前两份法律文书的表述较为中立,一般可以理解为经过同意刻制了李安祥的私章。但后一份法律文书称"私下刻制",也就是私刻,则是指未经同意而刻制,这一刻制就具有了非法性,从而为此后的利用私自刻制的李安祥私章转移购房集资款的行为定性为挪用资金提供了根据。这一转变可能是李安祥提供了对高尚不利的证言,但这种证言的可信度也存在问题。因为此时李安祥也自身难保,在淮北市公安局的起诉意见书中,对李安祥就有"移交市纪委查处"的描述。关于私刻李安祥私章的问题,是本案较有争议的问题,这个问题还将在此后的申诉中一再提及。根据高尚的说法,李安祥的私章与环卫处工会的公章是作为购房款的共同账户的印鉴而使用的。换言之,李安祥的私章并非其私刻,而是为了管理共同账户而刻制。其实,我认为李安祥的私章是否高尚所私自刻制,对本案的定性并非是决定性的情节,因此没有必要过度纠缠。

从起诉书中我还了解到,2004 年 12 月 8 日,高尚以环卫处的名义通知废止市容局与图南房地产开发有限公司签订的《住房购销协议书》,也就是联合开发宣告失败。这是高尚的案情简介中未提及的事实。为什么联合开发会失败?这背后又发生了什么?这些虽然是案外情况,但其合理性关系到对高尚行为的定性。而且,从起诉书中还可以了解到,在联合开发失败以后,高尚给市容局写下了 444 万元的收条。从以上叙述来看,似乎是高尚在非法转出 360 万元购房款后,又单方面废止了《住房购销协议书》。但根据高尚提供的书证,事实并非如此。所谓高尚以环卫处的名义通知废止市容局与图南房地产开发有限公司签订的《住房购销协议书》,其实是环卫处工会于 2004 年 12 月 8 日致函图南房地产开发有限公司,说接市容局通知,我局与贵公司所签 4 万平方米订房协议已作废,并提出:①共同账户资金转到高尚名下;②有关债权、债务经高尚审核认可后交给高尚。这样,才有高尚于 2005 年 1 月 19 日打给环卫处的收条:"收淮北市环卫处工会转职工委托购房款人民币肆佰肆拾肆万元整。"其中,此时 444 万元购房款已经大部分支付出去,用于购买土地等住房开发事宜。《住房购销协议书》到底是谁主张作废的?看来不像是高尚,因为高尚只有当《住房购销协议书》的履行完成后才能获利。之所以废止《住房购销协议书》,是因为当时的政策不允许集资建房,市纪委对此进行了查处,因而环卫处废止了《住房购销协议书》。这一点,在经一审判决书确认的图南房地产开发有限公司李峰的证言中,已经得到了证实。但集资建房已经进行到一定程度,部分集资款已经支付出去,这是履行《住房购销协议书》的结果。在《住房购销协议书》单方面被环卫处废止以后,接下来的问题是对已经部分履行的《住房购销协议书》进行清理,分清各方责任,落实违约责任。但市容局基于拿回 444 万元职工集资款的目的,在高尚已经打条表示收到购房集资款,其实就是承担了对款项的责任,并承诺归还购房集资款以后,还不依不饶,向市公安局举报高尚挪用集资款和侵占集资款,将 444 万元集资款的责任全部推到高尚的身上,使自己及环卫处成为本案的刑事被害人。不用再往下看,至此,本案的真相已初步呈现。这里我有一点疑问:在《住房购销协议书》的签订与履行过程中,高尚是否对市容局及环卫处隐瞒了其事实上系 S1101 号宗地的权利人的情况,市容局及环卫处是否在发现这一情况以后才对高尚采取法律行动?如果说是这样的话,还能稍微减轻市容局及环卫处在本案中的责任,因为该局毕竟不是司法机关。

此外,仔细阅读这份起诉书,发现在其结论处,只是笼统地指控被告人高尚利用职务便利,侵占单位资金数额较大,挪用单位资金数额巨大,但并没有载明侵占与挪用的实际数额。从起诉书前文的内容来看,侵占的数额当然是指高尚代收谢肖玉的购房首付款 3 万元。但挪用资金的数额,在市公安局的提起批准逮捕书认定为 385.5217 万元,而起诉意见书则认定为 444 万元。那么,起诉书究竟认定为 385.5217 万元还是 444 万元,本身并没有予以明确。起诉书对所指控的犯罪数额不予明确,这种情况还是较为罕见的。但是,按照通常的理解,应当认为起诉书认定的挪用资金数额是起诉意见书认定的 444 万元。

值得注意的是,在该份起诉书署名的检察官是孟宪君,也就是本案的公诉人。孟宪君参与了高尚挪用资金案件的办理,是本案的重要知情人。在本案结案 8 年以后的 2013 年 11 月 1 日,退休赋闲在家的孟宪君突然良心发现,赴京向最高人民检察院举报自己办了错案(高尚挪用资金案),而使高尚挪用资金案浮出水面,在新闻媒体上掀起了轩然大波。

此是后话,暂且按下不表。

2006年6月12日 一审辩护词

一审辩护词

审判长、审判员：

安徽龙兴律师事务所依法接受被告人高尚的委托，指派我作为高尚的辩护人，参与本案诉讼活动。在对全部案件证据材料进行认真研究，并参加庭审查证之后，我认为，公诉机关对高尚的犯罪指控不能成立，高尚不构成犯罪。现提出以下具体辩护意见，请慎酌。

一、公诉机关对高尚的指控事由

起诉书指控：高尚利用工作职务便利，分别侵占、挪用了单位较大、巨大数额的资金，其行为触犯了我国《刑法》第271条、第272条，应以职务侵占罪、挪用资金罪追究其刑事责任。公诉人为支持这一指控，观点归纳为：

（一）高尚系非法占有或占用单位资金。

（二）高尚的非法占有占用行为，系利用了工作职务上的便利条件。

以上指控事由能否成立呢？显见不能。

二、从犯罪构成要件析高尚不构成犯罪的具体意见

（一）关于犯罪主体

证据表明，高尚在"占用"或"占有""单位"资金的2004年3月至被起诉期间，具有双重身份：他不单是市容局环卫处的1名普通职工，还是以提供S1101号宗地与市图南房地产开发公司以及市容局"联合开发"市容生活小区的刘家保授予该地权转让、结算和联合开发、结算等相关事宜

的全权委托代理人。撇开高尚是否利用了工作职务上的便利条件暂予不谈,单就他系刘家保授权项下之代理人来分析,倘若他确系非法占有或挪用,就产生的后果也只能依民法规定由刘家保承担。他只对刘家保负责。

(二)关于犯罪客体

依照《刑法》,挪用、侵占二罪的犯罪客体均指单位资金的所有权或占用权,该财产权属具有不可任意扩大解释或理解的特定性,即集体单位财产的所有权、占用权,若非集体单位财产,或为国有财产,或为个人财产,均不构成本罪。证据显示,市容局下属单位职工用来集资建房的所有筹措款项,均按市容局领导的研究意见被安排打入专用账户。这表示,职工集资款的性质自"打入"市容局特立账户后便发生了质的变化,即由私有转化为公有,并且系市容局此一国家机关的"公款"。由此判定,不能以"挪用资金"或"侵占"对高尚问罪。

(三)关于犯罪的客观方面

从起诉书所控二罪而言,犯罪的客观方面主要系指获取资金的方式或手段。指控称高尚一是私下刻制了负责集资"购房"(实则为集资建房,这从刘家保与图南公司及市容局的三方两个协议内容上已得明证)工作的"李安祥"的私章;二是高尚利用了其在"基建办"的工作职务便利。然而,这二者均不成立。

1. 进入市容局特立账户的集资款,须由领导批准,并加盖"李安祥"私章和"环卫处工会行政公章"才能支取。单凭"李安祥"私章无以获取。因之,假使这枚私章系高尚私下刻制,他利用该私章支取集资款,显然不构成挪用或侵占。"环卫处工会"的公章非由高尚保管,既然支取集资款须加盖之,高尚取款只能是窃取,然而证据呢?退而言之,若为窃取盗用公章、私刻私章,进而支取集资款,这又怎么会是"挪用"或"侵占性质"?

2. 证据充分证明:

(1)高尚于 2004 年 3 月 26 日提取的首笔集资款 50 万元,是经李安祥书面签批的。

(2)与首笔 50 万元近似,2004 年 4 月 29 日由市容局特立账户汇入图南公司与市容局共同账户360万元,作为支付地款的一部分,也是经李安祥同意的。对此,不唯有高尚陈述,更有纵静证言佐证为实。

综上,作为土地方全权代为处理相关事宜的高尚,经市容局同意获得地款,合理、合法。由此,怎么能将高尚这一合法行为武断地定性为"利用工作职务便利条件"呢?

(四)关于犯罪的主观方面

结合前述有关犯罪构成的三个方面,已不难得出结论:高尚对地款的获取,系在授权范围的合法获取,系经领导批准或同意后的合法获取,系经正常渠道的合法获得,不具任何非法占用或挪用目的。

综上,"侵占""挪用"二罪犯罪构成的诸个方面,高尚无一构成。因之,公诉机关对高尚的犯罪指控,完全不成立。高尚的行为并不构成犯罪。公诉机关无法解释高尚遵照领导机关的意志,在"挪用""侵占"非法行为实施的过程中亲立"收条"、立据为凭的现象。辩护人认为,刘家保和图南公司以及市容局间所缔结的法律关系是市容局集资建房过程中形成的商品交换关系和债权债务关系,三方间的两份协议内容已明证此点。而作为高尚本人,他在这三方关系中所履行的,正是作为土地一方代理人的特定职责,这是十分清楚的。建议合议庭对高尚作出无罪的判决。我想,这完全符合法律的要求。

以上意见,请予充分考虑。

辩护人:安徽龙兴律师事务所
律师李林
二〇〇六年六月十二日

律师为高尚作了无罪辩护,这也在预料之中。律师是根据犯罪构成四要件对本案进行无罪辩护的,从这里也可以观察四要件的犯罪论体系在司法实践中的实际运用情况。不过,比较奇怪的是,本案律师叙述的四要件的顺序:主体、客体、客观方面、主观方面。我国刑法教科书通常罗列的四要件的顺序是客体、客观方面、主体、主观方面[1],也有的采用这样的四要件顺序:主体、主观方面、客观方面、客体。[2] 由此可见,四要件的逻辑顺序是极为混乱的,并没有固定的位阶关系。其实,本案是否有罪,主要涉及的还是高尚将400万元款项从图南公司和市容局的共管账户转走的行为是否属于挪用。围绕这个问题,又涉及3个小问题:其一是高尚是否具有市容局基建办负责人的主体身份;其二是涉案的400万元处于共管账户时,到底是市容局的资金,还是市容局支付给图南公司的建房款;其三是高尚将这400万元转走,是擅自决定,还是经过了市容局的同意。这些问题,在三阶层的犯罪论体系中,都属于构成要件的问题,尤其是与责任要件无关。但是,按照四要件的逻辑,凡是论及某一犯罪不能成立,必须将四个要件逐个否定。

应该说,一审辩护词还是围绕无罪结论,根据四要件的犯罪论体系对高尚的行为不构成挪用资金罪以及职务侵占罪进行了论证。但是,在辩护的思路与逻辑上存在怪异之处。例如,在关于客体的辩护中,辩护意见认为,挪用资金罪的客体是集体所有的财产,而非国有或者个人所有的财产。而本案中的个人集资购房款,当其被打入市容局与图南公司的共管账户以后,就由个人财产转化为市容局的国有财产,即属于公款。因此,高尚对该资金的占有与支配不构成挪用资金。我认为,这一辩护理由难以成立。被打入市容局与图南公司共管账户的资金是否属于市容局的公款,本身就是可疑的。职工个人将集资建房款交给市容局的时候,该款项从个人财产转化为市容局的公款,这是正确的。但当该款项被打入共管账户以后,其性质已经发生了变化。该款项是作为支付建房款而被打入共管账户的,因此,只要是基于这个目的并经过合法程序动用该款,就不是挪用资金,更不是挪用公款。而根据辩护意见,该款项属于市容局的公款,假若不构成挪用资金罪,还有可能构成挪用公款罪。因此,该款项的性质认定对犯罪是否成立具有重大影响。本案的关键是,该款项是否

---

[1] 参见高铭暄、马克昌主编:《刑法学》(第5版),北京大学出版社2011年版,第50页。

[2] 参见赵秉志:《论犯罪构成要件的逻辑顺序》,载《政法论坛》2003年第6期。

属于应当支付给高尚的购地款,这也就决定了高尚动用该款项是否合法。由此可见,平面式的四要件在实际运用中容易发生逻辑上的混乱。

尽管律师辩护的逻辑存在一定的问题,但律师辩护的无罪结论还是值得肯定的。律师的辩护意见是否能够被法院所采纳?请接着往下看一审判决书,也许它会给我们带来惊喜。

2006年9月8日 淮北市相山区人民法院一审判决书

高尚案从2006年3月21日起诉,到2006年9月8日作出一审判决,不到半年时间,在审判时限上是符合我国《刑事诉讼法》规定的。不出预料,一审法院对本案作出了无罪判决。

安徽省淮北市相山区人民法院
刑 事 判 决 书

〔2006〕相刑初字第087号

公诉机关淮北市相山区人民检察院。

被告人高尚,男,1968年11月2日出生于皖濉溪县,汉族,高中文化,淮北市市容局环卫处工人,住淮北市相山区政府宿舍6号楼201室。因涉嫌犯挪用资金罪于2005年5月19日被刑事拘留,同年6月1日被逮捕。现押于淮北市第二看守所。

辩护人李林,安徽龙兴律师事务所律师。

淮北市相山区人民检察院以相检诉〔2006〕64号起诉书指控被告人高尚犯挪用资金罪、职务侵占罪,于2006年3月24日向本院提起公诉。本院受理后,依法组成合议庭,公开开庭审理了本案。淮北市相山区人民检察院指派检察员孟宪君出庭支持公诉,被告人高尚及其辩护人李林到庭参加诉讼。现已审理终结。

淮北市相山区人民检察院指控：

被告人高尚的朋友刘家保于2003年11月6日经公证将其拥有使用权的淮北市S1101号宗地1.7万余平方米,委托高尚处置权属转让、结算及相关事宜或联合开发、结算及相关事宜。

2004年1月8日,高尚以刘家保委托代理人的身份与淮北市图南房地产开发有限公司(以下简称图南公司)签订《联合开发协议书》,约定使用S1101号宗地,刘家保可分得拟建面积4万平方米的30%,折合人民币840万元。

2004年2月10日,淮北市市容局(以下简称市容局)与图南公司签订《住房购销协议书》,约定用地包括S1101号宗地,拟购面积4万平方米,土地费840万元,设立共同账户,资金共同管理。

市容局安排副局长、环卫处处长李安祥负责职工购房工作,李安祥在环卫处抽调高尚等人成立基建办公室,由高尚负责基建办全面工作。

2004年3月23日,高尚用其私下刻制的"李安祥"印章和环卫处工会行政公章,在市建行设立了职工购房集资款专用账户(账号009593)。

基建办会计纵静经手收148户首付款444万元,存入上述专用账户。

高尚经手收谢肖玉首付款3万元,给谢打了收据,但未将该款交给纵静入账。

2004年3月26日,高尚经李安祥签批,提取集资款50万元存入其姐高萍存折,高萍将这笔款汇入寇湾村6组账户,支付了土地款。

2004年4月29日,高尚将集资款360万元汇入图南公司与市容局设立的共同账户。当日,高尚从该账户提取200万元,还从宫超处支付的买地款,同日又提取20万元交图南公司李春艳,由李转交该公司经理李锋,付李锋联合开发预计利润款。

同年5月10日,高尚提取20万元,付给寇湾村土地款。

同年5月10日,高尚提取4.9万元,支付给寇湾村村委会委员圣广军。

同年5月26日,高尚提取110万元存入高萍存折。高尚将其中30万元交给李锋,付李锋联合开发预计利润款。

Ⅲ 进程:相关法律文书以及评析

同年 12 月 8 日,高尚以环卫处工会名义,通知废止市容局与图南公司的《住房购销协议书》。

同年 12 月 15 日,高尚将该账户的余款 5.17 万元取出,存入高萍存折。

2005 年 1 月 19 日,高尚给市容局打张收条:收环卫处工会转职工委托购房款 444 万元整。

同日,高尚给市容局写下退款承诺,并与环卫处签约,将 S1101 号宗地使用权证交环卫处保管。

2005 年 2 月 24 日、3 月 30 日,高尚与环卫处签订两份关于环卫处有权拍卖 S1101 号宗地的协议。

2005 年 4 月 19 日,市容局与淮北雷河洗煤有限公司签订"购房转让协议",市容局收首付款 200 万元。

2005 年 4 月 30 日,高尚给市容局党委写下还款保证书。

案发后,从高萍手中追回 1.756 万元,尚有 86 万余元被高尚个人占用。

该院认为,被告人高尚利用工作职务便利,侵占单位资金数额较大,挪动单位资金数额巨大,其行为涉嫌触犯《刑法》第 271 条、第 272 条,应当以职务侵占罪、挪用资金罪追究其刑事责任。

该院当庭提供了以下证据:

1. 有关报案材料

(1)环卫处工会于 2005 年 4 月 27 日致市委、市政府领导的《关于市环卫处职工集体购房情况的紧急报告》,主要内容为:为解决环卫处职工住房困难问题,2004 年 2 月 10 日由环卫处工会与图南公司及代理人高尚签订了《住房购销协议书》,高尚自称有土地 25 亩,并提供了相关土地使用证,由其开发后,愿以 900 元/平方米的价格集体售给环卫处职工。局党委研究同意,由李安祥负责,环卫处工会与对方设立统一账户共同管理。后高尚及其代理公司偷偷将此款转移,被发现后,才重补了一张收据。当我们得知对方提供的属违法土地,环卫处工会及时追要该款项,对方以种种借口久拖不还。高尚以提供不合法土地等手段诈取职工购房款,请公安机关立案查处,追回职工血汗钱。

(2) 环卫处工会于2005年5月18日向市公安局提供报案材料,主要内容同上,不同部分为:《住房购销协议书》规定由图南公司提供土地,我方提供职工集资款共同建房,当我方将约定的集资款444万元交到图南公司委托代理人高尚手上后(原约定由双方共同管理使用,后被高尚采取不正当手段划到其控制的账户名下),迟迟不见动工,高尚以种种借口拒不归还集资款。高尚以故意提供不合法、不具备开发条件的土地为由诈骗巨额财产,我们要求严惩犯罪分子,追回损失。

(3) 谢肖玉(市政工程处职工)在公安机关陈述,主要内容为:谢按规定不享有集资购房的权利,但其父母是环卫处工人,且住有环卫处一间门面房。环卫处为让其搬出门面房,答应谢参与环卫处福利分房,并签订了协议。交钱时谢找到李安祥,李让其找基建办负责人高尚,后其与高尚一块儿到李办公室,李让高尚给谢暂订三楼,谢又到高尚办公室,当时纵静会计也在,谢把3万元交给高尚,高、纵二人当面点清,高尚在协议上签了收据。

2. 被告人高尚在公安机关的供述和辩解

(1) 2005年5月20日、29日两次自书材料,主要内容为444万元集资款的去向说明。经李安祥局长同意付寇湾村地款50万元,后陆续付50万元,款有汇款,也有刘祥安、圣广军和刘建设拿的钱。给官超200万元,因官超原是和高一起搞的这块地皮,高先把官超应得的钱给了官超。高尚用高萍的名义转存100万元(因高无身份证),其中50万元给了寇湾村,约50万元给了李锋。约有50万元用在办事和还家里欠账上。余款34万元经会计安排:3.78万元经李安祥同意借给荣海侠进化妆品,5.5万元付刘祥安地款,5万元付南京设计费,19.92万元由会计纵静支出,余款由纵静办事用款。

(2) 2005年5月19日询问笔录。主要内容:大约2003年,市容局想在高尚的土地上搞集资建房,高尚找到图南公司法人代表李锋,李锋同意以图南公司名义为市容局集资建房。高尚带李锋一起和市容局领导见面,签了一份"集体购房协议",因为集资建房违反规定。高尚的那块地是高尚于 2002 年从寇湾村购买的,购地款是 180 万元。当时所有办购土地的费用都是刘家保出的,约 50 万元,为让刘家保放心,高把土地产权证办在刘家保名下,然后再由刘家保把土地处置权和结算权委托给高。当时这 180 万元没付给寇湾村,也就是欠 180 万元。图南公司与市容局签过购房协议后,市容局开始集资,148 户每户 3 万元,共 444 万元。李安祥局长只同意给高尚 50 万元地钱,后又批了 10 万元的办公费。后李安祥想挪用这笔集资款,由于高尚反对而没挪成。为防止李安祥挪用,这笔款由市容局账户打到图南公司与市容局的共同账户,李安祥没用上这笔钱很生气,就把自己的私章给了高尚:"你不是要你的地钱吗? 章给你,这笔钱你爱咋办就咋办吧。"后来有人到纪委告市容局集资建房,吕剑局长让赶紧把购房协议收回来,李安祥怕图南公司扣钱不给,让高尚把钱全部转到高尚自己那里,反正少高尚的地钱。后李安祥又同意把环卫处工会剩下的钱都转到高尚名下。高尚认为,这钱(444 万元集资款)就是他的,该还账就还账,该给谁就给谁。市容局之所以欠高尚土地钱,是因为在集资建房前市容局招来一个台商看中高尚那块地,市容局想让高尚拿出地来完成招商引资。后来市容局又让高尚用这块地给职工建住宅,是吕剑局长跟高尚谈的,讲买高尚的地钱是 800 多万元,先给高 500 万元,建房开工半年内余款结清。这是口头说,没有协议(因 1998 年 12 月份之后,新置土地不能用于集资建房)。所以市容局除高尚已划走的 400 多万元款外,还欠高尚 400 万元。高尚认为自己就是卖地,至于职工集资的钱能不能归还,是市容局的责任。高尚的地因超过两年闲置,今年 5 月被市土地局收回。

(3) 2005 年 5 月 20 日讯问笔录。主要内容:高尚划走集资钱没经领导同意,但有客观原因,一是高尚想尽快把地钱给人家付清,把自己的债务还清,为建房创造好的外部环境;二是因地是高尚的,李安祥让高尚自由支配职工集资款。444 万元中有一笔 50 万和一笔 10 万是李安祥同意转的,其他钱的转走李安祥不知道,其他领导也不知道。转款需要环卫处工会公章,需工会主席胡长玲盖。还需要李安祥的私章。李安祥的私章是由李安祥把身份证复印件交给高尚,高尚到市惠黎加油站对面花 40 元刻的,是李安祥同意刻的。李安祥私章平时在纵静处保管,高尚也保管过一段时间。盖李安祥私章,高尚不需领导同意。关于撤销购房协议的证明是假的,因为当时不允许集资建房,市纪委来查,李安祥让高尚出个假证明,做给纪委看的,事实上后来并没有撤销购房协议。今年4月份,规划局还下文同意建房方案。关于让图南公司把集资款都转到高尚名下的证明是高尚起草的,盖公章时胡长玲打电话请示了李安祥,李安祥同意的。

(4) 2005年5月20日讯问笔录。主要内容:市容局集资建房款444万元,其中李安祥同意使用60万元,余款384万元被高挪用。其中付给官超200万元,付李锋50万元、寇湾村圣广军、刘建设、刘祥安等私人拿了30余万元,付寇湾村70万元,环卫处借3.7万元。付南京设计院5万元,余下让高花掉了。

(5) 2005年5月22日讯问笔录。主要内容:约2002年,淮北平安房地产公司(以下简称平安公司)经理张如红(又名张毛),找高用S1101号宗地搞抵押贷款,经到土地局咨询,不能抵押,能转让。由于张如红借了高一些钱,张如红就把这块地转给高尚了。土地局开了几次会研究这件事,就把这块地的土地证办到了刘家保名下。刘家保是雷河洗煤厂的法人,高尚与官超(雷河洗煤厂的老板)是好朋友,都不想出头,两次转让(第一次是寇湾村转到平安公司,第二次是平安公司转到刘家保名下)费用50余万元,都是高尚从官超处拿的钱给土地局的。在一次吃饭中,高尚见到圣广军,才知道张如红没付寇湾村1分钱地钱,高尚当时就说地钱由高尚来付。之后高尚又通过圣广军认识了黄四清、刘祥安、刘建设等寇湾村一帮人,最后商定这块地总价180万元,签了协议,并作了公证。已付村里共计72万元(其中2万元定金)。另外,刘祥安、圣广军、刘建设三人分别都向高尚要过好处费,合计超过30万元。2004年3月26日以后,给他们的钱都是从市容局集资444万元中支出,之前的不是了。关于李安祥的印章,是李安祥把身份证交给王毅去复印的,交给高尚去刻的章。关于高尚取走共同账户360万元,高尚认为,这个钱是他个人的钱,高尚给李安祥打过招呼,李安祥说你该怎么用就怎么用,图南公司李锋也同意,但要求补个手续。高尚给官超的200万元是分给官的卖地钱。关于市容局和黎辉签"购房转让协议",一是为了尽快退还职工集资款;二是可以净落四五千平方米的房子。后高尚从官超处拿回220万元。

(6) 2005年5月24日讯问笔录,主要内容是关于S1101号宗地如何从张如红名下转到刘家保名下的。高尚称,张如红以前欠高尚父亲200余万元水泥、黄沙等费用没钱归还,张如红的S1101号宗地当时是划拨的,不是综合用地,高尚看到出让合同后面有局长办公会议(4次)研究、同意,高尚就和张如红谈好办出使用证,钱由高尚出,事后转让给刘家保。高尚与官超也签了一份协议,以每亩14.5万元转给官超,(因为办证的钱是官支付的,再者每亩14.5万元,共计370万元左右足以收回欠账)。此后,官没给高尚1分钱,所以,这块土地仍是高尚的。高尚与官超约定S1101号宗地转让出去,每亩14.5万元以上都归官超,加上办土地证五六十万元,所以高尚给官200万元,应是给官的卖地钱。高尚给李锋50万元是图南公司的管理费,也就是合同约定的2.5%利润。存入高萍存折160万元,付寇湾村地款50万元,给李锋50万元,帮陈小刚还账30余万元,剩下的用于归还个人和家里的欠账及个人消费。

(7) 2005年6月1日讯问笔录。主要内容:市容局基建办,当时只是一种说法,没有下文,是临时的,由李安祥分管,胡长玲、纵静负责财务,高尚具体负责(高尚又称其没有接受基建办负责人的头衔,因为其代表刘家保),成立基建办主要是为了用(即买)高尚的S1101号宗地。高尚转走360万元到共同账户,是经李安祥同意的,但李安祥未签字,而是告诉高尚事后让环卫处给高尚出个证明。转账支票是纵静保管,工会行政章是胡长玲保管,她们不经李安祥同意,也不可能转款。

(8) 2005年6月11日讯问笔录。主要内容是高尚共付给寇湾村土地款100余万元(其中付给集体72万元,付给村干部30余万元)。

(9) 2005年7月15日讯问笔录。主要内容是关于谢肖玉的3万元集资款的去向,高尚不知道,收条是李安祥让高尚写的,但高尚未收到钱,可能让李安祥收去了。

3. 寇湾村有关证人证言

（1）证人黄四清（寇湾村书记兼主任）的证言。主要内容：黄四清是通过高尚买寇湾村6组在跃进河北边的废窑场地时认识高尚的。关于高尚买地的情况，2002年底，黄四清在报纸上看到村里的这块地要拍卖，黄四清很奇怪，因为这块地村里根本没卖，其就找到原6组组长刘祥安，问刘祥安卖地是怎么回事，刘祥安说这块地的使用证还没办，是和刘家保签的假合同。后黄四清、刘祥安等人到拍卖行讲不能拍卖。后来刘祥安一直未把土地证拿来。2003年五六月份，刘祥安带高尚找黄四清，讲高尚要买这块地，黄四清称只要村民不吃亏就可以卖。2004年二三月份，和高尚定下包括刘家保的地南边鱼塘在内，地价共计180万元。3月26日6组与高尚签订了《土地转让协议》，高尚先后付了80万元给村里。

（2）证人董淑萍（寇湾村支部副书记）的证言，主要证明2004年上半年的一天，董淑萍和黄四清、朱汝金、刘祥安、圣广军、刘建设、丁在胜、刘祥顺等人，在市军人接待站和高尚及其律师签了一份土地转让协议，总价180万元。

（3）证人圣广军（寇湾村支部委员）的证言。主要内容：关于卖给高尚的那块地最早是在20世纪80年代以寇湾村6组的名义办了25亩地的使用证。先前听说是以平安公司张如红的名义办的土地证，2002年左右，高尚拿着刘家保名字的土地使用证，高尚说这块地属于他所有。这块地一直没人给村里付钱，高尚愿付给村里地钱，村里就安排6组组长刘建设、村治保主任刘祥安和圣同高谈。最终谈好，全部土地约45亩，其中25亩有证（即S1101号宗地），20亩大坑没证（即168号宗地），总价款180万元，签了协议。高尚共付村里72万元，付给刘祥安、圣广军14.9万元。

（4）证人刘德新（寇湾村6组组长）的证言。主要内容：关于高尚买地的事，2002年6月，刘祥安找到刘德新，说有人要买村里这块地，让刘选10个村民代表开个会研究一下。开会前听刘祥安说这块地原来是开发公司的张如红要买，是替高尚买，后刘祥安把高尚介绍给刘德新，共同谈卖地的事，当时参加的有圣广军、刘祥安、刘德新和高尚，最后敲定180万元买40亩地。谈好后，刘德新又约10位村民代表开会，大家一致通过

Ⅲ 进程：相关法律文书以及评析

后签了合同。村里共收高尚72万元地款。刘德新个人要了高尚4.3万元。

（5）证人陈孟华（寇湾村报账员）的证言，主要证明高尚共付村里地款72万元，分别是2003年10月17日付2万元定金，2004年3月26日付30万元，2004年5月10日付20万元，2004年6月3日付20万元，付款方式都是银行转账。收款都给高尚开收据了。村里的账都由任圩镇会计中心统一管理。

4. 市容局、图南公司等开发各方有关证人证言及书证

（1）证人李安祥（市容局副局长兼环卫处处长）的证言。主要内容：关于集资建房一事，2004年初一次党委会上，某副局长提出环卫处职工高尚有一块地，想招商搞房地产开发，我们职工缺房，不如我们职工集资建房。当时党委成员考虑这是为职工谋福利，大家都同意，并提出如有问题，责任大家集体承担。后高尚找到图南公司同市容局签订了建房协议，每平方米900元，上下浮动不超过50元。协议是谁签的及协议内容李安祥不知道。协议签过后，党委会研究让李安祥负责此事，抽调专人成立基建办公室，设在环卫处。基建办由高尚具体负责，环卫处工会主席胡长玲任主管会计，纵静任现金会计，还有王毅参加。后来贴出通知请职工自愿认购，签协议，每套预交3万元，148户交了，总共收款444万元，都存放在环卫处临时账户上。李安祥对基建办人员宣布，没有李安祥签字并加盖工会公章和李安祥的私章，任何人都不允许动这笔钱。2004年六七月份，高尚找李安祥要求再买一块地，想从预交款中支付50万元，高尚写了个报告，李安祥签了字，后这笔款是否提走，李安祥不清楚。临时账户用的是工会公章和李安祥的私章，当时李安祥不同意再刻一枚私章，李安祥让用李安祥在财务科的章，现在才知道胡长玲说李安祥的私章缺个拐，当时他们又刻了一枚李安祥的私章，没人向李安祥汇报，谁刻的，李安祥也不知道。2004年底，市容局吕局长问李安祥，怎么预交款转到高尚个人账户上了，李安祥不相信，后找高尚要钱，高尚答应还，却迟迟不还，后写保证在2005年3月31日前开工，否则无条件退回购房款和利息。高尚还把土地证交市容局保管，作抵押。事后，高尚还补了一个收到市容

444万元的条子。到期高尚仍未开工,高尚说黎辉要买剩下的房子,后黎辉分次付给环卫处工会219万元,是高尚交来的。高尚现在承认把钱拿走,也愿意还。今天下午(即2005年5月19日),市容局为这件事开党委会,研究决定报案。李安祥提出,他之所以签批付50万元,一是考虑工程进度,这块地不买不行;二是考虑局里在合同中有批文下来15天内给他们500万元的约定,而且他们的批文已拿来了;三是考虑反正财务手续还要再签字,否则钱汇不出去。李安祥之所以签批付另外十多万元,一是考虑局里合同有我们承担办理手续费用的约定,二是办理各类手续也确实需要些备用金付给人家,只是借用,回头还要有发票报销。关于市容局与图南公司的购房协议,从来没有终止过,关于图南公司与市容局设立共同账户的事,李安祥均不知情,是高尚个人私下所为。关于谢肖玉购房的情况,李安祥安排高尚给予办理。直至2005年6月份李安祥才知谢肖玉没去工会缴款,而把钱直接交给高尚了,高给她打了收条。

(2)证人胡长玲(环卫处工会主席)的证言。主要内容:高尚原在渣土办,后来单位搞集资建房,成立了基建办,高尚就到了基建办。最早提出集资建房是在2003年年底,当时提的是集体购房。2004年4月职工开始交钱,每人交3万元,直接交到基建办,胡长玲后来听说收148户,共444万元。基建办开票用的公章和职工签协议的公章都是工会的,是领导定的,工会的公章由胡长玲保管。购房款由基建办的人保管。在建行开户用的是工会的公章,私章的事胡长玲不知道,也不知是谁办的。高尚应该是基建办负责人。工会的公章只有纵静(会计)、王毅拿过。集资款单独设立账户是李安祥安排的,开户时建行的人到工会,胡长玲提供的工会行政章(李安祥安排),高尚拿出的李安祥的私章。胡长玲从来不知道高尚等人将444万元转出,也没有在有关手续上盖工会行政章。

(3)证人纵静(市容局基建办会计)证言。主要内容:2003年12月,环卫处把纵静调到市容局基建办工作,单位要集资建房。2004年3月份定下来,要职工预交3万元,纵静负责开收据,建行负责收款,收据上盖环卫处工会的章,共收148户444万元。基建办由李安祥分管,由高尚负责。这笔款一开始放在工会账户上,银行印鉴留的是工会的公章和李安祥的私章。李安祥的私章不是环卫处财务科的,是新刻的,谁刻的纵静不知道,也没保管过,用的时候在高尚那里。支出情况:收款的第二天,付土地款 50 万元,环卫处借 3.7 万元,付设计费 5 万元,另开第二个账户分别存备用金 10 万元,剩余的款全部转到市容局和图南公司的共同账户上了。20 万元备用金主要付差旅费、招待费等,现还剩 2 万元。其间,因为市纪委查市容局集资建房问题,局里就不过问这些集资账目问题了,把这一块都交给高尚管理,还改了什么协议。20 万元备用金中的 17 万元都是高尚用的,高尚从纵静处取款从不愿签字,也不讲用途,他讲这块地是他的,这些钱是前期费用,以后到投资商那里报销。纵静为了防止万一出问题,就自己记了流水账。在纵静按高尚要求转出第一笔 10 万元备用金时曾找李安祥汇报,并将该账在纵静接手前,已被转走 360 万元的情况向李安祥汇报,李安祥当时没说什么,让纵静把高尚喊上来就让纵静出去了(大概 2004 年 7 月)。关于设立共同账户的事,约在 2004 年 4 月底,纵静和高尚、图南公司的女会计和司机 4 人到建行分理处,开了 1 个联合管理账户,公章是图南公司的,私章是李安祥的(听说是高尚私自刻的),当天就转到账户 360 万元。当时支票是纵静填写的,高尚把工会公章和李安祥私章交给纵静盖在支票上,后高尚让纵静把工会公章交给胡长玲。李安祥知道开共同账户,转 360 万元时不知李安祥是否知道,但纵静事后告诉了李安祥,李安祥又找高尚谈的。纵静每次盖工会公章,都是找胡长玲盖,胡长玲也不问;私章都是找高尚盖的。关于谢肖玉所交 3 万元,是在 2004 年 3 月 25 日下午快下班时,谢肖玉来了,好像李安祥也来了,钱是交给高尚的,高尚在谢肖玉的协议上签了收据,高未交纵静存银行。这种情况只有谢肖玉 1 人知道。

(4)证人赵娟(环卫处财务科职工)证言。主要内容:收集资款之前,市容局准备把集资款放在环卫处账上,赵不同意(怕因债务纠纷款被划走),李安祥也同意了赵的意见。李安祥在环卫处的印鉴私章是赵保管的,赵没借给高尚等人用过。

(5)证人李锋(图南公司总经理)证言。主要内容:2003 年下半年,市容局的高尚找到李安祥,说他有一块地皮,让李安祥开发,卖给市容局职工,李安祥与高尚签了《联合开发协议》,主要内容是高尚投入土地,图南公司投入全部资金。后高尚与市容局领导协商,图南公司与市容局签了《住房购销协议书》,后李安祥跑设计、办规划、勘探,市容局没按协议支付图南公司500万元订金,后达成口头协议(高尚说的),设立共同账户,在图南公司名下,由市容局管理,取钱要公司的公章和李安祥的私章,账户设在市建行营业部。2004年4月29日打过来360万元。协议的房产没有开发,刚开始跑规划,后来就是资金的事,没办好,接着市纪委调查市容局集资建房的事,这事就停了。到2004年12月,高尚拿1份市容局环卫处工会的通知,要求"购房协议"作废,共同账户上所有债权、债务转到高尚名下。后360万全部被高尚转走了。共同账户的款是市容局管理,但账户是在图南公司名下,支出钱要给李锋打条。

(6)证人李春艳(图南公司会计,李锋之妹)的证言。主要内容:2004年4月,李锋让李春艳与司机一起带着公司财务章,和高尚与高尚单位的两个女的一起到建行办1个共同管理的账户,转过来360万元,都让高尚使用了,转给李春艳20万元,李春艳交给了李锋。每次高尚转款都是李锋通知李春艳,李春艳填好支票,盖好财务章,高尚拿李安祥的私章盖上,就办成了。

(7)证人王毅(市容局基建办技术员)证言:关于市容局职工购房之事,当时高尚和图南公司联合开发房产,然后卖给市容局职工,每人先交3万元,基建办以工会的名义给职工开票,签协议,总共是148户,但有5户没交钱,实际收到429万元。关于高尚刻李安祥私章之事,当时王毅和高尚到夜市东头找人,没找到,在惠黎十字路口有一刻章的,高尚就要刻李安祥的私章,刻章的和高尚很熟,当时他说很忙,让刻好后来拿,王毅、高尚就走了。

(8)证人高萍(高尚之姐)证言。主要内容:高尚转到高萍名字的存折上160万元(因高尚没有身份证,用高萍身份证办的存折),多数都是高尚和高萍一起到银行取钱,由高尚交给别人。高尚曾让高萍取钱交给寇湾村一个姓刘的(应是刘祥安)7万多元。

(9)证人刘家保(雷河洗煤厂工人)证言。主要内容:刘是通过其同

Ⅲ 进程:相关法律文书以及评析

学官超(雷河洗煤厂的老板)认识的高尚,高尚和官超利用刘的名字买一块地。2002年下半年天冷时,官超找到刘家保,说有人要和他共同买一块地,让刘和高尚一起跑这个事(因官超经常外出,没有时间),用刘的名字办土地证。刘听官超讲,高尚知道有一块国有土地,可以买来将来开发挣大钱,高尚在土地局有关系但没钱,高尚和官合作是想利用官超的钱、资金。许多大事都是高尚和官超谈好的,刘只是跟着高尚提供身份证等证件,带着官超的钱到土地局有关部门交钱,大约交六七十万元。办证用了约1个月时间(2002年底)。这块地是指寇湾村6组河北原砖瓦厂上的约25亩地。2003年上半年,高尚找刘说要和市容局开发土地,让刘写给委托书,后高尚又找官超,官超让刘写,刘就写个委托高尚全权代理这块土地的委托书,还经过公证。买地用多少钱刘不清楚。

(10)证人官超(雷河洗煤厂法定代表人)证言。主要内容:官超是通过朋友陈小刚(已去世)介绍认识高尚的,陈与高尚合伙承包水泥厂,亏了,高尚欠陈小刚30多万元,陈找官超讲高尚有一块地要卖(即寇湾村6组地),不久陈小刚死了。高尚说这块地是他的,每亩按14.5万元,共计25亩等,合计360余万元。官超共给高尚70余万元(官超因正在建厂,故分期付款),土地局的费用等都是高尚用这个钱交的,土地证的名字是刘家保。2004年高尚多次催官超要钱,官超没有,高尚说他帮官超把地卖了,每亩20万元,官超怕高尚把地卖掉自己拿不到钱,官超让高尚打了个借条,加上官超前期付的七十余万,高尚给官超打了一份借条,计212万元。官超实际收到200万元(2004年4月份打入账户)。这块地卖给谁的官超不知道。2005年4月,高尚找官超说有个好项目,市容局集资建房不做了,按成本价给官超,盖好能卖2000元/平方米,官超同意,让高尚起草协议,官超见协议中提到余款付给高尚,就问高尚为什么要付给你,高尚说他把那块大坑地买下了。官超就安排黎辉(司机)带着钱与高尚一起到市容局把协议签了,共给市容局220万。

(11)证人黎辉(雷河洗煤厂工人)的证言。主要证明其代表官超与市容局签订了《购房转让协议》,共付市容局220万元购房钱。

(12)证人张如红(平安公司法定代表人)证言。主要内容:关于买地情况,2000年张在开发寇湾村小城镇建设时和6组组长刘祥安认识,刘祥安说有一块原村砖瓦厂的二十五亩多地是国有土地,可以转让开发,当时谈好每亩6.5万,共一百六十多万元,开发后再给钱或房子都行,这是口头协议,村长、书记都知道。接着村里就给张如红提供了相关手续,张如红到相山土地局办好手续(花两三万元),就差到土地局办证了。这时高尚不知怎么知道了,就天天上张家找张如红,高尚提出他姐高兰英是土地局局长,他姐夫张胜利和张如红是同学。后高萍、张胜利也经常来找张如红。张如红当时一缺资金二缺关系,高尚都能帮忙解决,高尚要和张如红共同开发,将来挣了钱张如红拿50%,他们3人拿50%。后来张如红就把其名下的这块地过户给高尚找来的刘家保名下。高尚曾提出8万元1亩买张如红的地,张没同意。高尚给过张7000元请村里客。市土地局的费用都是高尚弄的钱,以平安公司的名义交的。这块地是高尚骗走的,张如红准备告高尚。

(13)证人田志金(个体刻章)的证言,主要证明高兰英的弟弟(即高尚)曾找田志金刻了一枚"李安祥"的私章,高尚是一个人来的,说刻个私章等着用,可能是第二天就一个人来拿走了。

(14)证人王德海(市容局党委副书记)证言。主要内容:2003年12月,在市容局党委会上,李安祥副局长提出要为职工建住房,由市容局牵线,房钱由职工出。会上同意这个意见,并定下由王德海、李安祥、杨芝龙(爱卫处处长)负责这个项目,由环卫处成立基建办。2004年2月10日,市容局与图南公司签订了《住房购销协议书》,约在2004年三四月份通知职工交集资款,每户3万元。收过款不久,王德海和杨芝龙就退出管理了。在这之后,党委会多次强调动用集资款必须经局党委同意,否则任何人都不能动,李安祥一直讲钱没动。局党委没有研究过中止住房购销协议的事。李安祥没有向局党委汇报过动用集资款的事。

(15)证人吕剑(市容局党委书记、局长)证言。主要内容:2003年12月,开党委会提出为职工集体购房的事。在这之前,本局职工高尚找过吕剑,同时也找过其他党委成员,说有一块地,也给吕剑看了土地证,说现在土地不好卖,高与一家开发公司联合搞开发,可以便宜一点卖给市容局。

然后经党委研究,同意购房,由副局长李安祥具体负责。后来与图南公司签了《住房购销协议书》,后以环卫处工会的名义给职工发了通知,共收148户444万元。这笔钱由李安祥全面负责,如动用1分钱需经党委会同意。这笔款被动用吕剑不知道,后期知道后及时通知李安祥,李安祥说没有动。市容局与图南公司的协议现仍有效,没有给图南公司下通知要中止协议。吕剑知道李安祥与黎辉签过一份《购房转让协议》。高尚没有把土地卖给市容局。

(16) 市容局环卫处2004年3月12日总支扩大会议记录,主要证明在这次会议上决定抽调高尚、王毅、纵静、尚云鹏4人负责集体购房问题。

(17) 市容局党委会情况说明,主要内容与吕剑、王德海的证言相同。

(18) 环卫处与谢肖玉签订的《协议书》,上有高尚签收3万元及"90—110 m^2、三楼"等字样,并有环卫处工会公章。(2004年3月25日)

(19) 环卫处出具的高尚基本情况,证明高尚系环卫处在编职工,工人身份,现任环卫处基建科负责人。(2005年5月19日)

(20) 李安祥私章的"文件检验鉴定书"(两份)主要证明用于管理集资款的账户所留"李安祥"私章系高尚所私刻,与环卫处财务科留存的李安祥的章不是同一枚印章。

(21) 证人尚云鹏自书《工作说明》。主要内容:尚于2004年5月到环卫处工作,被安排到基建办,说是高尚为基建办负责人,负责小区筹建工作,尚云鹏开始跟着王毅到各个小区了解市场情况,楼房外形和户型,并准备些资料。后来小区需招商引资,高尚让尚云鹏跟王毅准备些关于开发建筑方面的资料。在这期间,高让尚云鹏跟着高到南京、上海出差,与外商谈判,并做些记录,准备资料。因小区未建成,基建办被撤。(2005年8月19日)

(22) 高尚与台商《会议纪要》(2004年11月13日)载明,甲方高尚,记录纵静;乙方林先生(台),记录蒋先生,特邀嘉宾刘琪(市规划局科长),会谈内容为合作开发相关事宜。高称:听市政府办公室凌主任讲,林老板对我那块地很感兴趣,欢迎林老板与我合作。林先生称:刚才规划局刘科长给我一路介绍很多,地势很好,就是你的门槛太高了,能否降低一点,我是真心想合作的。高称:我的地已进入二级市场,不需出钱,也不要办理产权转移,就可以满足你开发所需的政策要求。林总说的三七分成是否最低?林先生称:我房子品位很高,给你二点五都比一般三还要值钱(后谈规划)……刘琪称:你们协议签好后,我们规划局肯定能为林老板服务好。林先生称:高先生,你这个黄皮土地证有公证书,证明你有权处置;那红皮土地你能当家吗?高称:如林总需要,我立即可以办出同黄皮那样的公证。林先生:那好。协议咱俩签吗?高:不能跟我签,我没有开发资格,你要跟图南公司签。林先生:我不能跟他签,扯皮太多啦。高:图南公司给我授权,我来签怎么样?林先生:同意。但要以自己的名义规划。高:回家商量一下。双方由高尚,林先生或签字。

5. 有关银行票据等书证

(1) 建行对账单(共同账户)显示:2004 年 4 月 29 日进账 360 万元(从环卫处工会汇入);当日转账支票 20 万元(付李春艳);当日转账支票 200 万元(付官超);5 月 10 日转账支票 4.9 万元(给圣广军);同日转账支票 20 万元(付寇湾村地款);5 月 26 日转账支票 110 万元(转高萍存折);12 月 15 日转账支票 5.17 万元(转高尚存折)。留余 77.91 万元。

(2) 建行柜面签约流水查询(高萍存折)共计 160 万元。显示 2004 年 3 月 26 日开户,当日从环卫处工会账户转存 25 万元;取现 10 万元(付刘祥安);又从环卫处工会账户转存 25 万元,取现 30 万元(付寇湾村土地款);3 月 31 日取现 5 万元;5 月 26 日从共同账户转存 110 万元,当日取现 30 万元(付李锋);6 月 1 日取现 40 万元(付刘祥安 6 万余元、刘德新 3 万元);6 月 3 日取现 20 万元(付寇湾村土地款);至 2005 年 3 月 31 日,尚存 4 400 余元(附有关票据复印件)。

(3) 从共同账户 360 万元转账支票,付官超 200 万元的银行票据。

(4) 从环卫处工会账户转账支票,付荣海侠 37 828 元的银行票据。

(5) 从环卫处工会账户转账支票,付刘祥安 5.5 万元的银行票据。

(6) 从共同账户,转账支票,付李春艳 20 万元的银行票据。

(7) 从共同账户,付圣广军 4.9 万元的银行票据。

(8) 纵静从环卫处,工会转账支票 19.92 万元银行票据。纵静所写款项支出说明,称均被高尚支取现金,尚余21 455.23元,已退回工会。

(9) 高尚从共同账户转走360万元所打收条。(2004年4月29日至5月26日)。

(10) 高尚给纵静打的50万元地款收条。(2004年3月26日)

(11) 高尚所打付地款50万元的请示,李安祥签批"同意转付"(2004年3月26日)

(12) 纵静所打的基建办账户转款28万元前期备用金的请示报告,李安祥签批"请转10万元"。(2004年7月7日)

(13) 纵静所付付南京百市设计院设计费5万元的请示报告,李安祥签批"同意"。(2004年7月16日)

(14) 高萍提供的付寇湾村购地款50万元的单据、票据。

(15) 市容局提供的高尚所打收条:"收淮北环卫处转职工委托购房款人民币444万元整,收款人高尚,2005年1月19日。"

(16) 市容局提供的高尚所写承诺:本人保证在2005年3月31日开工,开工之日如职工愿意退款,本人无条件给大家退款并付银行同期贷款利息,如房子建成后职工不能接受,本人照上述条件退款。以上承诺愿负法律责任,否则市容局可以拍卖我的土地。承诺人高尚,2005年1月19日。

(17) 市容局提供的高尚《保证书》。局党委:关于职工集体购房退款金额,我绝对在2005年5月13日5时前全部打入环卫处工会账户,以上保证以①人格担保;②负法律责任。高尚,2005年4月30日。

(18) 李梅提供的高尚欠条:"今欠陈小刚款叁拾捌万元正,高尚,2002年4月24日。"有杨峰签名。

6. 有关追还款物证据

(1) 公安机关扣押清单(高萍),扣押高萍现金17 560元(2005年5月22日),该款返还环卫处工会。(2005年5月22日)

(2) 公安机关扣押刘德新人民币43 000元的清单(2005年5月22日),该款返还环卫处工会。(2005年5月22日)

(3) 公安机关扣押圣广军人民币68 700元的清单(2005年5月22

日),该款返还环卫处工会。(2005年5月22日)

(4) 公安机关扣押闫东根人民币27548.61元,扣押李锋人民币20万元,寇湾村土地款6万元,共计287548.61元,已返还环卫处工会。(2005年6月14日)

(5) 公安机关扣押李锋人民币45590.39元,已返还环卫处工会。(2005年6月14日)

(6) 环卫处工会于2005年4月19日、4月30日分别收到黎辉交来购房转让金2195656元。

(7) 公安机关扣押闫东根帕萨特轿车1辆,购车费、附加费、保险费共计226861元,已返还市容局。(2005年6月16日)

7. 有关集资购(建)房几方的协议

(1)《联合开发协议书》(2004年1月18日)。甲方刘家保,委托代理人高尚。乙方图南公司。主要内容:甲方委托乙方代为开发土地。① 委托项目:市容生活小区。② 项目地块编号:S1101号宗地及该宗地南至跃进河北、李桥村土地西、李楼村土地东。③ 地块面积:约2.8万平方米。④ (缺)⑤ 拟建面积,约4万平方米。⑥ 投资方式:甲方投入土地,乙方投入开发所需全部资金。⑦ 比例分成:按实际开发面积计算,甲方分得30%,约1.2万平方米,折合人民币840万元正。⑧ 质量标准:合格。⑨ 施工日期:18个月。⑩ 双方权益与义务:甲方确保投入土地无争议。土地如需过户,由甲方负责,乙方负责办理和履行开发建设一切手续和费用。乙方保证足额资金到位,不影响正常施工。⑪ 结算:同委托代理人结算……协议由高尚、李锋签字。

(2)《住房购销协议书》(2004年2月10日):甲方图南公司,乙方市容局。主要内容:为解决市容环卫职工的住房困难,同时也为解决甲方资金周转困难,双方达成协议。① 所购住房项目地编号:S1101号宗地及该宗地块南至跃进河土地。② 项目地块区位:(同上)。③ 地块面积:约2.8万平方米。④ 拟购面积:约4万平方米。⑤ 双方权益与义务:(a) 购房价按土建安装成本、土地费用(840万元÷实建总面积/平方米)、实交税费及利润(建筑成本2.5%)4项计。(b) 道路、绿化、公共设施配套由乙方自行解决。(c)乙方负责协助甲方办理开发建设所需一切手续并承担相关费用。(d)付款方式:由于甲方售房基本属无利润销售,故在选址确定后15天内,乙方支付甲方人民币500万元作为订金,余款按工程进度支付。乙方确保足额资金到位,不影响正常施工。(e)……(f)甲乙双方设立共同账户,资金调配由甲乙双方共同管理。(g)乙方参与房型设计,监督工程发包,参与质量管理。甲方由李锋签字,乙方由吕剑签字。

(3)环卫处工会于2004年12月8日致图南公司函:"接市容局通知,我局与贵公司所签4万平方米订房协议已作废,我工会与贵公司共同账户及有关债权、债务按如下条款执行:① 共同账户资金全部转到高尚名下;② 有关债权、债务经高尚审核后全部交给高尚;以上当否?敬请签字盖章,回执工会。"此函有高尚"同意按此办"的签字。另有高尚"共同账户款已全部转交给我,2004年12月9日"的签字。

(4)《保管协议书》(2005年1月19日):甲方刘家保,代理人高尚;乙方李安祥,代理人杨艳。主要内容:签订协议之日,甲方将S1101号宗地土地使用权证交乙方保管,乙方签署本协议视为收到该国有土地使用证。保管期限自签订本协议之日起至该宗土地施工手续审批完毕并进行施工时止……甲方由高尚签字,乙方由杨艳签字(附有公证书)。

(5)《集体代购房协议》(2005年2月24日):甲方环卫处工会,乙方高尚。主要内容:为解决市容环卫职工住房困难,经研究并经职工个人自愿同意,甲方为职工集体代购高尚与外商联合开发商住楼个人分成部分。① 甲方受购房职工委托,与乙方签订集体代购房协议,代表职工利益,负责处理相关事宜。② 甲方一次性购买乙方商住楼148套。③ 购房毛坯房的价格900±50元/平方米,每户首付3万元,房屋交付使用时付清全部房款……⑥ 乙方将土地证及有效授权书,经司法公证后交甲方保管,如不能按期开工,乙方应于2005年4月1日前无条件将职工集资款及利息如数退还,并按银行同期贷款利息予以补偿,乙方若无力偿还,甲方有权将其土地拍卖,所得款用于归还职工首付款。甲方盖有公章,乙方由高尚签字。

(6)关于《集体代购房协议》第6条的补充协议(2005年3月20

日),主要内容是如乙方违约,愿将"淮转国用(2002)字第41号"中所属土地(即S1101号宗地)转让给甲方。甲方有权拍卖该宗土地的使用权,扣除职工款项后剩余部分返还乙方。乙方应积极协助甲方办理该宗土地使用权的转让手续。

(7)《购房转让协议》(2005年4月19日)。甲方市容局,乙方黎辉。主要内容:经市容局集体购房职工同意,甲方将原集体购房有偿转让给乙方。① 转让面积:10 000平方米。② 单价900元/平方米,总价人民币900万元(不含税费)。③ 付款方式:乙方预付500万元,签协议时首付200万元,余款300万元1个月内付清,剩余房款400万元售房时逐步付清,剩余房款付给高尚作为地款。④ 位置:市容局职工集体购房处……市容局由李安祥签字,加盖市容局公章。乙方由黎辉签字。

(8)《委托购房协议书》,此系环卫处工会与购房职工签订的协议书样本(略)。

8. 有关"市容小区"所涉土地权属证据

(1)《有偿转让土地协议书》(2001年5月18日)甲方寇湾村6组,乙方平安公司。主要内容为甲方有偿转让给乙方使用国有土地25.88亩(即S1101号宗地),价格每亩包干费1.2万元(包括基要地价、青苗补偿费、附属物补偿费和安置补偿费),合计31.056万元。乙方亦可与第三方签订转让协议。转让一切费用由甲方承担;甲乙双方共同指界,并办理有关土地手续……甲乙双方加盖公章,甲方由刘祥安签字,乙方由张如红签字。

(2)平安公司《关于要求补交土地出让金的报告》(2002年11月),2002年12月3日赵局长组织局务会议研究同意。

(3)《土地登记指界确权委托书》(2002年12月31日),主要内容是平安公司张如红委托高尚为办理上述土地的登记指界全权代表,代表法人负责办理他项有关权利事宜。

(4)淮划国用(2001)字第63号国有土地使用证,证明S1101号宗地土地使用者为寇湾村6组,系划拨使用权。

(5)《国有土地使用权出让合同》(2002年12月8日)。出让人淮北市国土资源局,受让人平安公司。出让宗地为S1101号,出让金总额317 765元。双方签公章,法人代表签字(2002年11月7日至12月3日先后4次局务会议研究决定)。

(6)《土地转让协议》(2002年12月25日)。甲方平安公司,乙方刘家保。主要内容为甲方自愿将S1101号宗地有偿转让乙方,甲方提供手续,乙方自行办理。

(7)淮出国用(2002)字第33号国有土地使用证,证明S1101号宗地使用者为平安公司。

(8)淮转国用(2002)字第41号国有土地使用证,证明S1101号宗地使用者为刘家保。

(9)相国用(98)字第168号国有土地使用证,证明168号宗地使用者为图南公司。

(10)刘家保《委托授权书》(2003年11月6日)。委托人刘家保,受托人高尚。委托事项:办理归委托人所有的S1101号宗地国有土地使用权的权属转让、结算及相关事宜或联合开发、结算及相关事宜。受托人在其权限范围内签订的一切相关文件,委托人均予承认,由此在法律上产生的权利、义务均由委托人享有和承担。刘家保签字(附有公证书)。

(11)图南公司《授权委托书》(2004年11月19日)。受托人高尚,主要内容同上,土地为168号宗地。

(12)《土地转让协议》(2004年3月26日)。转让方(甲方)寇湾村6组。受让方(乙方)高尚,主要内容:甲方将位于……(即S1101号宗地和168号宗地)包干转让给乙方,转让价人民币180万元。乙方于2004年3月26日首付人民币30万元,余款于5月10日一次性付清。付款方式为转账,开户行……甲方按乙方要求协助把土地相关手续办到图南公司名下,费用由乙方承担。土地款全部付清后方可施工。2004年5月10日前若乙方不能付清余款,合同终止。乙方首付款30万元及定金2万元不再退还。甲方有寇湾村村委会及6组公章,由刘德新签字,乙方由高尚签字。

(13)淮北市国土资源局向刘家保发出的《拟收回国有土地使用权告

知书》(2005年4月19日)。主要内容:S1101号宗地超过规定的两年期限仍未动工开发建设,依据《闲置土地处置办法》第4条第2款的规定,拟收回该宗地的国有土地使用权。

9. 市容小区立项有关规划、计划文件

(1) 淮北市计划委员会《关于下达商品房建设计划的通知》(2004年2月27日)。图南公司计划新建商品房4万平方米,总投资2 400万元。

(2) 淮北市城市规划局《建设项目选址意见书》(2004年2月24日)中"关于市容小区建设项目选址意见"的主要内容:该项目位于……(即S1101号宗地和168号宗地)(附南京百市设计院设计图)。

对起诉书指控的事实部分,被告人高尚提出如下异议:① 起诉书既称高尚是刘家保委托代理人,又称高是市容局基建办负责人,自相矛盾。高尚实际是在基建办负责按刘家保的授权进行土地方的结算。② 起诉书指控高私下刻制李安祥印章不是事实,刻章是经李安祥同意的。集资款专用账户是环卫处工会设立的,并非高个人设立。③ 起诉书指控高经李安祥签批,提取50万元支付寇湾村土地款,实际这笔款应当是环卫处工会提取支付的。④ 起诉书指控高将集资款360万元汇入共同账户,实际也是环卫处工会汇入的。⑤ 起诉书指控高以环卫处工会的名义通知废止市容局与图南公司的购房协议,实际高只是把通知送给图南公司,通知是环卫处工会发的。环卫处工会是市容局下属单位环卫处的下属单位,不可能代表市容局,这份通知是为了应付市纪委检查,事实上,购房协议一直在履行,并未终止。⑥ 起诉书指控的高给市容局写下退款承诺和还款保证书是事实,但高是按市容局的意思写的,目的是安抚交款职工的情绪,内容并非客观真实。⑦ 起诉书所列的"转款""付款"等都是市容局付给高的买地款,不是职工集资款。起诉书隐瞒了市容局通知图南公司把360万元转给高的事实。⑧ 起诉书指控2005年1月高将S1101号宗地使用证交环卫处保管,事实是土地使用证一直由李安祥保管。⑨ 起诉书指控的市容局与雷河洗煤厂签订的购房转让协议,可以证明市容局已付高土地款440万元,尚欠高400万元。

关于本案的定性,被告人高尚认为应属经济纠纷而不能构成刑事案件。① 在土地方(即刘家保或高尚)和图南公司、市容局合作开发住房的过程中,两份协议(即刘家保与图南公司签订的《联合开发协议书》,图南公司与市容局签订的《住房购销协议书》)是两个框架性文件,明确规定了三方的权利、义务,由市容局投入全部开发资金和图南公司获取2.5%的利润,并取得全部开发成果;土地方投入土地,获取土地使用费;图南公司实施开发和基建,获取2.5%的利润。市容局通过变相集资建房获得售房权,图南公司拥有开发权和基建权,市容局和图南公司通过共同账户拥有资金管理权。高尚只有收取土地使用费的权力,而无资金管理权和基建权。因此,起诉书指控高尚利用工作职务便利侵占单位资金,挪用单位资金,无事实根据。② 三方两份协议明确规定,土地方应获取土地使用费840万元,且市容局应在选址确定后15日内给付图南公司500万元(即付地款),因此,高尚获得的444万元集资款是土地方应得的地款。(多份协议、书证等都能反映这一事实)③ 高尚经手转出地款均是经市容局、图南公司同意的,是按三方协议执行的,手续是合法的,是正常履行协议的行为,并无违法或犯罪行为。④ 关于高尚收谢肖玉购房款3万元,已包括在高尚所打总收条444万元中,因为总集资款是447万元,但有3.78万元被李安祥签批借给了荣海侠,实际用于建房的尚不足444万元。

辩护人从犯罪构成四要件的角度提出如下辩护意见:

1. 关于犯罪主体,因高尚是作为土地方的刘家保的全权代理人,即使确系非法侵占或挪用单位资金,所产生一切后果也只能依民法规定由刘家保承担;

2. 关于犯罪客体,挪用资金和职务侵占的客体是集体单位财产所有权、占有权,而国有或个人的财产权不构成本罪的客体。本案中涉及的集资款属于国家机关的公款,不是挪用资金、职务侵占所侵犯的客体。

3. 关于犯罪的客观方面,起诉书指控高尚犯罪的客观方面:一是私刻了负责集资建房工作的李安祥的私章;二是利用了其在基建办的工作职务便利。

辩护人认为均不是。① 市容局专用账户的集资款,非有领导批准,并加盖"李安祥"私章和"环卫处工会"行政章才能支取,单凭"李安祥"私章无法支取。即使高尚私刻了李安祥的私章,也无法支取集资款,除非其盗用工会公章。但无证据证明其盗用了公章。② 作为土地方全权代理人的高尚于 2004 年 3 月 26 日提取集资款 50 万元,是李安祥书面签批的。2004 年 4 月 29 日转到共同账户 360 万元,也是李安祥同意支付土地款的,这合理合法,不能武断地认为是其"利用工作职务便利条件"。

4. 关于犯罪的主观方面。从上述三个方面已不难得出结论,高尚对地款的获取,系在授权范围内合法获取,是经正常渠道的合法获取,不具有任何非法占有或挪用的目的。

综上,辩护人认为,刘家保和图南公司以及市容局之间所缔结的法律关系,是市容局集资建房过程中形成的商品交换关系和债权债务关系。而高尚在三方关系中所履行的,正是作为土地方代理人的特定职责。其行为不构成犯罪。

本院经审理查明:

本案的基本事实是围绕市容小区的开发建设这一经济活动而展开的,被告人高尚在此活动中担任着特殊而重要的角色,其参与了大部分的主要活动,进而引发了本案。开发建设行为及其与高尚行为的联系主要表现在:① 开发所用土地的使用权的转让;② 联合开发关系的形成及各方权利、义务关系;③ 开发资金的筹集和使用。下边分别叙述查明的事实:

1. 开发所用土地的使用权的演变过程

市容小区建设用地是位于相山区任圩镇寇湾村 6 组原砖瓦厂的两块相连的土地,即 S1101 号宗地和 168 号宗地。

(1) S1101 号宗地原系寇湾村 6 组拥有使用权的国有土地。2001 年 5 月 18 日,寇湾村 6 组与平安公司签订《有偿转让土地协议书》,以包干费每亩 1.2 万元的价格(总价 31 万元)转让给平安公司。此后,平安公司未付给寇湾村 6 组地款,也未办理使用权转让手续。

(2) 被告人高尚与平安公司经理张如红熟识,高尚得知张如红无能力办土地使用证,遂以与张如红发生一定经济关系,并出资找人协助办理使用权转让手续为条件,使张如红同意将土地使用权转让给高尚的朋友官超。平安公司于2002年12月25日与刘家保签订《土地转让协议》,约定将S1101号宗地有偿转让给刘家保,甲方提供手续,乙方自行办理。张如红于2002年12月31日向高尚出具了《土地登记指界确权委托书》,委托高尚为全权代表,办理登记指界和有关他项权事宜。

(3)高尚与官超谈的价格是每亩14.5万元(总价360余万),由官超出资办理使用权转让手续,使用权证办到刘家保名下。官超出资约五六十万元,交纳了国有土地出让金及其他费用,于2003年1月办理了土地使用权证,但剩余地款未付。

(4)2003年间高尚向官超提出,可以每亩20万元的价格将S1101号宗地使用权转让,每亩价格超出14.5万元以上的部分归官超所有,官超同意,遂按高尚的要求,安排刘家保于2003年11月6日向高尚出具《授权委托书》,委托高尚办理S1101号宗地使用权的权属转让、结算及相关事宜,或联合开发、结算及相关事宜。

(5)其间(2002—2003年间),高尚得知S1101号宗地平安公司并未付给寇湾村6组土地款,遂与寇湾村两委委员黄四清、刘祥安、圣广军、6组组长刘德新等人接触协商,表示愿补土地款,并同时包干买下相邻的水塘(即168号宗地)的使用权。高于2003年10月17日付定金2万元,双方于2004年3月26日签订了《土地转让协议》,以180万元总价有偿转让S1101号宗地和168号宗地土地使用权。高尚自2003年10月17日至2004年6月3日共付寇湾村土地款72万元,付给刘祥安、圣广军、刘德新个人32万余元,总计104万余元。另于2004年4月29日付官超土地款200万元。

(6)2003年年底,高尚与市容局领导班子成员联系,称其本人有一块地,可以找开发商建住宅楼,为市容局职工集资建(购)房。市容局于2003年12月召开党委会,研究同意用高尚的S1101号宗地与开发公司联系开发住宅楼,市容局职工集资购买,并决定成立基建办公室,设在环卫处,由李安祥副局长负责。

2. 联合开发和集资建(购)房进展过程及各方权利义务关系

(1)2003年12月份市容局党委会研究同意高尚提出的集资建(购)房方案后,高尚(代表甲方刘家保)于2004年1月8日与图南公司

(乙方)签订了《联合开发协议书》,约定甲方委托乙方代为开发市容生活小区,甲方提供土地(即S1101号宗地和168号宗地),乙方投入开发全部资金。开发面积4万平方米。甲方分得30%,约1.2万平方米,折合人民币840万元。甲方由高尚结算。

(2)2004年2月10日,图南公司(甲方)与市容局(乙方)签订《住房购销协议书》,约定为解决市容局职工住房困难,同时为解决甲方周转资金困难,乙方购买甲方住房约4万平方米(项目地块为S1101号宗地和168号宗地),购房价包括土建安装成本,土地费用(840万),实交税费及利润(建筑成本2.5%)4项,道路、绿化、公共设施配套由乙方自行解决。乙方于项目选址确定后15天内支付甲方订金500万元,余款按工程进度支付;双方设立共同账户,资金调配由双方共同管理;乙方参与房型设计,监督工程发包,参与质量管理。

(3)2004年2月24日,市规划局下发市容小区《建设项目选址意见书》,同年2月27日,市计委下达图南公司建设4万平方米商品房的计划。

(4)2004年12月8日环卫处工会致图南公司函:接市容局通知,我局与贵公司所签4万平方米订房协议已作废,我工会与贵公司共同账户资金全部转到高尚名下;有关债权、债务经高尚审核认可后全部交给高尚。此函有高尚"同意按此办"及"共同账户款已全部转交给我"的签字。

(5)2005年1月19日,刘家保(甲方,代理人高尚)与李安祥(乙方,代理人杨艳)签订《协议书》,约定协议签订之日甲方将S1101号宗地土地使用权证交乙方保管,至施工手续审批完毕进行施工止。

(6)2005年2月24日,市容局环卫处工会(甲方)与高尚(乙方)签订《集体代购房协议》,约定甲方为职工集体代购高尚与外商联合开发商住楼个人分成部分,价格平均为900±50元/平方米,购买148套,每户首付3万元。商住楼于2005年3月31日前开工,1年内交付使用,乙方如不能按时开工,愿将S1101号宗地转让给甲方,甲方有权拍卖,乙方应积极协助甲方办理土地使用权转让手续。

(7)2005年4月19日,市容局(甲方)与黎辉(乙方)签订《购房转让协议》,约定甲方将原集体购房10 000平方米以900元/平方米价格转让给乙方,总价900万元。乙方预付500万元,剩余400万元售房时逐步付清,剩余房款付给高尚作为地款。

(8) 2005年4月19日,市国土资源局向刘家保发出《拟收回国有土地使用权告知书》。至此,集资建(购)房终结。

3. 市容局集资款444万元收取及支付情况

(1) 市容局在决定集资建(购)房后,于2004年3月在环卫处设基建办公室,口头任命高尚为负责人,由副局长李安祥主管,以环卫处工会的名义在建行开设集资专户(账号9593),筹集职工集资款(每户3万元)。

(2) 2004年3月25日开始集资,当天收款63万元(不包括收谢肖玉3万元)。

(3) 2004年3月26日,基建办高尚向李安祥打报告申请支付S1101号宗地地款50万元,李安祥签批同意暂付。当日,从集资专户分两笔转出50万元至高萍存折。当日,从高萍存折汇出30万付寇湾村地款。2004年6月3日,从高萍存折汇出20万元付寇湾村地款。

(4) 2004年4月16日,集资专户集资余额为361万元。4月29日,高尚、纵静持集资专户印鉴(环卫处工会行政章和李安祥私章)和转账支票,同图南公司会计李春艳等人一起,将集资专户360万元转至市容局与图南公司在建行的共同账户(账户××××,为图南公司账户)。账户印鉴为图南公司财务章和李安祥私章。当日,高尚从共同账户转账付李春艳(李锋之妹)20万元;当日转账付宫超200万元;5月10日转账付圣广军4.9万元,同日转账付寇湾村地款20万元;5月26日转账入高萍存折110万元;12月15日转账入高尚存折5.17万元。

(5) 2004年7月7日,集资专户余额21万余元,转账付荣海侠37 828元(李安祥签批)。

(6) 2004年7月7日,纵静打报告申请集资专户转到纵静账户(账号××××)28万元备用金,李安祥签批同意转10万元。后于7月14日、7月15日、7月16日转账入纵静账户共10万元。

(7) 2004年7月16日,纵静打报告申请从集资专户付南京百市设计院小区设计费5万元,李安祥签批同意。当日,电汇南京5万元。

　　(8) 2004年9月23日、9月27日,纵静从集资专户付刘祥安地款5.5万元。

　　(9) 2004年12月21日、22日、23日,从集资专户转入纵静另开账户(备用金,账号××××)9.92万元。

　　(10) 高萍存折110万元支付情况见证据5(2)。

　　(11) 2005年1月19日,高尚向市容局写收条:环卫处工会转职工委托购房款人民币444万元整。同日写下承诺,保证在2005年3月31日前开工,否则无条件退款,市容局也可拍卖其土地。

　　另查明,在市容局集资建(购)房中,市政工程处职工谢肖玉按规定不享有集资建(购)房的权利,但其父母是环卫处工人,且住有环卫处一间门面房。环卫处为让其搬出门面房,答应谢肖玉参与环卫处福利分房,并订了协议(仅此1户)。2004年3月25日谢肖玉来交集资款时找到李安祥,李安祥让其找高尚,后其与高尚一块到李安祥办公室,李安祥让高尚给谢肖玉暂订三楼,谢肖玉又到高尚办公室,当时纵静也在,谢肖玉把3万元交给高尚,高尚、纵静二人当面点清,高尚在协议上签了收据。此款因是外单位人员所交,未入环卫处集资专户,由高尚保管。

　　以上事实,根据公诉机关举证情况综合得出,控辩双方均无异议,足以认定。

　　本院认为:

　　一、关于挪用资金罪的指控

　　根据《中华人民共和国刑法》第272条的规定,挪用资金罪,是指公司、企业或者其他单位的工作人员,利用职务上的便利,挪用本单位资金归个人使用或者借贷给他人,数额较大,超过3个月未还的,或者虽未超过3个月,但数额较大,进行营利活动的,或者进行非法活动的行为。根据这一规定,本罪的犯罪构成是:① 主体是本单位工作人员;② 客体是本单位对其财产的占有权、使用权和收益权,犯罪对象是本单位的资金;③ 主观方面是故意;④ 客观方面表现为利用职务上的便利,非法擅自动用单位资金归本人或他人使用,但准备日后归还。结合本案的事实情节,就高尚

的行为性质是否属挪用资金,分析如下:

(一) 就主体身份而言,被告人高尚是市容局职工,也是市容局临时成立的基建办的"负责人",这是客观事实。但高尚作为市容局环卫处渣土办的一名普通工人,何以能被抽调并被口头委任为基建办负责人呢?(而当时环卫处工会主席胡长玲仅是高尚属下的主管会计。)这恰恰是因为高尚还有一个特殊的身份——联合开发集资建(购)房三方中土地方的代理人(或本人就是土地方)。正是这一特殊身份而不是渣土办工人的身份,使他成为基建办的"负责人"。这是符合实际情况的一种安排,因为土地方在集资方与开发方之间起着重要的桥梁作用,是不可或缺的中间环节,高尚担任"负责人"最为合适,最有利于基建工作的开展。因此,在本案的特定环境中,高尚的身份与其说是市容局的职工,不如说是集资建房这一经济活动中的土地方或土地方的代理人。高尚作为土地方,与集资方市容局是双方平等的民事主体,并不存在隶属关系。此时,高尚的市容局环卫处工人的身份已淡化趋无。在本案一系列民事行为中,高尚作为土地方的角色十分明显,而其从未以市容局或环卫处的代理人身份出现过。市容局在两份报案材料中均称高尚是图南公司的代理人或土地方,而以诈骗罪报案,他们对高尚在本案中身份的认识是符合实际的。

(二) 就犯罪客体和犯罪对象而言,本案所涉及的市容局职工集资的444万元是什么款?是否属市容局的资金?

1. 必须明确,这444万集资款是购房款还是建房款?

如是购房款,则只需筹集后存放即可,待购房时支付房款。如是建房款,则需投入到建房的各个环节,在经济运作中进行流转,实现投资所追求的利益。根据本案的事实,可以得出结论,此444万元是建房款。主要理由如下:

(1) 根据图南公司与市容局签订的《住房购销协议书》(现无任何一方否认这一协议的真实性有效性)的约定,市容局承担建房全部费用(包括土地费840万元),并于项目选址确定后15天内支付订金500万元,余款按工程进度支付;双方设立共同账户,资金调配由双方共同管理。

市容局还参与房型设计,监督工程发包,参与质量管理。而开发商图南公司则不投入任何资金。这是一份明显的出资建房协议,而不是购房协议。

(2)事实表明,市容局积极履行协议,使用集资款投资建房。2004年3月26日,在开始集资第二天刚筹集到63万元时,李安祥即签批支付S1101号宗地地款50万元;同年4月29日,在集资款余361万元时,市容局按协议(即选址确定后15日内支付订金500万元,选址确定时间为2004年2月24日),将360万元转至图南公司账户(共同账户)用于建房。同年7月7日,李安祥签批支付10万元备用金。同年7月16日,李安祥签批支付小区设计费5万元。这些情况说明,在集资伊始和建房伊始,集资款即陆续进入流转中,投入到地款、前期费用、设计费等支出中。

(3)市容局设立"基建办",并让土地方高尚任负责人,清楚地表明了集资建房的性质。

2. 需明确,444万元集资款在流转中权属发生了哪些变化,是否一直属于市容局占有、支配呢?

根据本案事实,得出的结论是否定的。444万元的权属演变经过了如下轨迹:

(1)市容局从2004年3月25日开始筹集并在环卫处工会设立集资专户,到同年4月29日转出360万元到共同账户,除转出的360万元之外,其他资金归市容局占有、支配。

(2)360万元转到图南公司账户(共同账户),属于市容局履行支付订金500万元或投资开发的行为,此360万元的所有权已转移,市容局只有一定的监督权。实际控制这360万元的是开发商图南公司和土地方高尚(高持有李安祥私章)。

(3)2004年12月8日,市容局环卫处工会致函图南公司,要求双方协议作废,将共同账户资金全部转到高尚名下,有关债权、债务经高尚审核后可全部交给高尚。高尚签字认可。此时,360万元的所有权又转移给了高尚,或追认高尚有所有权,涉及360万元的债权、债务均归属于高尚。

(4)2005年2月24日,市容局环卫处工会与高尚签订《集体代购房协议》,约定购买高尚与外商联合开发商住楼个人分成部分,进一步明确

444万元集资款为支付高尚购房款,即444万元的所有权归属高尚。

(5) 2005年4月19日,市容局与黎辉签订《购房转让协议》约定市容局将购买高尚的10 000平方米房屋转让给黎辉,总价900万元,预付500万元,剩余400万元付高尚地款。这一协议明确了市容局除已付高尚444万元房款外(实际是地款),尚欠高尚地款400万元(即总地款840万元)。从以上演变轨迹可以看出,444万元在投资建房的经济流转中,所有权的归属经历了职工个人—市容局—图南公司(共同账户)——高尚个人的过程,发生数次债权债务关系的变化。市容局有所有权(或管理权)的只是除360万元以外的,并且在2004年12月8日前集资专户上的款项,共计84万元,扣除2004年12月8日后被高尚转出9.92万元,实为74.8万元,对此高尚并无挪用行为。

(三) 从犯罪客观方面看

起诉书指控高尚有擅自动用部分集资款归个人使用,主要依据的事实,一是高尚私刻了李安祥的私章(银行印鉴),导致其有擅自动用集资款的条件;二是其不经主管领导李安祥同意,擅自动用集资款归个人使用。

根据本案的事实:

1. 高尚擅自私刻李安祥私章的事实不能成立

主要理由是:(1) 李安祥作为环卫处处长,在环卫处财务科有一枚私章,由财务科赵娟保管。而赵娟并不是基建办人员,也未参与集资建房的任何事务。因此,集资款专户不可能使用赵娟保管的李安祥私章。

(2) 李安祥本人也承认设立集资专户前,胡长玲等人提出过要重刻一枚李的私章,不过李未同意。

(3) 胡长玲、纵静、王毅等基建办人员均证明知道高尚又另刻了一枚李的私章,而且也都知道是高尚拿着的,可见高尚不是私刻、私用。

(4) 在刚开始设集资专户时,高尚就使用这枚新刻的私章作为开户印鉴。此后,在办理李安祥签批支付的4笔款项时,也是使用的这枚新章,不可能是偷偷擅自使用而一直未被发现。

2. 高尚经手从集资专户转款360万元到共同账户,是否是未经有关主管领导同意私下擅自所为?

从案件事实看,难以认定。主要理由是:

(1) 市容局在两份报案材料中均称:"与对方设立统一账户共同管理。""我方将约定的集资款444万元交到图南公司代理人高尚手上(原约定由双方共同管理使用,后被高尚以不正当手段划到其控制的账户)。"这些内容说明,转款360万元是履行约定,也是市容局认可的,只不过后来发现高尚提供的土地有问题,而认为是诈骗。

(2) 证人纵静证明李安祥知道开共同账户的事,其和高尚一起转款后,向李汇报了转走360万元,当时李让高过来,和高谈的,这说明李安祥对此事是知道的,也是认可的。同时证明高尚所说"李让高自由支配集资款"这一情况。

(3) 转走360万元是在2004年4月29日,此后,集资专户仍继续集资。同年7月7日,李安祥签批支付了两笔款13.78万元。同年7月16日,李签批支付5万元。作为主管领导,李应当知道集资专户存余的款数。

(4) 2004年12月8日,市容局致函图南公司购房协议作废,共同账户资金全部转到高尚名下。这从侧面说明,向共同账户转款360万元资金是履行协议,现协议作废,共同账户也同时作废。

(四) 从犯罪的主观方面来看

挪用资金罪是故意犯罪,行为人明知自己的行为是危害社会的行为,而且有明确的犯罪目的和犯罪动机,主观上有较大的恶性(危害社会的心理,社会危害性是犯罪的本质属性)。而从本案的事实看,难以看出高尚有危害社会的主观恶性表现。主要理由是:

(1) 高尚所经收支付的大部分款项,是为了联合开发建房的需要:支付寇湾村地款(包括与此有关的款项)104.5万元(还欠108万元),支付官超地款200万元,支付图南公司应得利润50万元,支付设计费5万元,支出备用金17万余元。上述款项达376万余元。

(2) 高尚作为土地方,在联合开发建房中有巨大的可期待利益(最低获利400万元以上)。因此,其积极促成开发的成功,其中也做了大量工作。其缺乏犯罪的动机。

Ⅲ 进程:相关法律文书以及评析

（3）联合开发建房最终未能成功，并不是资金原因造成的，而主要是因为集资建房违纪被调查而遭重重障碍（多项协议的变迁可以反映出这一问题）以及开发用地权属有瑕疵所致。如果市容小区开工建设，各方按协议履行即可，不会存在挪用资金的问题。高尚虽然在使用集资款时将少部分用于个人其他支出，但其主观心理态度是"钱是我的地钱，我有权自由支配"，并无危害社会的心理，不宜认为有犯罪的目的和故意。

综上，根据现有事实和证据，从挪用资金罪的犯罪构成要件对被告人高尚的行为进行综合分析，尚不足以认定其行为构成挪用资金罪。

二、关于职务侵占罪的指控

高尚所收谢肖玉的3万元，实质上与其他444万元一样属于集资建房款，是集资款总体的一部分，只是因为谢肖玉属于"照顾"的外单位人员，此款未入集资专户，而由高尚个人保管，是个特例。高尚的行为是否构成职务侵占罪，从犯罪构成的角度看，在主体要件、客体要件和主观方面与前述关于"挪用资金罪"分析观点相同。关于客观方面，本案尚无充分的证据证明高尚对此3万元曾采取何种方法、手段进行非法占有。事实上，由于高尚单独给谢肖玉打了收条，已形成债权债务关系，无法达到侵占的目的。故被告人高尚的行为不构成职务侵占罪。

依照《中华人民共和国刑法》第3条，《中华人民共和国刑事诉讼法》第162条第2、3项之规定，判决如下：

被告人高尚无罪。

如不服本判决，可在接到判决书的第二日起10日内，通过本院或者直接向安徽省淮北市中级人民法院提出上诉。书面上诉的，应提交上诉状正本1份，副本1份。

审　判　长：翟文彦
代理审判员：齐　立
代理审判员：任　敏
二〇〇六年九月八日
书　记　员：杨　莉

一审法院对案件作出无罪判决,这在司法实践中是极为少见的。我国是一个无罪判决率极低的国家,其实,这不是一种正常的现象。一审判决对高尚收取谢肖玉3万元购房款认定为民事法律关系,因为高尚给谢打了收条。对此,法律争议问题较为简单,无须深入分析,只是一个接受的问题。但对检察机关指控高尚挪用资金444万元,一审判决无罪,却涉及了较为复杂的事实、证据和法律问题。为了了解一审判决无罪的主要根据,我对一审判决无罪的裁判理由进行以下归纳:

1. 主体身份

一审判决明确了高尚在本案中具有双重身份:一方面是环卫处临时基建办的负责人,另一方面是土地方。一审判决采用了"土地方"这样一个用语,还是较为通俗易懂的。在公安机关的《提起批准逮捕书》和《起诉意见书》中,检察机关的《起诉书》,虽然在案情叙述中承认高尚是S1101号宗地的权利人,但却从来没有在法律上承认高尚在房屋购销协议的履行中,具有土地方这样一种身份,只是片面地强调了高尚是环卫处临时基建办负责人的身份。

2. 444万元集资款的性质

一审判决对444万元集资款的性质进行了分析,主要围绕着该集资款是购房款还是建房款而展开。一审判决得出的结论是建房款。这一结论十分重要,对于本案的定性具有重大影响。因为如果是购房款,则与房屋之间形成对价关系。但如果是建房款,在房屋建设过程中就应当使用该款项。从市容局环卫处与图南房地产开发有限公司之间签订《房屋购销协议书》的名称上看,似乎是购房协议,因此444万元是购房款。但从该协议的具体条款来看,包含了土地款等约定,因此又是打着房屋购销名义的集资建房协议,444万元属于建房款。

3. 私刻李安祥的私章

前面已经讨论过指控高尚私刻李安祥私章的问题,指控的根据是李安祥的证言,以及保管在环卫处财务科赵娟那里的李安祥私章。虽然私章对本案定性并不具有决定性的作用,但还是有必要加以澄清,因为这是指控高尚转款行为属于未经批准的主要根据。实际上,高尚之所以刻制李安祥的私章,是用于对集资专户的管理。一审判决引用纵静等人的证言证明,他们均知道高尚刻制了李安祥的私章,并用于账户的管理,以此否定私章系高尚私自刻制。

4. 转款行为的性质

检察机关指控高尚从集资专户将 360 万元转到共同账户的行为属于挪用资金。一审判决通过证据证明,这一转款并非高尚的擅自所为,而是按照约定转款,并且所转款项主要用于买地与房屋建设。因此,不能将该转款行为认定为挪用资金罪。

上述四点已经形成一个环环相扣的逻辑链条,充分证明高尚的转款行为不构成挪用资金罪。应该说,一审判决对其无罪判决的结论,还是进行了相当充分的说理与论证。这也是我所见到的一份写得相当成功、具有示范意义的判决书。我阅读过上千份判决书,给我留下的一个感觉是:无罪判决书往往进行较为深入的讲理,而有罪判决书往往讲理不深。因此,对一个法官来说,判决有罪是极为容易写判决书的,反之,判决无罪则要下大力气来写判决书。因此,对那些勇于判决无罪的法官,不能不给予应有的敬意。当然,徇私枉法而判决无罪的除外。

应该说,一审判决讲理还是相当充分的。而且,一审法官对从本案中提炼出的、若干个关系到罪与非罪界限的重大问题专门加以分析,而不是简单地从犯罪构成的四要件进行论述,这也是值得肯定的。但是,一审判决书在对挪用资金罪构成要件的概述中,引用的四要件是按照主体、客体、主观方面、客观方面这一顺序展开的。在我所见到的判决书中,民事判决书一般来说要比刑事判决书更为讲理,审级越高的法院,其民事判决书越是讲理。对于这样一个印象,我自己也是十分吃惊的。照理来说,民事判决仅仅涉及财产权益,而刑事判决则涉及自由权,甚至生命权,当然也涉及财产权,可以说关乎生杀予夺。因此,刑事判决应该比民事判决更讲道理。但现实情况是完全颠倒了,其原因令人费解。我想,可能还是涉及刑事司法理念的问题。民事判决涉及的是平等主体之间的纠纷,大体上属于所谓人民内部矛盾,所以要以理服人。当一方当事人是政府,或者大型国企的时候,讲道理的程度就要差一些。而刑事判决涉及的是犯罪,在打击犯罪的思想支配下,又受到代表国家提起公诉的控方的强大压力,判决的立场预先就偏向于公诉方。而被告人以及辩护人的意见往往难以入法官之耳,被告人的辩解甚至被认为是无理狡辩,而辩护人的辩护则被认为是拿人钱财替人消灾。在这种情况下,判决书在认定有罪的时候,往往无须讲理,且被认为理所当然。只有在认定无罪的时候才须讲理,并且要讲得很充分才行,否则很难说服控方放弃抗诉。由此,就出现了这样一种怪现象:法官要想判一个被告人无罪,会十分麻烦,光是判决书就要花费更大的精力。而法官要想判一个被告人有罪,则十分容易,不需长篇大论讲道理。其结果是,就从可以偷懒的角度来说,法官也不愿意作出无罪判决。这是多么的反常,而这又是我国司法实践中的正常状态。其实,正常的状态应该是,法官作出无罪判决很容易,不用讲太多的道理。按照无罪推定原则,不能证明有罪就是无罪。因此,只要指控存在瑕疵,就足以成为评价无罪的理由。但法官作出有罪判决则很难,需要讲很多的道理。按照无罪推定原则,需要证明的是有罪,无罪是不需要证明的。因此,只有当具有足够的证据能够证明一个人有罪的时候,法官才能对其判决有罪。从这个角度来分析,就可以想见,我国距离刑事法治的目标是多么的遥远。

2006年9月13日 淮北市相山区人民检察院抗诉书

在一审作出无罪判决以后,作为控方的相山区人民检察院提起了抗诉。对于无罪判决进行抗诉,这在我国刑事诉讼活动中应当是正常现象。

淮北市相山区人民检察院
刑事抗诉书

相检刑抗〔2006〕02号

原审被告人高尚,男,1968年11月2日出生,濉溪县人,汉族,高中文化,淮北市市容局环卫处工人,住淮北市相山区政府宿舍6号楼201室。因本案于2005年5月19日被刑事拘留,同年6月1日被逮捕。

原审被告人高尚涉嫌挪用资金、职务侵占一案,由淮北市公安局侦查终结,经淮北市人民检察院向本院交办审查起诉。本院于2006年3月24日提起公诉,淮北市相山区人民法院以〔2006〕相刑初字第087号刑事判决书作出判决:被告人高尚无罪。经依法审查,本案的事实如下:

原审被告人高尚于2004年3月至2005年4月间,利用全面负责淮北市市容局基建办公室工作的职务便利,挪用其单位收集的职工购房款八十六万余元归个人使用;并于2004年3月25日经手收取谢肖玉购房首付款3万元,不交会计入账,占为己有。

原审被告人上述犯罪事实清楚,证据确实、充分,足以认定。

本院认为,原审被告人高尚利用职务便利挪用资金数额巨大,职务侵占数额较大,其行为已涉嫌触犯《中华人民共和国刑法》第 271 条、第 272 条,应以职务侵占罪、挪用资金罪追究其刑事责任。

一审法院以证据不足为由判决被告人高尚无罪,属认定事实不当,适用法律有误。

综上所述,为严肃国法、准确惩治犯罪,特依照《中华人民共和国刑事诉讼法》第 181 条的规定,特提出抗诉。请依法改判。

此致
淮北市中级人民法院
淮北市相山区人民检察院

二〇〇六年九月十三日

注:证据目录、证人名单与一审无异。

这是我所见到过的最不讲理的一份刑事抗诉书,当然,我见过的刑事抗诉书本来就不多。之所以说这份刑事抗诉书不讲理,是因为其对抗诉理由完全没有论述,而只有一句话:"一审法院以证据不足为由判决被告人高尚无罪,属认定事实不当,适用法律有误。"可以说,见过司法文书不讲理的,但没有见过司法文书这么不讲理的。

一审判决书是以被告人高尚的行为不具备职务侵占罪和挪用资金罪的构成要件为由判决高尚无罪的,并且对此进行了法律论证。检察机关认为一审判决错误,就应该针对无罪判决的理由展开论述,以此说明无罪判决的理由是不能成立的,请求二审法院撤销无罪判决,改判有罪。但本案的刑事抗诉书并没有提出一审判决错误的理由与根据,而是采用了起诉书的行文方式,这是前所未见的,可谓稀罕。

这份不讲理的刑事抗诉书的背后,也许隐含着一段不为人知的隐情。我的猜测是:领导指令必须抗诉,承办人无奈之下,呈交了一份根本不讲理的刑事抗诉书,以为消极反抗。这一点,在 2013 年 11 月 1 日本案公诉人孟宪君向最高人民检察院举报自己办错案的材料中,获得了证实。

2006年10月16日 二审辩护词

二审辩护词

审判长、审判员：

安徽龙兴律师事务所依法接受被告人高尚的委托,指派我作为高尚的辩护人出庭参与本案本审诉讼活动。庭审情况表明:淮北市相山区人民检察院的抗诉意见不能成立,〔2006〕相刑初字第087号刑事判决认定事实正确,适用法律无误,应予维持。高尚的行为不构成犯罪。

法庭审理过程中,检察员没有提举任何新的证据证明其抗诉主张。为证明高尚无罪,辩护人提举了8组证据材料予以充分抗辩。现根据事实和法律,提出以下具体辩护意见,供合议庭参考。

一、高尚不构成挪用资金罪

1. 根据《刑法》,本罪侵犯的客体系指本单位财产的所有权或占有权,该财产权属具有特定性,即为集体所有,而非国有或个人所有。如果不是这样,就不构成本罪。证据表明,市容局属下单位职工用来集资建房的所有筹款,均按市容局的研究意见被安排进入专用账户。应当认定:职工集资款的性质自进入该专设账户后即由公民个人所有转化为公有,即由市容局机关所有或占有,具有明确的"公款"性质。由此可见,高尚后来对该账户资金的占有和支配,不是挪用资金。

2. 高尚占有和支配"专用账户"的集资款是否系利用其"职务便利"？这是本案事实认定的又一关键。证据证明:高尚对集资款的占有和使用,完全是用合法的方式,通过合法的渠道进行的,并无非法性。2004年

3月26日,高尚提取首笔50万元集资款,是经全面负责集资建房工作的李安祥审批的;同年4月29日由市容局集资专户转入该局与图南公司共同账户360万元,也是经李安祥同意的。此后的12月8日,市容局致函图南公司,要求将账户资金转到高尚名下。至此,高尚对该360万元的占有和支配,已为市容局完全认同。而且,由市容局、图南公司和高尚三方所分别订立的《联合开发协议书》《住房购销协议书》以及市容局和黎辉之间的《购房转让协议》内容所确定,前述集资款的支付,早已明确界定为"土地款"。这怎么能被诉之为高尚利用职务便利条件而非法获取呢?

3. 高尚之所以能够占有和支配前述款项,是由于此前他已被提供所开发土地的刘家保授权为"该土地权转让、结算和联合开发、结算等相关事宜的全权委托代理人"。正如高尚所言,他是受托履行三方协议中土地一方的代理人职责的。既如此,何罪之有?

综合上述有关犯罪的三个方面,已不难看出:高尚对土地款的获得,是在经领导批准同意后的合法获得,是他作为土地所有权人一方代理人在授权和经营范围内合法获得,不具有任何犯罪动机和目的。因而,无论从犯罪构成的任何方面分析,高尚均不构成本罪。

二、高尚不构成(职务)侵占罪

高尚所收谢肖玉的3万元与444万元集资建房款属同一性质,是其中的一部分,只不过谢肖玉属于"照顾"的外单位人员,该笔款项未进入集资专户,由高尚收管,是个特例。因而对该款的占有和使用,亦非职务侵占,理由同上。

综上,高尚的行为不构成犯罪,建议合议庭维持一审正确判决,终审宣告高尚无罪。

辩护人:安徽龙兴律师事务所
律师李林
二〇〇六年十月十六日

针对抗诉书,二审辩护词还是围绕着高尚的行为是否构成挪用资金罪和职务侵占罪展开。在二审辩护词中,律师对挪用资金罪与职务侵占罪分别加以讨论,主要还是就挪用资金罪进行辩护。在对挪用资金罪的辩护论证中,律师又改为客体、客观方面、主体这样一个逻辑顺序,至于主观方面只是简单提及。也许一审判决已经是无罪,所以二审辩护词写得相对简单,与一审辩护词相比,并没有增加新的辩护理由。

2006年12月11日 淮北市中级人民法院刑事判决书

一审判决无罪,高尚走出了看守所,至此,高尚已经在看守所被羁押将近16个月。对于无罪判决,高尚当然没有上诉的必要。但检察院的抗诉,将本案拖入了二审。3个月后,淮北市中级人民法院作出了二审判决。

安徽省淮北市中级人民法院
刑 事 判 决 书

〔2006〕淮刑终字第86号

抗诉机关安徽省淮北市相山区人民检察院。

原审被告人高尚,男,1968年11月2日出生于安徽省濉溪县,汉族,高中文化,淮北市市容局环卫处工人,住淮北市相山区政府宿舍6号楼201室。2005年5月19日因涉嫌犯挪用资金罪被刑事拘留,同年6月1日被逮捕,2006年9月11日被宣告无罪释放。

辩护人李林,安徽龙兴律师事务所律师。

安徽省淮北市相山区人民法院审理相山区人民检察院指控被告人高尚犯挪用资金罪、职务侵占罪一案,于2006年9月11日作出〔2006〕相刑初字第087号刑事判决。一审宣判后,淮北市相山区人民检察院提出抗诉。本院受理后,依法组成合议庭,公开开庭进行了审理。安徽省淮北市人民检察院指派检察员樊秀荣、代理检察员孟宪君出庭履行职务,原审被告人高尚及其辩护人李林到庭参加诉讼。现已审理终结。

原判认定:

(一)开发所用土地的使用权的演变过程

市容小区建设用地是位于淮北市相山区任圩镇寇湾村6组原砖瓦厂的两块相连的土地,即S1101号宗地和168号宗地。S1101号宗地原系寇湾村6组拥有使用权的国有土地。2001年5月18日,寇湾村6组与淮北市平安房地产有限责任公司(以下称平安公司)签订《有偿转让土地协议书》,以包干费每亩1.2万元的价格(总价31万元)转让给平安公司。被告人高尚得知平安公司法人代表张如红无能力办理土地使用证,遂以与张如红发生一定经济关系,并出资找人协助办理使用权转让手续为条件,使张如红同意将土地使用权转让给高尚的朋友官超。2002年12月25日,平安公司与刘家保签订《土地转让协议》,约定将S1101号宗地有偿转让给刘家保,张如红于2002年12月31日向高尚出具了《土地登记指界确权委托书》,委托高尚为全权代表,办理登记指界和他项有关事宜。随后,高尚与官超商谈以每亩14.5万元(总价360余万元)的价格,由官超出资办理使用权转让手续,使用权证办到刘家保名下。官超出资约五六十万元交纳了国有土地出让金及其他费用,于2003年1月办理了土地使用权证,但剩余地款未付。2003年间高尚向官超提出,可以每亩20万元的价格将S1101号宗地使用权转让,每亩价格超出14.5万元以上的部分归官超所有,官超同意,并按高尚的要求,安排刘家保于2003年11月6日向高尚出具《授权委托书》,委托高尚办理S1101号宗地使用权的权属转让、结算及相关事宜,或联合开发、结算及相关事宜。其间(2002—2003年间),高尚得知平安公司并未付给寇湾村6组S1101号宗地的土地款,遂与寇湾村两委委员黄四清、刘祥安、圣广军、6组组长刘德新等人接触协商,表示愿补土地款,并同时包干买下相邻的水塘(即168号宗地)的使用权。高于2003年10月17日付定金2万元,双方于2004年3月26日签订了《土地转让协议》,以180万元总价有偿转让S1101号宗地和168号宗地土地使用权。高尚自2003年10月17日至2004年6月3日共付寇湾村土地款72万元,付给刘祥安、圣广军、刘德新个人32万余元,总计

104万余元。另于2004年4月29日付宫超土地款200万元。2003年年底,高尚与市容局领导班子成员联系,称其本人有一块地,可以找开发商建住宅楼,为市容局职工集资建(购)房。市容局于2003年12月召开党委会,研究同意用高尚的S1101号宗地与开发公司联系开发住宅楼,市容局职工集资购买,并决定成立基建办公室,设在环卫处,由李安祥副局长主管。

(二)联合开发和集资建(购)房进展过程及各方的权利义务关系

2003年12月份,淮北市市容局党委会研究同意高尚提出的集资建(购)房方案后,高尚(代表甲方刘家保)于2004年1月8日与图南公司(乙方)签订了《联合开发协议书》,约定甲方委托乙方代为开发市容生活小区,甲方提供土地(即S1101号宗地和168号宗地),乙方投入开发全部资金。开发面积4万平方米。甲方分得30%,约1.2万平方米,折合人民币840万元。甲方由高尚结算。2004年2月10日图南公司(甲方)与市容局(乙方)签订《住房购销协议书》,约定为解决市容局职工住房困难,同时为解决甲方周转资金困难,乙方购买甲方住房约4万平方米(项目地块为S1101号宗地和168号宗地),购房价包括土建安装成本、土地费用(840万元)、实缴税费及利润(建筑成本2.5%)4项,道路、绿化、公共设施配套由乙方自行解决。乙方于项目选址确定后15天内支付甲方订金500万元,余款按工程进度支付;双方设立共同账户,资金调配由双方共同管理;乙方参与房型设计,监督工程发包,参与质量管理。2004年2月24日,市规划局下发市容小区《建设项目选址意见书》,同年2月27日,市计委下达图南公司建设4万平方米商品房的计划。2004年12月8日,环卫处工会致图南公司函,称订房协议已作废,共同账户资金全部转到高尚名下,有关债权、债务经高尚审核认可后全部交给高尚。2005年1月19日,刘家保(甲方,代理人高尚)与李安祥(乙方,代理人杨艳)签订《协议书》,约定协议签订之日甲方将S1101号宗地土地使用权证交乙方保管,至施工手续审批完毕进行施工止。2005年2月24日,市容局环卫处工会(甲方)与高尚(乙方)签订《集体代购房协议》,约定甲方为职工集体代购高尚与外商联合开发商住楼个人分成部分,价格平均为900±50元/平方米,购买148套,每户首付3万元,商住楼于2005年3月31日前开工,1年内交付使用,乙方如不能按时开工,愿将S1101号宗地转让给甲方,甲方有权拍卖,乙方应积极协助甲方办理土地使用权转让手续。2005年4月19日,市容局(甲方)与黎辉(乙方)签订《购房转让协议》,约定甲方将原集体购房10 000平方米以900元/平方米价格转让给乙方,总价900万元。乙方预付500万元,剩余400万元售房时逐步付清,剩余房款付给高尚作为地款。2005年4月19日,市国土资源局向刘家保发出《拟收回国有土地使用权告知书》。至此,集资建(购)房终结。

(三) 市容局集资款444万元收取及支付情况

市容局在决定集资建(购)房后,于2004年3月在环卫处设基建办公室,让高尚任负责人,由副局长李安祥主管,以环卫处工会的名义在建行开设集资专户,筹集职工集资款(每户3万元)。2004年3月25日开始集资,当天收款63万元(不包括收谢肖玉3万元)。2004年3月26日,基建办高尚向李安祥打报告申请支付S1101号宗地地款50万元,李安祥签批同意暂付。当日,从集资专户分两笔转出50万元至高萍存折。当日,从高萍存折汇出30万元付寇湾村地款。2004年6月3日,从高萍存折汇出20万元付寇湾村地款。2004年4月16日,集资专户集资余额为361万元。4月29日,高尚、纵静持集资专户印鉴(环卫处工会行政章和李安祥私章)和转账支票,同图南公司会计李春艳等人一起,将集资专户360万元转至市容局与图南公司在建行的共同账户。账户印鉴为图南公司财务章和李安祥私章。当日,高尚从共同账户转账付李春艳(李锋之妹)20万元,转账付宫超200万元,5月10日转账付圣广军4.9万元,同日,转账付寇湾村地款20万元,5月26日转账入高萍存折110万元,12月15日转账入高尚存折5.17万元。2004年7月7日,集资专户余额21万余元,转账支借荣海侠37 828元(李安祥签批)。2004年7月7日,纵静打报告申请集资专户转到纵静账户28万元备用金,李安祥签批同意转10万元。后于7月14日、7月15日、7月16日转账入纵静账户共10万元。2004年7月16日,纵静打报告申请从集资专户付南京百市设计院小区设计费5万元,李安祥签批同意,当日,电汇南京5万元。2004年9月23日、9月27日,纵静从集资专户付刘祥安地款5.5万元。2004年12月21日、22日、

23日从集资专户转入纵静另开账户9.92万元。2005年1月19日,高尚向市容局写收条,收到环卫处工会转职工委托购房款人民币444万元整。同日写下承诺,保证在2005年3月31日前开工,否则无条件退款,市容局也可拍卖其土地。

另查明,在市容局集资建(购)房中,市政工程处职工谢肖玉按规定不享有集资建(购)房的权利,但其父母是环卫处工人,且住有环卫处一间门面房。环卫处为让其搬出门面房,答应谢肖玉参与环卫处福利分房,并订了协议(仅此1户)。2004年3月25日谢肖玉来交集资款时找到李安祥,李安祥让其找高尚,后其与高尚一块到李安祥办公室,李安祥让高尚给谢肖玉暂订三楼,谢肖玉又到高尚办公室,谢肖玉把3万元交给高尚,高尚、纵静二人当面点清,高尚在协议上签了收据。此款因是外单位人员所交,未入环卫处集资专户,由高尚保管。

上述事实,有以下证据证实:

1. 被告人高尚的供述和辩解:约2002年,淮北平安房地产公司(以下简称平安公司)经理张如红(又名张毛)找其用S1101号宗地进行抵押贷款,经到土地局咨询,不能抵押,只能转让。由于张如红借了高尚一些钱,张如红就把这块地转给了高尚。刘家保是雷河洗煤厂的工人,高尚与官超(雷河洗煤厂的老板)是好朋友,都不想出头,就把这块地的土地证办到了刘家保名下,然后再由刘家保把土地处置权和结算全权委托给高尚。两次转让(一次是寇湾村转到平安公司,第二次是平安公司转到刘家保名下)费用五十余万元,都是高尚从官超处拿的。后来高尚见到圣广军,知道张如红没付寇湾村地钱,其当时就表示地钱由其来付。之后高尚又通过圣广军认识了黄四清、刘祥安、刘建设等寇湾村一班人,最后商定这块地总价180万元,签了协议,并作了公证,共计已付村里72万元(其中2万元定金)。另外,刘祥安、圣广军、刘建设三人分别都向高尚要过好处费,合计超过30万元。2004年3月26日以后,给他们的钱都是从市容局集资的444万元中支出。高尚与官超也签一份协议,以每亩14.5万元转给官超,(因为办证的钱是官超支付的,再者每亩14.5万元,共计370万元左右,足以收回欠账)。此后,官超没有给高尚钱,这块土地仍属高尚所有。高尚与官超约定S1101号宗地转让出去,每亩价格14.5万元以上的部分都归官超,加上办土地证的五六十万元,所以其给官超200万元,算是给官超的卖地钱。大约2003年,市容局想在高尚土地上搞集资建房,高尚找到图南公司法人代表李锋,李锋同意以图南公司名义为市容局集资建房。高尚带李锋一起和市容局领导见面,签了一份"集体购房协议"。市容局成立基建办,当时只是一种说法,没有下文,是临时的,由李安祥分管,胡长玲、纵静负责财务,高尚具体负责,成立基建办主要是为了用(即买)高尚S1101号宗地。转款需要环卫处工会公章,需工会主席胡长玲盖,还需要李安祥的私章。李安祥的私章是由李安祥把身份证复印件交给高尚,高尚到市惠黎加油站对面花40元刻的,是李安祥同意刻的。私章平时在纵静处保管,高尚也保管一段时间,盖李安祥的私章高不需领导同意。市容局集资建房款444万元,其中李安祥同意使用60万元,余款384万元被高尚挪用,其中付给官超200万元,付李锋50万元,寇湾村的圣广军、刘建设、刘祥安等私人拿了30余万,付扣寇湾村70万元,环卫处借3.7万元,付南京设计院5万元,余款被其花掉了。转走360万元到共同账户,是经李安祥同意的,但李未签字而是告诉高尚事后让环卫处出个证明。转账支票是纵静保管,工会行政章是胡长玲保管,她们不经李安祥同意,也不可能转款。后来有人到市纪委告市容局集资建房,吕剑局长让高尚赶紧把购房协议收回来,李安祥怕图南公司扣钱不给,且市容局欠高尚地钱,就让把钱全部转到高尚自己那里。后李安祥又同意把环卫处工会剩下的钱转到高尚名下。高尚认为这钱(444万元集资款)就是其地款,其可以随意支配。关于撤销购房协议的证明是假的,因为当时不允许集资建房,市纪委来查,李安祥让其出个假证明,做给纪委看的,事实上后来并没有撤销购房协议。2005年4月份规划局还下文同意建房方案。关于让图南公司把集资款都转到高尚名下的证明是高尚起草的,盖公章时胡长玲打电话请示了李安祥。后来市容局和黎辉签《购房转让协议》,主要是为了尽快退还职工集资款,而且还可以净赚四五千平方米的房子。

2. 寇湾村有关证人证言:

(1)证人黄四清(寇湾村书记兼主任)的证言:黄四清是通过高尚买

寇湾村6组在跃进河北边的废窑场地时认识高尚的。2002年底,黄四清在报纸上看到村里的这块地要拍卖,很奇怪,因为这块地村里根本没卖,黄四清就找到原6组组长刘祥安,问卖地是怎么回事,刘祥安说这块地的使用证还没办,是和刘家保签的假合同。后其与刘祥安等人到拍卖行讲不能拍卖。2003年五六月份,刘祥安带高尚找黄四清,讲高尚要买这块地,其称只要村民不吃亏就可以卖。2004年二三月份,和高尚定下包括刘家保的地南边鱼塘在内,共计180万元。3月26日6组与高尚签订了《土地转让协议》,高尚先后付了80万元给村里。

(2) 证人董淑萍(寇湾村支部副书记)的证言:2004年上半年的一天,董淑萍和黄四清、朱汝金、刘祥安、圣广军、刘建设、丁在胜、刘祥顺等人在市军人接待站和高尚及其律师签了1份土地转让协议,总价180万元。

(3) 证人圣广军(寇湾村支部委员)的证言:卖给高尚的那块地最早是在20世纪80年代以寇湾村6组的名义办了25亩地使用证,先前听说是以平安公司张如红的名义办的土地证。2002年左右,高尚拿着刘家保名字的土地使用证,说这块地属于他所有。这块地一直没人给村里付钱,高尚愿付给村里地钱,村里就安排6组组长刘建设、村治保主任刘祥安等人同高尚谈,全部土地约45亩,其中25亩有证(即S1101号宗地),20亩大坑没证(即168号宗地),总价款180万元,签了协议。高尚共付村里72万元,付给刘祥安、圣广军14.9万元。

(4) 证人刘德新(寇湾村6组组长)的证言:2002年6月,刘祥安找到刘德新,说有人要买村里这块地,让刘德新选10个村民代表开会研究一下。开会前听刘祥安说这块地原来是开发公司的张如红要买,是替高尚买的,后刘祥把高尚介绍给刘德新,共同商谈卖地的事,当时参加的有圣广军、刘祥安、刘德新和高尚,最后商定180万元买40亩地,谈好后刘德新又约10位村民代表开会,大家一致通过,后签了合同。村里共收高尚72万元地款,刘德新个人要了高尚4.3万元。

(5) 证人陈孟华(寇湾村报账员)的证言:高尚共付村里地款72万元,分别是2003年10月17日付2万元定金;2004年3月26日付30万元,2004年5月10日付20万元,2004年6月3日付20万元,付款方式都是银行转账。

3. 淮北市市容局、图南房地产开发公司等各方有关证人证言及书证:

(1) 证人李安祥(市容局副局长兼环卫处处长)的证言:2004年初的一次党委会上,某副局长提出环卫处职工高尚有一块地,想招商搞房地产开发,职工缺房,不如职工集资建房。当时党委成员考虑这是为职工谋福利,大家都同意,并提出如有问题责任大家集体承担。后高尚找到图南公司同市容局签订了建房协议,每平方米900元,上下浮动不超过50元。协议是谁签的及协议内容李安祥不知道。协议签过后,党委会研究让其负责此事,抽调专人成立基建办公室,设在环卫处。基建办由高尚具体负责,环卫处工会主席胡长玲任主管会计,纵静任现金会计,还有王毅参加。后来贴出通知请职工自愿认购,签协议,每套预交3万元,总共交了148户,收款444万元,都存放在环卫处临时账户上。李安祥对基建办人员宣布,没有李安祥签字,加盖工会公章和李安祥私章,任何人都不允许动这笔钱。2004年六七月份,高尚找李安祥要求再买一块地,想从预交款中支付50万元,高尚写了报告,李安祥签了字,后来这笔款是否提走李安祥不清楚。临时账户用的是工会公章和李安祥私章,当时李安祥不同意再刻一枚私章,让用李安祥在财务科的章,现在才知道胡长玲说李安祥私章缺个拐,当时他们又刻了一枚李安祥私章。2004年底,市容局吕局长问李安祥预交款怎么转到高尚个人账户上了,李安祥不相信,后找高尚要钱,高尚答应还,却迟迟不还,后写保证在2005年3月31日前开工,否则无条件退回购房款和利息。高尚还把土地证交市容局保管作抵押。事后,高尚补了一个收到市容局444万元的条子。到期高尚仍未开工,高尚说黎辉要买剩下的房子,后黎辉分次付给环卫处工会219万元,是高尚交来的。高尚现在承认把钱拿走,也愿意还。今天下午(即2005年5月19日),市容局为这件事开党委会,研究决定报案。李安祥提出,他之所以签批付50万元,一是考虑工程进度,这块地不买不行;二是考虑局里在合同中有批文下来,15天内给他们500万元的约定,而且他们的批文已经拿来了;三是考虑反正财务手续还要再签字,否则钱汇不出去。李安祥之所以签批付另外十多万元,一是考虑局里合同有李安祥承担办理手续费用的约定;二是办理各类手续也确实需要些备用金付给人家,只是借用,回头还要有发票报销。关于市容局与图南公司的购房协议,从来没有终止过,关于图南公司与市容局设立共同账户的事,其不知情,是高尚个人私下所为。关于谢肖玉购房的情况,其安排高尚给予办理,直至2005年6月份李安祥才知谢肖玉没去工会缴款,而把钱直接交给高尚了,高给她打了收条。

(2) 证人胡长玲(环卫处工会主席)的证言:高尚原在渣土办,后来单位搞集资建房,成立了基建办,高就到了基建办。最早是2003年年底提出来集资建房,当时提的是集体购房。2004年4月职工开始交钱,每人交3万元,直接交到基建办,胡长玲后来听说收了148户,共444万元。基建办开票用的公章和职工签协议的公章都是工会的,是领导定的,工会的公章由胡长玲保管。购房款由基建办的人保管。在建行开户用的是工会的公章,对于私章胡长玲不知情。高尚应该是基建办负责人。工会的公章只有纵静(会计)、王毅拿过,集资款单独设立账户是李安祥安排的,开户时建行的人到工会,胡长玲提供的工会行政章,高尚拿出李安祥的私章。胡长玲从来不知道高尚等人将444万元转出,也没有在有关手续上盖工会行政章。

(3) 证人纵静(市容局基建办会计)的证言:2003年12月,环卫处把其调到市容局基建办工作,单位要集资建房。2004年3月份定下来,要职工预交3万元,其负责开收据,建行负责收款,收据上盖环卫处工会的章,共收148户444万元。基建办由李安祥分管,由高尚负责。这笔款一开始放在工会账户上,银行印鉴留的是工会的公章和李安祥的私章。李安祥的私章不是处财务科的,是新刻的,在高尚那里。收款的第二天,付土地款50万元;环卫处借3.7万元;付设计费5万元;另开第二个账户分别存备用金10万元;剩余的款全部转到市容局和图南公司的共同账户上了。20万备用金主要付差旅费、招待费等,现还剩2万元。期间,因为市纪委查市容局集资建房问题,局里就不过问这些集资账目问题了,把这一块都交给高尚管理,还改了什么协议。20万元备用金中的17万元都是高尚用的,高尚从其处取款从不愿签字,也不讲用途,他讲这块地是他的,这些钱是前期费用,以后到投资商那里报销。纵静为了防止万一出问题就自己记了流水账。在纵静按高尚要求转出第一笔 10 万元备用金时,曾找李安祥汇报,并将该账在纵静接手前,已被转走 360 万元的情况向李安祥汇报,李当时没说什么,让纵静把高尚喊上来就让纵静出去了(大概 2004 年 7 月)。大约在 2004 年 4 月底,纵静和高尚、图南公司的女会计和司机 4 人到建行分理处,开了 1 个联合管理账户,公章是图南公司的,私章是李安祥的(听说是高尚私自刻的),当天就转到账户 360 万元。当时支票是纵静填写的,高尚把工会公章和李安祥私章交给纵静盖在支票上,后高尚让纵静把工会公章交给胡长玲。纵每次盖工会公章都是找胡长玲盖,胡长玲也不问。私章都是找高尚盖的。2004 年 3 月 25 日下午快下班时,谢肖玉来了,好像李安祥也来了,钱是交给高尚的,高尚在谢肖玉的协议上签了收据,高尚未将款交给纵静存银行,这种情况只有谢肖玉 1 人。

(4) 证人赵娟(环卫处财务科职工)的证言:收集资款之前,市容局准备把集资款放在环卫处账上,其不同意(怕因债务纠纷款被划走),李安祥也同意了其意见。李安祥在环卫处的印鉴私章是赵保管的,赵没借给高尚等人用过。

(5) 证人李锋(图南公司总经理)的证言:2003 年下半年,市容局的高尚找到其,说他有一块地皮,让李锋开发,卖给市容局职工,李锋与高签了《联合开发协议书》,主要内容是高尚投入土地,图南公司投入全部资金。后高与市容局领导协商,图南公司与市容局签了《住房购销协议书》,后李锋跑设计、办规划、勘探,市容局没按协议支付图南公司 500 万元订金,后达成口头协议(高尚说的),设立共同账户,在图南公司名下,由市容局管理,取钱要公司的公章和李安祥的私章,账户设在市建行营业部。2004 年 4 月 29 日打过来 360 万元。协议的房产没有开发,刚开始跑规划,后来就是资金的事,没办好,接着市纪委调查市容局集资建房的事,事情就停下了。到 2004 年 12 月,高尚拿一份市容局环卫处工会的通知,要求"购房协议"作废,共同账户上所有债权、债务转到他的名下。后

360万元全部被高尚转走了。共同账户的款是市容局管理,但账户是在图南公司名下,支出钱要给李锋打条。

(6)证人李春艳(图南公司会计,李锋之妹)的证言:2004年4月,李锋让李春艳与司机一起带着公司财务章,和高尚与高尚单位的两个女的一起到建行办1个共同管理的账户,转过来360万元,都让高尚使用了,转给李春艳20万元,其交给了李锋。每次高尚转款都是李锋通知李春艳,李春艳填好支票,盖好财务章,高尚拿着李安祥的私章盖上,就办成了。

(7)证人王毅(市容局基建办技术员)的证言:当时高尚和图南公司联合开发房产,然后卖给市容局职工,每人先交3万元,基建办以工会的名义给职工开票、签协议,总共是148户,但有5户没交钱,实际收到429万元。关于高尚刻李安祥私章之事,当时王毅和高尚到夜市东头找人没找到,在惠黎十字路口有一刻章的,高尚就要刻李安祥的私章,刻章的和高熟,当时他说很忙,让刻好后来拿。

(8)证人高萍(高尚之姐)的证言:高尚转到其名字的存折上160万元(因高尚没有身份证,用高萍身份证办的存折),多数都是高尚和其一起到银行取钱,由高尚交给别人。高尚曾让高萍取钱交给寇湾村一个姓刘的(应是刘祥安)7万多元。

(9)证人刘家保(雷河洗煤厂工人)的证言:刘家保通过同学官超(雷河洗煤厂的老板)认识的高尚,高尚和官超利用刘家保名字买一块地。2002年下半年天冷时,官超找到刘家保,说有人要和他共同买一块地,让刘家保和高尚一起跑这个事(因官超经常外出,没有时间),用刘家保名字办土地证。刘家保听官超讲,高尚知道有一块国有土地,可以买来将来开发挣大钱,高尚在土地局有关系但没钱,高尚和官超合作是想利用官的资金。许多大事都是高尚和官超谈好的,刘家保只是跟着高尚提供身份证等证件,带着官超的钱到土地局有关部门交钱,大约交了六七十万元,办证用了1个月时间(2002年年底)。这块地是寇湾村6组河北原砖瓦厂上的约25亩地。2003年上半年,高尚找其讲要和市容局开发土地,让刘家保写给委托书,后高尚又找官超,官超让刘家保写,刘家保就写个委托高

Ⅲ 进程:相关法律文书以及评析

尚全权代理这块土地的委托书,还经过公证。买地用多少钱刘家保不清楚。

（10）证人官超(雷河洗煤厂法定代表人)的证言:官超通过朋友陈小刚(已去世)介绍认识高尚,陈小刚与高尚合伙承包水泥厂,亏了,高尚欠陈小刚30多万元,陈小刚找其讲高尚有一块地要卖(即寇湾村6组地),不久陈小刚死了。高尚说这块地是他的,每亩按14.5万元,共计25亩等,合计360余万元。官超共给高尚70余万元(官因正在建厂,故分期付款),土地局的费用等都是高尚用这个钱交的,土地证的名字是刘家保。2004年高尚多次催官超要钱,其没有钱,高尚说他帮其把地卖了,每亩20万元,其怕高尚把地卖掉自己拿不到钱,其让高尚打了个借条,每亩20万元减14.5万元加上其前期付的70余万,高尚给官超打了一份借212万元的借条。其实际收到200万元(2004年4月份打入账户)。这块地卖给谁其不知道。2005年4月,高尚找官超讲有个好项目,市容局集资建房不做了,按成本价给其,盖好能卖2000元/平方米,官超同意,让高尚起草协议,官超见协议中提到余款付给高尚,就问原因,高尚说他把那块地的大坑买下了。官超就安排黎辉(司机)带着钱与高一起到市容局把协议签了,共给市容局220万元。

（11）证人黎辉(雷河洗煤厂工人)的证言:其代表官超与市容局签订了《购房转让协议》,共付市容局220万元购房钱。

（12）证人张如红(平安公司法定代表人)的证言:2000年其在开发寇湾村小城镇建设时和6组组长刘祥安认识,刘祥安说有一块原村砖瓦厂的25亩多地是国有土地,可以转让开发,当时谈好每亩6.5万,共计160多万元,开发后再给钱或房子都行,这是口头协议,村长、书记都知道。接着村里就给张如红提供了相关手续,张如红到相山土地局办好手续(花二三万元),就差到市土地局办证了。这时高尚知道了,就天天上张如红家找张如红,高尚提出他姐高兰英是土地局局长,他姐夫张胜利和张如红是同学。后高萍、张胜利也经常来找张如红。张如红当时一缺资金二缺关系,高尚都能帮助解决,高要和张如红共同开发,将来挣了钱张如红拿50%,他们三人拿50%。后来张如红就把其名下的这块地过户给高尚找来的刘家保名下。高尚曾提出8万元/亩,张如红没同意。高给过张如红7000元请村里人。市土地局的费用都是高尚弄的钱以平安公司的名义交的。

(13) 证人田志金(个体刻章)的证言:高兰英的弟弟(即高尚)曾找其刻了一枚"李安祥"的私章,高尚是一个人去的,可能第二天就拿走了。

(14) 证人王德海(市容局党委副书记)的证言:2003年12月,在市容局党委会上,李安祥副局长提出要为职工建住房,由市容局牵线,房钱由职工出。会上同意这个意见,并定下由王德海与李安祥、杨芝龙(爱卫处处长)负责这个项目,由环卫处成立基建办。2004年2月10日,市容局与图南公司签订了《住房购销协议书》,约在2004年三四月份通知职工交集资款,每户3万元。收过款不久,其和杨芝龙就退出管理了。在这之后,党委会多次强调动用集资款必须经局党委同意,否则任何人都不能动,李安祥一直讲钱没动。局党委没有研究过中止《住房购销协议》的事,李安祥没有向局党委汇报过动用集资款的事。

(15) 证人吕剑(市容局党委书记、局长)证言:2003年12月,开党委会提出为职工集体购房的事。在这之前,本局职工高尚找过吕剑,同时也找过其他党委成员,说自己有一块地,也给吕剑看了土地证,说现在土地不好卖,高尚与一家开发公司联合搞开发,可以便宜一点卖给市容局。然后经党委研究,同意购房,由副局长李安祥具体负责。后来与图南公司签了《住房购销协议》,后以环卫处工会的名义给职工发了通知,共收148户444万元。这笔钱由李安祥全面负责,如动用1分钱需经党委会同意。这笔款被动用吕剑不知道,后期知道后及时通知李安祥,李安祥说没有动。市容局与图南公司的协议现仍有效,没有给图南公司下通知要中止协议。吕剑知道李安祥与黎辉签过一份《购房转让协议》。

(16) 市容局环卫处于2004年3月12日总支扩大会议记录:决定抽调高尚、王毅、纵静、尚云鹏4人负责集体购房问题。

(17) 市容局党委会情况说明:主要内容与吕剑、王德海的证言相同。

(18) 环卫处与谢肖玉签订的《协议书》:上面有高尚签收3万元及"90—110 m²、三楼"等字样,并有环卫处工会公章。

Ⅲ 进程:相关法律文书以及评析

(19) 环卫处出具的高尚基本情况：高尚系环卫处在编职工，工人身份，现任环卫处基建办负责人。

(20) 李安祥私章的《文件检验鉴定书》(两份)：用于管理集资款的账户所留"李安祥"私章系高尚所刻，与环卫处财务科留存的李安祥的章不是同一枚印章。

(21) 证人尚云鹏自书《工作说明》：其于 2004 年 5 月到环卫处工作，被安排到基建办，说是高尚为基建办负责人，负责小区筹建工作，高尚开始跟着王毅到各个小区了解市场情况，楼房外形和户型，并准备些资料。后来小区需招商引资，高尚让其跟王毅准备些关于开发建筑方面的资料。期间，高尚让其跟着到南京、上海出差，与外商谈判，并做些记录、准备资料。因小区未建成，基建办被撤。

(22) 高尚与台商《会议纪要》：甲方高尚，记录纵静；乙方林先生(台)，记录蒋先生，特邀嘉宾：刘琪(市规划局科长)，会谈内容是合作开发相关事宜。

4. 有关银行票据等书证：

(1) 淮北市建行对账单(共同账户)显示：2004 年 4 月 29 日进账 360 万元(从环卫处工会汇入)；当日转账支票 20 万元(付李春艳)；当日转账支票 200 万元(付官超)；5 月 10 日转账支票 4.9 万元(给圣广军)；同日转账支票 20 万元(付寇湾村地款)；5 月 26 日转账支票 110 万元(转高萍存折)；12 月 15 日转账支票 5.17 万元(转高尚存折)；留余 77.91 万元。

(2) 淮北市建行柜面签约流水查询高萍存折总计 160 万元，显示：2004 年 3 月 26 日开户，当日从环卫处工会账户转存 25 万元；取现 10 万元(付刘祥安)；又从环卫处工会账户转存 25 万元，取现 30 万元(付寇湾村土地款)；3 月 31 日取现 5 万元；5 月 26 日从共同账户转存 110 万元，当日取现 30 万元(付李锋)；6 月 1 日取现 40 万元(付刘祥安 6 万余元、刘德新 3 万元)；6 月 3 日取现 20 万元(付寇湾村土地款)；至 2005 年 3 月 31 日尚存 4400 余元。

(3) 从共同账户 360 万元中转账支票付官超 200 万元的银行票据。

(4) 从环卫处工会账户转账支票付荣海侠 37 828 元的银行票据。

（5）从环卫处工会账户转账支票付刘祥安 5.5 万元的银行票据。

（6）从共同账户转账支票付李春艳 20 万元的银行票据。

（7）从共同账户付圣广军 4.9 万元的银行票据。

（8）纵静从环卫处工会转账支票 19.92 万元银行票据。纵静所写款项支出说明，称均被高尚支取现金，尚余 21 455.23 元，已退回工会。

（9）高尚从共同账户转走 360 万元所打收条。

（10）高尚给纵静打的 50 万元地款收条。

（11）高尚所打付地款 50 万元请示，李安祥签批"同意转付"。

（12）纵静所打的基建办账户转款 28 万元前期备用金的请示报告，李安祥签批"请转 10 万元"。

（13）纵静所打付南京百市设计院设计费 5 万元的请示报告，李安祥签批"同意"。

（14）高萍提供的付寇湾村购地款 50 万元的单据、票据。

（15）市容局提供的高尚所打收条："收淮北环卫处转职工委托购房款人民币 444 万元整，收款人高尚，2005 年 1 月 19 日。"

（16）市容局提供的高尚所写承诺："本人保证在 2005 年 3 月 31 日开工，开工之日如职工愿意退款，本人无条件给大家退款并付银行同期贷款利息，如房子建成后职工不能接受，本人照上述条件退款。以上承诺愿负法律责任，否则市容局可以拍卖我的土地。承诺人，高尚，2005 年 1 月 19 日。"

（17）市容局提供的高尚《保证书》。局党委：关于职工集体购房退款金额，我绝对在 2005 年 5 月 13 日 5 时前全部打入到环卫处工会账户，以上保证以① 人格担保；② 负法律责任。高尚，2005 年 4 月 30 日。

（18）李梅提供的高尚欠条：今欠陈小刚款叁拾捌万元整，高尚，2002 年 4 月 24 日。

5. 公安机关有关追还款物的证据：

（1）扣押高萍现金 17 560 元的清单。该款已返还环卫处工会。

（2）扣押刘德新人民币 43 000 元的清单。该款已返还环卫处工会。

（3）扣押圣广军人民币 68 700 元、4 300 元的清单。该款已返还环卫处工会。

Ⅲ 进程：相关法律文书以及评析

（4）扣押闫东根人民币27 548.61元的清单，扣押李锋人民币20万元的清单，寇湾村土地款6万元的清单，共计287 548.61元。该款已返还环卫处工会。

（5）扣押李锋人民币45 590.39元的清单。该款已返还环卫处工会。

（6）环卫处工会于2005年4月19日、4月30日分别收到黎辉交来购房转让金2 195 656元。

（7）扣押闫东根帕萨特轿车1辆，购车费、附加费、保险费共计226 861元，已返还市容局。

6. 有关集资购（建）房几方的协议：

（1）《联合开发协议书》：甲方刘家保，委托代理人高尚，乙方图南公司。主要内容：甲方委托乙方代为开发土地。① 委托项目：市容生活小区。② 项目地块编号：S1101号宗地及该宗地南至跃进河北、李桥村土地西、李楼村土地东。③ 地块面积：约2.8万平方米。④（缺）。⑤ 拟建面积，约4万平方米。⑥ 投资方式：甲方投入土地，乙方投入开发所需全部资金。⑦ 比例分成：按实际开发面积计算，甲方分得30%，约1.2万平方米、折合人民币840万元整。⑧ 质量标准：合格。⑨ 施工日期：18个月。⑩ 双方权益与义务：甲方确保投入土地无争议。土地如需过户，由甲方负责，乙方负责办理和履行开发建设一切手续和费用。乙方保证足额资金到位，不影响正常施工。结算：同委托代理人结算……协议由高尚、李锋签字。

（2）《住房购销协议书》：甲方：图南公司，乙方：市容局。主要内容：为解决市容环卫职工的住房困难，同时也为解决甲方资金周转困难，双方达成协议。① 所购住房项目地编号：S1101号宗地及该宗地块南至跃进河土地。② 项目地块区位：（同上）。③ 地块面积：约2.8万平方米。④ 拟购面积：约4万平方米。⑤ 双方权益与义务：（a）购房价按土建安装成本、土地费用（840万元÷实建总面积/平方米）、实缴税费及利润（建筑成本2.5%）4项计。（b）道路、绿化、公共设施配套由乙方自行解决。（c）乙方负责协助甲方办理开发建设所需一切手续并承担相关费用。（d）付款方式：由于甲方售房基本属无利润销售，故在选址确定后15天内，乙方支付甲方人民币 500 万元作为订金,余款按工程进度支付。乙方确保足额资金到位,不影响正常施工。(e)……(f)甲乙双方设立共同账户,资金调配由甲乙双方共同管理。(g)乙方参与房型设计,监督工程发包,参与质量管理。甲方由李锋签字,乙方由吕剑签字。

(3)环卫处工会于 2004 年 12 月 8 日致图南公司函:"接市容局通知,我局与贵公司所签 4 万平方米订房协议已作废,我工会与贵公司共同账户及有关债权、债务按如下条款执行:① 共同账户资金全部转到高尚名下;② 有关债权、债务经高尚审核后全部交给高尚;以上当否?敬请签字盖章,回执工会。"此函有高尚"同意按此办"的签字。另有高尚"共同账户款已全部转交给我,2004 年 12 月 9 日"的签字。

(4)《保管协议书》:甲方刘家保,代理人高尚。乙方李安祥,代理人杨艳。主要内容:签订协议之日,甲方将 S1101 号宗地土地使用权证交乙方保管,乙方签署本协议视为收到该国有土地使用证。保管期限自签订本协议之日起至该宗土地施工手续审批完毕并进行施工时止……甲方由高尚签字,乙方由杨艳签字(附有公证书)。

(5)《集体代购房协议》。甲方环卫处工会,乙方高尚。主要内容:为解决市容环卫职工住房困难,经研究并经职工个人自愿同意,甲方为职工集体代购高尚与外商联合开发商住楼个人分成部分。① 甲方受购房职工委托,与乙方签订集体代购房协议,代表职工利益,负责处理相关事宜。② 甲方一次性购买乙方商住楼 148 套。③ 购房毛坯房的价格 900±50 元/平方米,每户首付 3 万元,房屋交付使用时付清全部房款……⑥ 乙方将土地证及有效授权书,经司法公证后交甲方保管,如不能按期开工,乙方应于 2005 年 4 月 1 日前无条件将职工集资款及利息如数退还,并按银行同期贷款利息予以补偿,乙方若无力偿还,甲方有权将其土地拍卖,所得款用于归还职工首付款。甲方盖有公章,乙方由高尚签字。

(6)关于《集体代购房协议》第 6 条补充协议:如乙方违约,愿将"淮转国用(2002)字第 41 号"中所属土地(即 S1101 号宗地)转让给甲方。甲方有权拍卖该宗土地的使用权,扣除职工款项后剩余部分返还乙方。乙

Ⅲ 进程:相关法律文书以及评析

方应积极协助甲方办理该宗土地使用权的转让相关手续。

(7)《购房转让协议》：甲方市容局，乙方黎辉。主要内容：经市容局集体购房职工同意，甲方将原集体购房有偿转让给乙方。① 转让面积：10 000平方米。② 单价900元/平方米，总价人民币900万元（不含税费）。③ 付款方式：乙方预付500万元，签协议时首付200万元，余款300万元1个月内付清，剩余房款400万元售房时逐步付清，剩余房款付给高尚作为地款。④ 位置：市容局职工集体购房处……市容局由李安祥签字，加盖市容局公章。乙方由黎辉签字。

7. 有关"市容小区"所涉土地权属证据：

(1)《有偿转让土地协议书》：甲方寇湾村6组，乙方平安公司。主要内容：甲方有偿转让给乙方使用国有土地25.88亩（即S1101号宗地），价格每亩包干费1.2万元（包括基要地价，青苗补偿费、附属物补偿费和安置补偿费），合计31.056万元。乙方亦可与第三方签订转让协议。转让一切费用由甲方承担；甲乙双方共同指界，并办理有关土地手续……甲乙双方加盖公章，甲方由刘祥安签字，乙方由张如红签字。

(2)《土地登记指界确权委托书》：平安公司张如红委托高尚为办理上述土地的登记指界全权代表代表法人负责办理他项有关权利事宜。

(3) 淮划国用(2001)字第63号国有土地使用证：S1101号宗地土地使用者为寇湾村6组，系划拨使用权。

(4)《国有土地使用权出让合同》：出让人淮北市国土资源局，受让人平安公司，出让宗地为S1101号，出让金总额317 765元。双方签公章，法人代表签字(2002年11月7日至12月3日先后4次局务会议研究决定)。

(5)《土地转让协议》：甲方平安公司，乙方刘家保。主要内容：甲方自愿将S1101号宗地有偿转让乙方，甲方提供手续，乙方自行办理。

(6) 淮出国用〔2002〕字第33号国有土地使用证：S1101号宗地使用者为平安公司。

(7) 淮转国用〔2002〕字第41号国有土地使用证：S1101号宗地使用者为刘家保。

(8)相国用(98)字第168号宗地国有土地使用证:168号宗地使用者为图南公司。

(9)刘家保《委托授权书》:委托人刘家保,受托人高尚。委托事项:办理归委托人所有的S1101号宗地国有土地使用权的权属转让、结算及相关事宜或联合开发、结算及相关事宜,受托人在其权限范围内签订的一切相关文件,委托人均予承认,由此在法律上产生的权利、义务均由委托人享有和承担。

(10)图南公司《授权委托书》:受托人高尚,主要内容同上,土地为168号宗地。

(11)《土地转让协议》:转让方(甲方)寇湾村6组。受让方(乙方)高尚,主要内容:甲方将位于……(即168号宗地)包干转让给乙方,转让价人民币180万元,乙方于2004年3月26日首付人民币30万元,余款于5月10日一次性付清,付款方式转账,开户行……甲方按乙方要求协助把土地相关手续办到图南公司名下,费用由乙方承担,土地款全部付清后方可施工,2004年5月10日前乙方不能付清余款,合同终止。乙方首付款30万元及定金2万元不再退还。甲方有寇湾村村委会及6组公章,由刘德新签字,乙方由高尚签字。

(12)淮北市国土资源局向刘家保发出的《拟收回国有土地使用权告知书》:S1101号宗地超过规定的两年期限仍未动工开发建设,依据《闲置土地处置办法》第4条第2款的规定,拟收回该宗地的国有土地使用权。

8. 市容小区立项有关规划、计划文件:

(1)淮北市计划委员会《关于下达商品房建设计划的通知》:图南公司计划新建商品房4万平方米,总投资2400万元。

(2)淮北市城市规划局《建设项目选址意见书》中"关于市容小区建设项目选址意见"的主要内容:该项目位于……(即S1101号宗地和168号宗地)(附南京百市设计院设计图)

原判认为,被告人高尚在主体方面不符合挪用资金罪和职务侵占罪的构成要件,主观上不具有非法占有的犯罪故意,客观上没有实施犯罪行为,其行为不构成犯罪。依照《中华人民共和国刑法》第3条、《中华人民共和国刑事诉讼法》第162条第2、3项之规定,判决被告人高尚无罪。

安徽省淮北市相山区人民检察院抗诉称,原审被告人高尚利用职务之便,挪用单位职工的购房款86万元归个人使用,并将其经手收取的谢肖玉购房款3万元不交会计入账,占为己有,其行为构成挪用资金罪和职务侵占罪,事实清楚,证据充分。原判宣告高尚无罪,属认定事实不当,适用法律有误,提请本院依法改判。

经审理查明,原判认定原审被告人高尚参与购地、建房及支出购房款的事实清楚,证据充分。在二审期间,抗诉机关和原审被告人均未提供新证据,本院对上述事实予以确认。

另查明,原审被告人高尚在担任淮北市市容局基建办负责人期间,私刻市容局分管基建办的副局长李安祥的个人印章,利用职务便利,挪用由淮北市市容局和图南公司的共同管理的职工集体购房款360万元,案发后,追回288.9216万元,尚有71.0784万元未能追回。该事实有经一审当庭举证、质证的证据证实,本院予(以)确认。

本院认为,原审被告人高尚在担任淮北市市容局基建办负责人期间,私刻领导印章,利用职务便利,挪用由该局和图南公司共同管理的职工集体购房款供个人使用,数额巨大,超过3个月未能归还,其行为构成挪用资金罪。高尚所收谢肖玉购房款3万元,因该款系高尚个人所收,其与谢肖玉之间属于民事关系,不以犯罪论处。淮北市相山区人民检察院的抗诉理由部分成立,本院予以部分支持。案发后,高尚挪用的资金大部分已被退回,且高尚能如实供述其犯罪事实,对其酌情从轻处罚,并可适用缓刑。依照《中华人民共和国刑事诉讼法》第189条第(2)项及《中华人民共和国刑法》第272条第1款,第73条第1款,第73条第2、3款,第64条之规定,判决如下:

一、撤销淮北市相山区人民法院〔2006〕相刑初字第087号刑事判决;

二、原审被告人高尚犯挪用资金罪,判处有期徒刑3年,缓刑5年(缓刑考验期限,从判决确定之日起计算);

三、继续追缴原审被告人高尚的犯罪所得71.0784万元。本判决为终审判决。

审判长：齐敦全
审判员：邓　明
审判员：刘以军
二〇〇六年十二月十一日
书记员：蒋　蓉

二审判决推翻了一审的无罪判决，改判高尚有罪，但对高尚适用了缓刑，由此避免了重新收监的结果，这算是不幸中的大幸。然而，高尚的命运还是发生了巨大的变化：从无罪之人转为戴罪之身。

二审判决下达以后，根据此后记者的描述，高尚的律师作出了以下反应：

"淮北中院的判决非常荒唐。"高尚的律师陈令明告诉记者，"28页的判决书，自己的东西只有一页多一点，其余全是一审的内容。淮北中院说一审错了，但怎么错的，错在哪里，一点都不说，就直接下判，这个判决太霸道了。"

陈令明律师认为，淮北中院的这个判决95%属于抄袭一审判决内容，堪称史上"最牛判决"——检察机关指控高尚挪用资金86万元，而淮北中院直接认定挪用360万元，这是典型的"自控自审"。

记者看到了这份判决，确实显得"很另类"。也许是巧合，也许是内容雷同太多，淮北中院的这个终审判决与其撤销的那个一审判决，都是28页。

"二审法官告诉我，这个判决书没法写——对无罪的人硬要写成有罪，所以只好抄袭一审判决了。"高尚对记者说，"法官认为我无罪，但领导要判我有罪，法官们也没办法。最近，有关部门要协调我的案件，给我一个说法"。[1]

---

[1] 韦洪乾：《集资建房引来牢狱之灾》，载《方圆法制周刊》2008年7月22日。

在一审和二审的辩护词中,律师署名都是李林,以上报道中的陈令明律师是否是高尚在申诉时所请的律师,不得而知。

二审判决认定的案件事实本身,与一审并没有发生重大变化。因为,在二审期间,抗诉机关没有提供新证据,这是被二审判决书所确认的事实。换言之,二审判决确认了原一审判决所认定的全部案情,并认为事实清楚,证据充分。二审判决书的前面部分完全重复了一审判决书的认定,只是在其判决的最后一页,以"另查明"开头,对高尚作出了有罪认定。这一认定分为两个部分:一是事实认定部分;二是法律评价部分。

关于事实认定部分,二审判决指出:"原审被告人高尚在担任淮北市市容局基建办负责人期间,私刻市容局分管基建办的副局长李安祥的个人印章,利用职务便利,挪用由淮北市市容局和图南公司的共同管理的职工集体购房款360万元,案发后,追回288.9216万元,尚有71.0784万元未能追回。该事实有经一审当庭举证、质证的证据证实,本院予以确认。"这里还是涉及所谓私刻李安祥私章的问题,这是一个事实问题。一审判决针对这一事实,得出了"高尚私刻李章不能成立"的结论。但二审判决又说:"该事实有经一审当庭举证、质证的证据证实,本院予以确认"。这里的"该事实"是高尚私刻李章不能成立的事实,还是高尚私刻李章能够成立的事实?二审判决难以自圆其说。

关于法律评价部分,二审判决指出:"本院认为,原审被告人高尚在担任淮北市市容局基建办负责人期间,私刻领导印章,利用职务便利,挪用由该局和图南公司共同管理的职工集体购房款供个人使用,数额巨大,超过3个月未能归还,其行为构成挪用资金罪。"值得注意的是,二审判决认定被告人高尚挪用资金数额是360万元,但检察机关的刑事抗诉书认为高尚挪用资金的数额是未归还的86万余元。显然,二审判决认定的挪用数额超出了检察机关指控的86万余元的挪用数额,超出了审判权限,这是明显的程序违法。撇开这一点不谈,二审判决对高尚挪用购房款的认定,还是按照控方的思路,根本没有考虑到市容局的444万元是集资建房款,而高尚是土地方这样一个基本事实。至于444万元归个人使用的认定也并不符合事实,因为其中绝大部分都用于买地与建房。

可以说,二审判决改判高尚有罪,并无事实与法律根据,而且也没有展开说理。事实已经证明,道理与法理都不会支持错误的判决结论。相比一审判决书,二审判决是完全不讲理的,这也印证了我在前面所说的话:有罪判决无须讲理,无罪判决才需讲理。但对于二审判决的不讲理,还不能简单地套用这样一个司法潜规则。因为,这是一个从无罪改判有罪的二审判决书。改判,意味着对原判的彻底推翻。如果没有充分的事实与法律根据,怎么能够推翻原判?因此,本案的二审判决即使是在我国目前的法治状态下,也是难以容忍的。二审判决书基本拷贝了一审判决书。二审判决书共计28页,在事实认定部分,以"原判认定"起头,以25页的篇幅重复了一审判决,在法律适用部分,以"原判认为"起头,重复一审判决,再加上以"抗诉称"复述抗诉意见,属于二审判决自身的内容只有1页。在这一页中,在事实认定部分,以"经审理查明"打头的一段,完全确认了一审认定的事实,并明确指出二审期间控辩双方都没有提出新证据。以"另查明"打头的一段,对一审认定的本案事实进行了有罪的描述。在法律适用部分,以"本院认为"打头,简单地引述了《刑法》规定,连一句讲理的话都没有。要不是亲眼所见,简直令人难以置信。就是这样一份完全不讲理的二审判决书,将高尚重新定罪,但这样不讲理的判决书何以服人?可以说,高尚案连绵不断的申诉,种子就埋在这份二审判决书中。如果我们对二审的法官作善意的推测,这份二审判决书背后肯定有一只黑手,操纵着本案的二审。在这里,也只是在这里,我们才能感受到所谓案外因素的存在,并且惊叹其巨大的能量。因为,权力是不需要讲理的,它是恣意、专横、强制的,当然也是野蛮的。

高尚虽然没有因为二审的有罪判决重新失去自由,但他对二审判决会接受吗?如果不接受,高尚的案件就要开始进入到一个介乎于法内与法外之间的特殊诉讼途径,这就是申诉。在上述报道中,高尚说:"最近,有关部门要协调我的案件,给我一个说法。"但高尚可能过于乐观了,申诉之路并不顺利。

2008年3月25日 淮北市中级人民法院驳回申诉通知书之一

随着二审判决生效,高尚挪用资金案的诉讼之旅暂告一个段落,可谓尘埃落定。对于绝大多数案件来说,二审判决生效,意味着诉讼终结。但我国《刑事诉讼法》在二审程序之外,又设立了审判监督程序。审判监督程序赋予当事人一定的申诉权,因此,审判监督程序又称为申诉程序。对于一个案件来说,并非只要申诉就能获得重新审判。因为审判监督程序毕竟不同于三审,只有极少部分符合重新审判条件的案件,才能进入再审。因此,审判监督程序在提起重新审判的情况下,进入到再审程序。审判监督程序设立的初衷是对人民法院的审判活动进行监督,贯彻实事求是、有错必纠的精神。通过申诉获得再审,成为不服终审判决的当事人"翻案"的唯一法律途径。

高尚也走上了这条艰难的申诉之路。

高尚在2007年10月18日,也就是二审判决生效半年多以后,向淮北市中级人民法院第一次提出了申诉。2008年3月25日,淮北市中级人民法院作出了驳回申诉通知书。

淮北市中级人民法院
驳回申诉通知书

〔2007〕淮刑监字第 9 号

高尚:

你因犯挪用资金罪一案,不服本院〔2006〕淮刑终字第 86 号刑事判决,以你所参与的法律关系是民事法律关系,没有挪用资金的犯罪事实,不属于刑法调整范围和原审认定的挪用 360 万元没有事实和法律依据为由,根据《刑事诉讼法》第 203 条和第 204 条之规定,向本院申请再审。

经认真阅卷,并于 2007 年 11 月 14 日对你进行问话,本院认为,原审判决在认定事实方面并无不当。

(1) 你提出原判认定你为淮北市市容管理局(以下简称市容局)基建办负责人并不属实,有充分证据证明你系土地方刘家保的代理人。经审查,你提出的该理由不能成立。原判认定你为市容局基建办负责人,有 2004 年 3 月 12 日市容局环卫处总支扩大会议记录、市容局党委会情况说明,以及李安祥、王德海、王毅、纵静等证人证言佐证,这和你是否系刘家保的代理人并不矛盾。作为个人,你固然可以成为他人的代理人,但作为市容局环卫处的在编职工,你更应该服从单位的安排。因此,原判认定你为市容局基建办负责人事实清楚。

(2) 你提出原判认定你利用职务之便与事实不符,你依据协议收取土地款的行为正当、合法。经审查,该理由不能成立。作为土地方的代理人,你依据有关协议收取土地款并无不可。但是,2004 年 1 月 8 日的联合开发协议系你代表刘家保与淮北图南房地产开发有限责任公司(以下简称图南公司)签订,刘家保依据协议分得 30%,计 1.2 万平方米,图南公司分得 70%,计 2.8 万平方米。而 2004 年 2 月 10 日的《住房购销协议书》系图南公司与市容局签订,也就是说,有权从市容局收取购房款的只能是图南公司,而不是刘家保或其代理人。虽然,2004 年 11 月 19 日图南公司法定代表人李锋委托你全权办理有关事项,但360万元被你从共同账户中转走,此时,你的身份只能为"市容局基建办负责人",因此,原判认定你利用职务之便并无不当。

(3)你提出原判认定你私刻市容局分管基建办的副局长李安祥的私章与事实不符,事实是该印章与图南公司印章组成共同账户专用章,与环卫处工会行政章组成集资专户专用章。经审查,该理由虽有一定的事实基础,但关键在于谁应该持有李安祥的私章。作为市容局分管基建办的副局长,李安祥当然可以拥有本人的私章;纵静作为市容局基建办会计,也可以依据有关规定持有李安祥的私章;但是,你作为经手基建办具体工作的负责人持有李安祥的私章,违反财务管理制度的有关规定,如果未经李安祥同意刻制,更不应该拥有。

(4)你提出原判认定你挪用360万元资金与事实不符,该款系依据协议取得,每笔均有收条,岂有挪用之理。经审查,从你出具的收条来看,你提取360万元的时间系2004年4月29日至2004年5月26日,此时,你尚未接受图南公司的委托,无权收取购房款;市容局并未和刘家保签订购房协议,你作为刘家保的代理人也无权收取购房款;如果你认为你与淮北市环卫处工会之间有集体代购房协议,但该协议书签订日期为2005年2月24日。故你认为提取360万元系依据有关协议合法、合理的主张不能得到支持。

至于本案的法律适用,本法院审查认为,你作为市容局环卫处的在编职工,因市容局环卫处为事业单位,依照《刑法》第93条第2款的规定,对你应以国家工作人员论。具有国家工作人员身份的人只能成为挪用公款罪的主体,不能成为挪用资金罪的主体。但是,你从共同账户中挪用360万元时,该账户所留印签章系图南公司的公章和李安祥的私章,对你的行为图南公司在很大程度上系明知,其法定代表人李锋也于2004年11月19日将有关事项全权委托予你,图南公司依据2004年2月10日其与市容局签订的《住房购销协议书》第5条第4项的规定已取得该款的支配权,由于你挪用的行为,最后导致该款尚有710784元没有追回,对社会造成一定的危害。从这个角度来讲,原判本着惩罚是手段,保护合法权益的宗旨,认定你犯挪用资金罪,判处有期徒刑3年,缓刑5年,在适用法律上并无不当。

你于2007年10月18日向本院申请再审,本院于2007年11月5日依法立案进行复查。刑事再审案件的裁判原则为:依法纠错,正确处理维护既判力和纠正错案的关系;一般不得加重被告人刑罚;法律效果和社会效果相统一。根据上述原则和法律有关规定,由于你的申诉不符合《刑事诉讼法》第204条规定的情形之一,故对你的再审申请,依照最高人民法院《关于执行〈中华人民共和国刑事诉讼法〉若干问题的解释》第302条的规定予以驳回。

特此通知。

二〇〇八年三月二十五日(章)

应该说,上述驳回申诉通知书是在各种文书中最讲道理的文书之一。尽管不像其他司法文书都有署名,该文书没有署名,但还是可以看出来,讲述者是较有耐心的,对高尚的申诉理由进行了逐条反驳。但只要抓住一个破绽,就可以推翻所有的说理内容。二审判决认定高尚以市容局基建办负责人的职务便利,于2004年4月29日至2004年5月26日,挪用市容局的集资购房款。但上述驳回申诉通知书又明确指出:"图南公司依据2004年2月10日其与市容局签订的《住房购销协议书》第5条第4项的规定已取得该款的支配权。"《住房购销协议》第5条第4项的内容是什么? 其内容是:"付款方式:由于甲方售楼基本属无利润销售,故在选址确定后十五天内,乙方支付甲方人民币伍佰万元整作为订金,余款按工程进度支付。乙方确保足额资金到位,不影响正常施工,否则造成停工或给甲方造成损失,乙方承担全部责任。"这里的甲方是指图南公司,乙方是指市容局。因此,打入共同账户的444万元,实际上是市容局按照上述约定支付给图南公司的款项,支配权归图南公司。因此,高尚在2004年4月29日至2004年5月26日从共同账户转款,所转的款项已经不是市容局的款项,而是图南公司的款项。并且,如同上述驳回申诉通知书所言,"对你的行为图南公司在很大程度上系明知",在这种情况下,怎么能够认定高尚挪用市容局的资金? 结论不言自明。

按照上述驳回申诉通知书的逻辑,高尚系市容局环卫处的在编职工,因市容局环卫处为事业单位,因此高尚是国家工作人员,本来是应该以挪用公款罪论处的。只是因为该款项已经转入与图南公司的共管账户,才没有对高尚的行为以挪用公款罪论处。其实,这一逻辑是不能成立的。对于高尚的行为既然不能以挪用公款罪论处,当然也不能以挪用资金罪论处。因为建房款转入与图南公司的共管账户以后,就已经不是市容局的公款,而是应当支付给图南公司的建房款。而高尚在图南公司明知的情况下将款项取走,是根据其与图南公司的协议,用于支付购地款。

2009年7月30日 淮北市中级人民法院驳回申诉通知书之二

对于淮北市中级人民法院的第一次驳回申诉,高尚不服,遂于2008年3月25日向安徽省高级人民法院提起申诉。安徽省高级人民法院将申诉转给淮北市中级人民法院,遂有淮北市中级人民法院的第二次驳回申诉通知书。

淮北市中级人民法院
驳回申诉通知书

〔2008〕淮刑监字第5号

高尚:

你因犯挪用资金罪一案,不服本院〔2008[1]〕淮刑终字第86号刑事判决,于2007年1月14日提出申诉,本院于2008年3月25日制作〔2007〕淮刑监字第9号驳回申诉通知书,驳回你的再审申请。你仍然不服,于2008年6月30日书写刑事申诉状,请求安徽省高级人民法院依法提起再审,撤销本院二审判决,宣告你无罪。安徽省高级人民法院以〔2008〕皖刑监字第007号函转本院处理。本院于2008年9月26日决定立案审查,并组成合议庭认真阅读,又与你约谈,现已审查完毕。

---

[1] 此处应为2006,但该驳回申诉通知书误为2008。

经审查,本院认为,高尚本次申诉的请求及理由与前次的申诉请求及理由基本一致,而前次的申诉请求及理由已被本院〔2007〕淮刑监字第9号驳回申诉通知书,予以驳回。鉴于高尚本次申诉并无新的证据和理由,本通知书不再重复本院〔2007〕淮刑监字第9号驳回申诉通知书中的驳回理由,本院〔2007〕淮刑监字第9号驳回申诉通知书应予维持。

综上,本院〔2006〕淮刑终字第86号刑事判决基本事实认定清楚,证据充分,定性准确,量刑适当,应予维持。高尚的申诉理由缺少有效证据支持,不符合《中华人民共和国刑事诉讼法》第204条规定的再审条件,本案不予再审。

特此通知。

二〇〇九年七月三十日(章)

这是淮北市中级人民法院第二次驳回高尚的申诉,通知书的内容较为简单,因为是维持前一次驳回申诉通知书的结论及理由,所以这是可以理解的。上述驳回申诉通知书提及我国《刑事诉讼法》第204条关于再审条件的规定,其实,再审条件分为两种情形:一是有新的证据;二是适用法律确有错误。该驳回申诉通知书仅以高尚的申诉理由缺少有效证据支持,即没有新的证据,以此为由驳回申诉,而没有提及如果适用法律确有错误也是符合再审条件的。本案主要是适用法律是否确有错误的问题,而不是证据的问题。

淮北市中级人民法院的申诉程序就此走完了,高尚还是不服,又向安徽省高级人民法院进行申诉。

2011年2月23日　安徽省高级人民法院驳回通知书

如前所述,高尚曾经向安徽省高级人民法院申诉过,那次申诉被高院转到中院处理,这才有了淮北市中级人民法院第二次的驳回申诉。这次向安徽省高级人民法院再次申诉,高院不好再次转交中院处理,因此经过长达两年多的时间,给高尚下发了驳回通知书。

安徽省高级人民法院
驳回通知书

〔2008〕皖刑监字第0071号

高尚:

你对淮北市中级人民法院〔2006〕淮刑终字第86号刑事判决不服,以原判认定你犯挪用资金罪无事实依据、你不构成犯罪为由,向本院申诉,请求再审改判你无罪。

经本院审查,原判认定你在担任淮北市市容局基建办负责人期间,私刻领导印章,利用职务便利,挪用由该局和图南公司共同管理的职工集体购房款供个人使用,数额巨大,超过3个月未能归还,你的行为构成挪用资金罪的事实,有证人证言、联合开发协议、《住房购销协议书》、银行对账单、你本人供述等相关证据在卷佐证。对你申诉提出的你非市容局基建办负责人的理由,经查,证人证言及淮北市市容局会议记录证实你系淮北市市容局基建办负责人；对你申诉提出的你未挪用360万元的理由，经查，证人证言、联合开发协议、《住房购销协议书》等证据证实淮北市市容局职工集资444万元建房的事实，银行对账单、证人证言及你的供述证实你挪用该集资款360万元，其中你个人占用86万元；对你申诉提出的你未私刻印章的理由，经查，证人证言证实李安祥对你私刻其私章并不知情。对你申诉认为你的行为不属于《中华人民共和国刑法》调整的范围，仅是民事行为的理由，经查，你虽为土地方代表，但你主要是利用了担任市容局基建办负责人的职务便利，挪用单位职工集资建房款，数额巨大，且超过3个月未能归还，你的行为已经构成挪用资金罪。

综上，原判认定你犯挪用资金罪，事实清楚，证据确实、充分。你的申诉理由不能成立，不符合《中华人民共和国刑事诉讼法》第204条规定的再审条件，二审判决应予维持。希望你服判息讼。

特此通知。

二〇一一年二月二十三日（章）

安徽省高级人民法院的驳回通知书只是简略地对申诉要点进行了点评式的说明，而没有展开说理。值得注意的是，上述驳回通知书认可了高尚是土地方代表，但又认为高尚主要是利用了担任市容局基建办负责人的职务便利，挪用单位职工集资建房款。这里涉及土地方代表与基建办负责人这两种身份的关系。高尚本人并不承认所谓基建办负责人的身份，而控方并不承认高尚土地方代表的身份。一审判决书虽然承认高尚同时具有土地方代表与基建办负责人双重身份，但又认为在建房过程中，高尚主要是以土地方代表的身份与市容局发生平等主体之间的民事法律关系，而基建办负责人的身份基本不起作用，由此否定了高尚具有挪用资金罪的主体身份，并判决高尚无罪。但二审判决则对高尚土地方代表的身份没有提及，是持一种否定的态度。以上驳回通知书虽然也承认高尚同时具有土地方代表和基建办负责人这两种身份，但认为发生作用的是基建办负责人的身份，由此肯定高尚具备挪用资金罪的主体身份。

纵观全案,高尚确实具有两种身份,但要看高尚将涉案款项从共管账户转出的时候,他到底是利用的什么身份。案件事实表明,高尚是在市容局和图南公司都认可的情况下将该款项转出的,款项是用于支付购地款。在这种情况下,可以认为高尚是代表土地方取得该款项。由此,取款行为体现的是土地方代表的身份。这也是本案罪与非罪的关键之一。

至此,高尚的案件在地方——安徽省,算是走完了常规的申诉程序,结果是令人绝望的。

高尚还有办法继续其申诉之旅吗?

2012年11月29日 最高人民法院立案一庭通知书

　　一年后,高尚还是不服安徽省高级人民法院的驳回通知书,又出现在去往北京的上访队伍当中,成为其一员。高尚开始了赴京申诉,也就是所谓涉法上访之路。这里的"涉法上访",是上访中的一个类型,是指因为不服司法机关,尤其是法院的判决或者处理而进行的上访。涉法上访虽然还有申诉这一法律外衣,但基本上法律的救济渠道已经不通,而是游走在法律之外,与一般上访实际上已经没有太大的区别。而且,全国的涉法上访都集中到北京,集中到最高人民法院,这也是当事人不能承受之重。因此,对于绝大部分到北京最高人民法院的涉法上访案件,最高人民法院是不可能逐一进行审查的,更不用说审理了。通常的做法是将申诉材料逐级往下转,并通知下级法院来北京将上访人员带回原籍,以维护北京的稳定和谐。外地法院以中级法院为节点,都有常驻北京的接访人员。接访人员是对应于上访人员而产生的一个概念,这些人大多数是从各个单位抽调出来的,以轮班的方式驻守北京。到了各种节日或重大会议召开之时,接访人员的人数会成倍增加,以应不时之需。

　　其实,上访人员也分为不同类型。那些风餐露宿、流落街头的属于底层社会:没有门道,没有关系,只能误打误撞。我也接待过不少这种类型的上访人员,其实是挺无奈的。还有一种上访人员是有些关系的,所以往往寻找各种关系,以便使其申诉抵达"天听"。不过,这也常常以受骗而告终。上访人员比较迷信的是高级别领导的批示和新闻记者的报道,但成功的也不多。不过,现在多了一条渠道,这就是人大代表的建议,尤其是全国人大代表的建议。因为最高人民法院每年要向全国人大报告一次工作，并且还要投票表决通过，这些年，最高人民法院工作报告的得票屡创新低。为此，最高人民法院出台规定，对于全国人大代表建议的案件，每案必复。也就是说，只要是全国人大代表提出的建议，最高人民法院对每个案件的审理情况，都要向人大代表和案件当事人回复结果。这是一条使申诉案件进入最高法院的捷径。

高尚发现了这条捷径。

2012年3月10日，傅延华等6位全国人大代表向最高人民法院提出了《关于申请要求对高尚案件再审的建议》。对高尚是如何找到这6位全国人大代表为其案件提出建议的具体经过，我们不得而知。《民主与法制时报》关于高尚案件的报道中，透露出了若干信息：

"我是一个普通老百姓，慕名前来找您申冤。我在报上看到，老百姓称您为'傅青天'，您也常说，'人民选我当代表，我当代表为人民'。您的浩然正气让我看到了讨回公道的希望，恳请您在百忙之中对我的冤案给予关注，主持正义。"高尚慕名找到全国人大代表傅延华等6位全国人大代表，2012年3月10日全国"两会"期间，6位代表签署了《关于申请要求对高尚案件再审的建议》。这份建议随后被转到最高人民法院办公厅监督办。2012年5月4日，该案申诉材料交至最高人民法院申诉立案一庭，并于当年6月14日立案复查。[1]

耐人寻味的是，建议的发起人傅延华是山东省枣庄市人民检察院的代表，其他5位附议人也都是山东籍的人大代表。从网上查询获知，傅延华是山东省枣庄市人民检察院副检察长，也是一名法医。傅延华曾当选全国十大杰出检察官，2002年7月16日，中央电视台《焦点访谈》栏目曾经以"科学检验 公正断案"为题专门报道过傅延华的优秀事迹。也许正是因为这些报道，高尚慕名找到了傅延华，请求傅延华为民申冤，傅延华遂联络了其他5位山东籍的全国人大代表，联署向最高人民法院提出建议。

---

[1] 宋伟、郭新磊：《集资建房引牢狱之灾，环卫工人七年诉"累"》，载《民主与法制时报》2013年1月17日。

Ⅲ 进程：相关法律文书以及评析

至此,高尚的申诉案件犹如坐上了直通车,终于到了最高人民法院法官的手中。半年后,高尚等来了来自最高人民法院的消息。当然,是不好的消息。

中华人民共和国最高人民法院
立案一庭通知书

〔2012〕刑监字第 181 号

高尚:

你因挪用资金一案,不服安徽省淮北市中级人民法院〔2006〕淮刑终字第 86 号刑事判决和安徽省高级人民法院〔2008〕皖刑监字第 71 号驳回申诉通知,向本院提出申诉。

经审查,你的申诉不符合《中华人民共和国刑事诉讼法》第 204 条规定的重新审判条件,本院决定不对该案提起再审。

特此通知

二〇一二年十一月二十九日(章)

最高人民法院对申诉案件分为两个程序:一是立案,由立案庭进行审查,以便决定对某一案件是否进行再审;二是再审,由审判监督庭,简称审监庭,进行重新审理。一般来说,一个申诉案件由立案庭提起再审,这个案件基本上就是存在问题的。经过审监庭再审以后改判的几率极大。但高尚的申诉案件未能通过立案审查就被驳回。我不太清楚立案审查是如何进行的,例如像高尚这样的案件是否进行调卷审查,等等。当然,可以想见,对于发生在数年,甚至数十年前的旧案,审查起来有多么困难。一个案件如果不能通过两级法院的审理获得正确的结果,要想通过申诉再审予以纠正,那真是难于上青天。

接到最高人民法院的驳回通知以后,高尚还不死心。这样,高尚的案件到了我的案头。这是 2012 年底,距离案发的 2005 年 5 月 19 日,已经整整过去了 7 年半的时间。

2013年1月19日 专家法律意见书之一

高尚的案件,虽然申诉希望渺茫,但他还是希望邀请法律专家进行论证。专家论证只能提出一些法律意见,这些法律意见是建立在当事人提供的案件材料基础之上的,也是仅供有关部门参考。有时,只是为了给案件当事人一个"说法",可能并无实际作用。高尚案就是如此。

那么,法律专家会对高尚案件作出什么结论呢?

关于高尚被判挪用资金罪一案的专家法律意见书

目 次

一、研讨所依据的主要材料
二、论证的问题
三、专家论析
四、结论性意见

2013年1月19日,北京大学法学院、清华大学法学院、中国人民大学法学院、中国政法大学刑事司法学院有关刑法学专家,就高尚被判挪用资金罪一案,进行了专门研讨。出席本次研讨会的专家有:

陈兴良　北京大学法学院教授、博士生导师
张明楷　清华大学法学院教授、博士生导师
周光权　清华大学法学院教授、博士生导师

冯　军　中国人民大学法学院教授、博士生导师

阮齐林　中国政法大学刑事司法学院教授、博士生导师

本次论证会由**付立庆**博士(中国人民大学法学院副教授)负责记录并整理文稿。

一、论证所依据的主要材料

(一)相关法律文书

1.《淮北市公安局起诉意见书》(淮公经诉字〔2005〕006号)。

2.《淮北市公安局提请批准逮捕书》(淮公经捕字〔2005〕006号)。

3.《淮北市相山区人民检察院起诉书》(相检诉〔2006〕64号)。

4.《安徽省淮北市相山区人民法院刑事判决书》(〔2006〕相刑初字第087号)。

5.《淮北市相山区人民检察院刑事抗诉书》(相检刑抗〔2006〕02号)。

6.《安徽省淮北市中级人民法院刑事判决书》(〔2006〕淮刑终字第86号)。

7.《安徽省淮北市中级人民法院驳回申诉通知书》(〔2007〕淮刑监字第9号、〔2008〕淮刑监字第5号)。

8.《安徽省高级人民法院驳回通知书》(〔2008〕皖刑监字第0071号)。

9.《中华人民共和国最高人民法院立案一庭通知书》(〔2012〕刑监字第181号)。

10.申诉人高尚的申诉书。

(二)其他材料

11.《购房转让协议》(甲方:淮北市市容局,乙方:黎辉)。

12.《联合开发协议书》(甲方:刘家保,委托代理人:高尚;乙方:淮北市图南房地产开发有限公司)。

13.《住房购销协议书》(甲方:淮北市图南房地产开发有限公司,乙方:淮北市市容管理局)。

14.《集体代购房协议》(甲方:淮北市环卫处工会,乙方:环卫处职工高尚)。

15.《授权委托书》(委托人:刘家保,受托人:高尚)。

16. 上述相关材料的公证书。
17. 高尚的相关供述。
17. 纵静、胡长玲、黎辉等人的询问笔录。
18. 2004年3月12日淮北市市容局总支扩大会议记录。
19. 尚云鹏所作的《工作说明》。
20. 其他主要证据材料。

二、论证的问题

1. 高尚的行为是否构成挪用资金罪？
2. 淮北市中级人民法院的二审判决是否存在程序上的明显瑕疵？

三、专家论析

经过仔细、认真研究案卷材料,并经过严肃讨论,专家们一致认为,本案所涉及高尚的一系列行为应该属于行使权利的行为,不构成挪用资金罪；淮北市中级人民法院的二审判决,在程序上存在明显瑕疵。具体意见,分述如下：

(一) 在实体上,高尚的行为不构成挪用资金罪

1. 高尚本身并不符合挪用资金罪的主体要件

根据我国《刑法》第272条的规定,挪用资金罪的犯罪主体是公司、企业或者其他单位的工作人员。二审判决认定高尚担任淮北市市容局基建办负责人(参见《安徽省淮北市中级人民法院刑事判决书》[[2006]淮刑终字第86号]第27页),因此符合挪用资金罪的主体要求。但是,高尚与图南公司签订的《联合开发协议书》、图南公司与市容局签订的《住房购销协议书》、市容局出具的报案材料、市容局环卫处出具的证明、尚云鹏的《工作说明》等证明,在判决书认定的360万元资金所涉及的法律关系中,高尚是有权获得360万元土地款的合同一方当事人,而不是利用职务便利挪用资金的公司、企业或者其他单位的工作人员。判决书所认定的360万元,根本不是被高尚挪用的单位资金,而是高尚出卖S1101号土地应该获得的报酬。

(1) 高尚被二审法院认定为淮北市市容局基建办负责人,但事实上并不存在市容局基建办这一机构

淮北市市容局从成立至今,并没有基建办这一机构设置。市容局作为政府部门,其机构设置需要明文规定,其负责人也应有相应的任职文件。但是,市容局自身从未出具任何书面证明材料,而只是通过人证和下属单位的证明来说明高尚为所谓市容局基建办负责人,但下属单位的证明实属伪证。证明犯罪主体的身份是公诉机关的证明责任,颠倒过来由被告人高尚来证明其不具有相应身份,明显不符合现代刑事诉讼的基本原理。

无可否认,高尚是淮北市市容局职工。但必须指出的是,在本案中,高尚是作为土地方(或者土地方的代理人)介入到本案所涉及的集资建房这一经济活动之中的。根据高尚与图南公司签订的《联合开发协议书》和图南公司与市容局签订的《住房购销协议书》,在高尚个人、淮北市市容局与图南公司这三方之中,代表市容局的是环卫处工会,而且,并没有任何证据证明高尚在本案中代表了市容局或者环卫处。高尚实为土地方代表,而非并不存在的所谓市容局基建办负责人。

(2) 虽然客观上存在基建办这样一个协调机构,但高尚并非其负责人

在卷宗中,高尚收取50万元地款上面的签字为"基建办高尚",这似乎可以证明确实存在基建办这样一个机构。但由于该土地款是基于三方协议的部分土地款,而三方协议里有地的只有高尚一方,所以可以说,此证据恰恰表明基建办不过是包括土地方在内的、松散的协调机构,表明了高尚在履行协议过程中与市容局、图南公司是平等的民事主体,互相之间并不存在任何隶属关系,是共同开发土地、集资建房实现三赢中的独立一方,是与市容局、图南公司签订三方协议的土地方。高尚在本案中已经实质上脱离了单位,也就不符合挪用资金罪的主体要求。市容局作为集资建房活动三方中的一方,其下属单位环卫处所出具的两份材料,都明确指明了高尚从未在任何活动中表明其市容局或者环卫处职工的身份,应当说,市容局及其下属环卫处对于申诉人高尚在整个事情中的身份有着明确认识。

(3) 二审法院判决认定高尚为基建办负责人的依据存在重大疑问

二审判决认定高尚为市容局基建办负责人的唯一依据,是2004年3月12日市容局环卫处党总支部会议"关于抽调高尚、王毅、纵静、尚云鹏4人负责集体购房问题"的记录。但是,这个记录的真实性却存在重大疑问。市容局环卫处2008年5月5日出具的证明证实:"尚云鹏同志于2004年5月至2007年8月在我单位干临时工。"尚云鹏在2005年8月9日出具的工作说明中也表明,其在2004年5月才开始在市容局上班。在尚云鹏尚未在市容局环卫处做临时工之前,市容局环卫处党总支部何以能够抽调他负责市容局的集体购房问题?可见,二审法院认定高尚系市容局基建办负责人所依据的前述会议记录值得怀疑,其可能是伪造的。环卫处众负责人2005年8月19日的集体证词试图证明前述会议记录的真实性,以便在移送起诉前能够形成证据链,但在尚云鹏自身的证言等相反证据面前,这种集体证词的证明力也同样是存在重大疑问的。

根据以上内容可知,在本案所涉及的法律关系中,高尚只是作为土地方的代表在市容局开展相关工作,而不能算是市容局基建办的负责人,不符合挪用资金罪的主体要求。二审判决认定其符合挪用资金罪的主体要求,与市容局及环卫处出具的材料,与市容局参与的协议以及与高尚在本案中从未代表市容局或环卫处,只代表土地方的事实之间,是矛盾的。

2. 高尚也不具备挪用资金罪的客观要件

成立挪用公款罪,要求挪用"本单位资金"归个人使用或者借贷给他人。但是,有充分的理由认为,涉案的360万元原本即并非市容局或其他单位所有的资金,而是属于高尚个人的土地款,因此,没有相应的财产法益受到侵害,自然也就不能构成挪用资金罪。

(1) 作为S1101号宗地的权利人,高尚领取360万元的行为属于行使权利,或者至少可以说,高尚动用共同账户360万元资金不违背资金用途

依据高尚与图南公司签订的《联合开发协议书》和图南房地产开发公司与市容局签订的《住房购销合同》可知,集资建房由高尚提供土地,市容局提供资金,图南公司负责建设。根据现有证据可以认定,淮北市市容局与图南公司欠高尚840万元土地款,市容局集资建房款360万元应当属于高尚所应得的土地款的一部分,高尚有权自由支配,二审法院认定其构

成挪用资金罪,实属错误。

首先,在共同账户建立之后,360万元的款项已经不再是市容局的集资建房款。根据市容局与图南公司签订的《住房购销协议书》第5条的约定,市容局应当支付包括土地费840万元在内的全部基建费用,图南公司不承担任何费用;在项目选址确定后,要付给图南公司500万元订金,双方设立共同账户,资金调配由双方共同管理。2004年4月29日市容局按照上述协议,将集资款360万元汇入双方设立的共管账户之中。需要强调的是,此时该360万元的性质已经发生了改变,即已经由市容局职工集资款改变为图南公司收到的合同订金,该笔款项的实际控制人也已经转变为图南公司。依据合同精神,此时市容局针对该笔款项的管理职责仅限于监督其是否被图南公司用于项目建设,市容局对该笔钱款不再享有任何其他权利。

其次,图南公司使用共同账户中的资金支付高尚的土地款,是其按照约定实施的履约行为,对此,市容局不应持有异议。根据高尚以刘家保代理人身份与图南公司签订的《联合开发协议书》第6条、第7条、第11条的约定,高尚一方投入土地,图南公司一方投入资金并需支付高尚一方土地款840万元,资金同高尚直接结算。据此,图南公司使用共同账户中的资金来支付高尚的土地款,是其履行上述合同的行为,即按照约定向高尚支付土地款的行为。作为该笔840万元款项的权利人,高尚如何使用该款项(或者该款项的构成部分),是将这笔钱用在项目上还是用在他处,是高尚的自由,与图南公司无关,更是与淮北市市容局无关。高尚和图南公司之间不存在违约行为,市容局也就没有权利对该笔钱款的支配提出异议。而且,2004年12月18日,淮北市市容局环卫处工会以市容局名义通知图南公司:① 共同账户资金全部转到高尚名下;② 有关债权、债务经高尚审核认可后全部交给高尚。此通知后经高尚和图南公司确认生效。如果说此前市容局对共同账户中的360万元如何支配持默许的态度,则这份通知就表明了市容局的态度,即其同意将该笔钱款交给高尚。至此,共同账户中的钱,已经经市容局和图南公司的明确同意,作为土地款支付给了高尚。

再次,有其他证据表明,市容局承认444万元集资款为支付给高尚的土地款的一部分,图南公司对高尚支配联合账户中的360万元也不存疑问。2005年2月24日市容局环卫处工会绕开图南公司直接与高尚签订了《集体代购房协议》,第2条、第3条约定工会付给高尚444万元首付款。2005年4月19日市容局与黎辉签订了《购房转让协议》,第3条约定黎辉需代市容局向高尚支付地款400万元。从以上两份协议可以清晰看出,在2004年12月以后,市容局就绕开图南公司,以通知和签订协议的方式,使得市容局和高尚之间的权利义务关系清晰化,市容局不仅仅承认其所集资的444万元是应当付给高尚的土地款,也承认其共需向高尚支付840万元的土地款。此外,依据市容局会计纵静2005年5月20日和2005年6月9日的证言可知,市容局领导李安祥对将360万元汇入共管账户一事是知晓的,此证言与高尚的供述相吻合,可以认定李安祥的证言和说明是虚假的。李安祥没有提出疑义一事,也印证了高尚在2005年5月19日等多次的供述中指出,李安祥让高尚自由支配集资款的说法是可信的。

最后,即便不承认高尚领取360万元的行为属于行使权利,至少也应该承认,高尚动用共同账户360万元资金不违背资金用途。

《刑法》第272条挪用资金罪之"挪用",实质特征是"违背资金用途"(归个人使用)。如果动用资金的行为既不违背资金用途又不违反资金管理程序、权限(后述),则不成立挪用资金罪。即便不承认高尚领取360万元的行为属于行使权利,至少也应该承认,高尚动用共同账户360万元资金并不违背资金用途。市容局向职工集资444万元,名为"购房款",实为"建房款"。这一点,从高尚向市容局有关领导提议,市容局形成集资决策,市容局成立基建办,市容局与图南公司签订的《住房购销协议书》的实际内容等事实中得到全面的证实。既然是"建房"款,就随着协议履行、建房进展而支付。李安祥于2004年3月26日同意高尚的支付土地款50万元的申请,从"集资专用账户"中支付出50万元,继而市容局与图南公司于2004年4月29设立"共同账户",从集资专用账户中转出360万元到共同账户,均表明该集资款实际是合作建房投入款,因此用于支付有关建房费用并不违背该集资款的真实用途。之后,高尚和图南公司有关人员将共同账户中360万元"建房"款用于支付有关建房费用(主要是取得土地使用权的费用、备用金、设计费),同样也不违背该共同账户中360万元资金的用途,不具备挪用资金罪的实质特征。

(2)高尚动用共同账户360万元资金不违反资金管理程序、权限。二审法院认定高尚私刻李安祥的个人印章的说法,经不起推敲

李安祥的私章和图南公司印章组成共同账户专用章,凭此构成支取共同账户中360万元建房资金的权限。高尚动用共同账户资金都由图南公司财务人员陪同办理,对共同账户另一管理方图南公司而言,高尚不存在违反资金管理程序、权限"擅自"挪用的问题。对市容局方面而言,高尚有没有违反资金管理程序、权限动用共同账户资金问题?关键是高尚持有李安祥私章并使用是否合法?是否合法的关键不在于"谁刻制",也不在于淮北中院《驳回申诉通知书》所称"谁应该持有"(参见《安徽省淮北市中级人民法院驳回申诉通知书》[〔2007〕淮刑监字第9号]第2页),而在于有没有获得李安祥的授权!

对于高尚持有李安祥私章并使用,有没有得到李安祥授权?有关证据存在矛盾之处。李安祥在其2005年5月31日、7月8日的两次情况说明以及同年5月18日的证言之中,多次提到在集资建房前,基建办提出要重新刻一枚李安祥的私章,但是其没有同意再刻,也不知道有另外一枚私章。但是胡长玲2005年7月13日的证言;纵静2005年5月18日、2005年5月20日、2005年6月9日的证言;王毅2005年5月24日的证言,均证实他们从集资建房活动一开始就知道高尚持有一枚李安祥的私章,并且开设集资账户时就是使用该印章作为开户印鉴的,而且李安祥本人还先后4次签批了款项,可见,李安祥的证言明显不符合正常逻辑,李安祥本人应当知道高尚从一开始所用的李安祥私章就是高尚自己所刻的,这一点不是李安祥本人能够主观否定的。二审法院认定高尚私刻李安祥的个人印章的说法是经不起推敲的。至少可以认为,认定高尚未经授权持有并使用李安祥私章,证据不足。

如果高尚得到授权就是应该持有、使用。从本案的全过程看,是市容

局集资建房(购房)自始就违法违规,为规避法律、规避追查,自始至终都是在以"集资购房"名义下行"集资建房"之实,处处都是遮遮掩掩、不按规章正常运作,其中包括高尚持有、使用李安祥私章。因此,判断高尚持有李安祥私章与图南公司共同管理共同账户资金是否正常,也不能脱离本案背景。从案件背景和常情判断,高尚持有李安祥私章,是市容局和李安祥的授权,即通过这种方式授权高尚与图南公司共同管理共同账户资金。因此根据高尚私刻和非法持有领导私章动用共同账户资金,认定高尚有擅自挪用资金的行为,缺乏事实根据,证据不足。相反,根据本案的全过程,高尚使用李安祥私章,得到了协议三方的共同认可,没有违反程序,逾越权限。

综上,不论该360万元集资款是否属于高尚所应得的土地款,根据以上证据,也可以认定高尚支配上述款项是经过市容局和图南公司允许的,合理合法。因此,二审判决(参见《安徽省淮北市中级人民法院刑事判决书》[[2006]淮刑终字第86号]第27页)认定高尚利用职务便利,挪用市容局和图南公司共同管理的集资款360万元,构成挪用资金罪,既没有事实依据,也不符合法律规定。

(二) 在程序上,二审法院的判决也存在明显瑕疵

1. 二审判决违背了"不告而理"这一基本的刑事诉讼规则以及最高法院的有关司法解释

《淮北市相山区人民检察院刑事抗诉书》(相检刑抗[2006]2号)指控高尚挪用资金86万元,但是二审法院却认定高尚挪用资金360万元(参见《安徽省淮北市中级人民法院刑事判决书》[[2006]淮刑终字第86号]第27页),这明显违背了现代刑事诉讼的基本规则以及最高法院的有关司法解释。

(1) 二审法院的做法违背了司法的被动性和中立性的原则

现代司法有别于传统司法的重要特征在于强调司法的被动性与中立性。即认为法官作为裁判一方,不应该主动介入争端,积极裁决案件,而应该保持冷静与克制。因为一旦违反了被动性原则,主动介入纠纷,就难免会带有先入为主的偏见,就可能不恰当地侵害某一方当事人的权利,违

背法官中立裁判的基本立场。在本案之中,二审法院在公诉方只起诉86万元的前提下,仍然直接判处高尚挪用资金360万元,明显地违反了司法裁判的被动性原则,而其欠缺中立性的裁判结论,也就自然无公正性可言了。

(2) 二审法院的做法剥夺了被告人高尚的诉讼权利

之所以说淮北市中级人民法院的二审判决有失公正,主要就是因为这样的"不告而理,不审而判",明显剥夺了高尚作为诉讼主体的相应权利,如辩护权、质证权和上诉权等。由于公诉机关并未对360万元之中的绝大部分进行指控,高尚的辩护人自然也就不会为此精心地准备辩护,当然也就不会在法庭之上为此而充分质证;而且,由于是由二审法院即终审法院所作出的此种"突然袭击",更是实质性地剥夺了高尚作为被告人依法应该享有的上诉权。换言之,即使淮北市中级人民法院认定高尚挪用资金360万元有充分的事实依据(如前所述,这一点本身是有重大疑问的),但考虑到其作为二审即终审法院的角色,也不应该认定超出指控数额的部分,唯有如此,才能保证作为被告人的高尚所依法享有的诉讼权利。

(3) 二审法院的做法,违反了最高法院有关司法解释的规定

依据《最高人民法院关于执行〈中华人民共和国刑事诉讼法〉若干问题的解释》第178条的规定,人民法院在审理中发现新的事实,可能影响定罪的,应当建议人民检察院补充或者变更起诉;人民检察院不同意的,人民法院应当就起诉指控的犯罪事实,依照本解释第176条的有关规定依法作出裁判。在本案中,由于无法查到哪几笔数字能凑出86万元,在没有指控、不经审判的情况下,二审法院既没有建议人民检察院补充或者变更起诉,也没有依据人民检察院指控的内容作出判决,而是索性直接把图南公司根据协议给付高尚的土地款当成挪用资金,直接判决高尚挪用资金360万元。这种做法,明显违反了上述司法解释的规定。

可以认为,本案二审法院的做法,不仅违背现代刑事诉讼中法院的"中立性""被动性"之基本理念,也违背了最高法院的上述司法解释,在程序上严重违法。二审法院自诉、自审、自判,严重干扰了司法公正,侵犯

了申诉人高尚的合法权益。

2. 二审判决推翻一审的无罪判决,改判为有罪,却不充分说明理由,也属于明显瑕疵

二审法院在审理本案的过程中,未列明改判被告人高尚有罪的理由与依据,在作出的28页判决书中,仅有10行两百余字以"另查明"的形式来论述申诉人高尚构成挪用资金罪的理由,并据此推翻一审法院的无罪判决,而所谓的另查明,并不是真的另查明,仅是对一审真实证据的虚假运用。

3. 安徽省省市两级法院违反有关审判监督程序的规定,使得无罪案件未能得到及时纠正

二审判决之后,高尚就向淮北市中级人民法院申请再审,2008年3月25日淮北市中级人民法院作出〔2007〕淮刑监字第9号《驳回申诉通知书》;高尚随后即向安徽省高级人民法院递交了申诉材料,但是安徽省高级人民法院却作出〔2008〕皖刑监字第0071号函将本案又转回淮北市中级人民法院处理,该院遂在2009年7月30日又作出了〔2008〕淮刑监字第5号《驳回申诉通知书》;高尚接到通知书后,又再次向安徽省高级人民法院提起申诉,在2011年2月23日,该院作出了〔2008〕皖刑监字第0071号《驳回申诉通知书》。两级法院的申诉程序用了将近3年。依据最高人民法院1998年《关于执行〈中华人民共和国刑事诉讼法〉若干问题的解释》第298条的规定:"受理、审查申诉一般由作出发生法律效力的判决、裁定的人民法院进行。直接向上级人民法院申诉的,如果没有经作出发生法律效力的判决、裁定的人民法院审查处理,上级人民法院可以交该人民法院审查,并告知申诉人;如果属于案情疑难、复杂、重大的,或者已经由作出发生法律效力的判决、裁定的人民法院审查处理后仍坚持申诉的,上级人民法院可以直接受理、审查,下级人民法院也可以请求移送上一级人民法院审查处理。"依据1998年《关于执行〈中华人民共和国刑事诉讼法〉若干问题的解释》第302条的规定:"人民法院受理申诉后,应当在三个月内作出决定,至迟不得超过六个月。"安徽省省市两级法院违反上述规定,拖延程序,使一个无罪案件未能及时得到纠正。

四、结论性意见

（一）本案所涉事实属于经济纠纷，不应加以刑事制裁

高尚与淮北市市容局集资建房一事，如果没有相关纪检部门的调查，一切都将按部就班进行，协议各方都会达到预期目的。正是由于市容局的集资建房行为违反国家规定，遭人举报，所以其就意图收回全部款项。但此时款项的绝大部分已经作为土地款付给高尚，市容局为要回已经合法支付给高尚的土地款，就通过纪委向公安局报案；公安局为了帮助市容局追回款项，就公然违反《公安部关于严禁越权干预经济纠纷的通知》的规定，插手经济纠纷。检察机关在检察委员会一致认定高尚无罪后，仍迫于领导压力，将高尚公诉至法院(有淮北市相山区检察院公诉科科长孟宪君的讲话录音为证)，在一审法院认定高尚无罪后，检察院仍然抗诉，最终由二审法院以挪用资金罪对高尚判处 3 年有期徒刑、缓刑 5 年。对这样一场因集资建房失败而引发的经济纠纷，加以刑事制裁，让高尚承担刑事责任，无公正性可言。

（二）高尚的行为不构成犯罪，应该通过审判监督程序加以纠正

综合本案的相关事实，专家们认为：没有任何法定证据证明二审法院认定的所谓市容局基建办的存在；二审法院所认定的私刻印鉴实为图南公司、市容局和高尚共同使用；二审法院所认定的挪用市容局 360 万元资金，实为市容局方面和图南公司给付高尚的土地款。与会专家认真讨论后认为，本案实为民事纠纷，不应将高尚在本案中的行为认定为挪用资金罪。终审法院将本案定性为挪用资金罪，实属定性错误，应该通过《刑事诉讼法》规定的审判监督程序予以纠正。在二审法院过于形式化地理解《刑法》的相关规定，并进而认定高尚在本案中的行为构成犯罪的情况下，应当启动再审程序，加以纠正。

（以下无正文，只有专家签名）

以上专家意见对高尚案件涉及的法律问题作了较为全面的论述，它虽然是应一方当事人对涉案法律问题所进行的论证，但基本上还是能够较为中立与客观地对案件进行分析。一般来说，适用法律问题的专家论

证效果较好,更具有说服力,但如果是事实或者证据问题,则说服力稍差。当然,对于案件事实是否清楚,证据是否达到确实、充分的程度,专家也还是可以作出一个较为客观判断的。但由于这种程度性的判断,取决于对标准的把握,因此在标准不同的情况下,往往难以达成共识。高尚案件尽管在个别案件细节上还存在争议,但并不妨碍对案件性质的判断。所以,高尚案件完全是一个法律适用问题。专家意见也是根据案件事实和我国司法实践处理挪用资金罪的一般理论进行分析的。无论是从法理还是从学理上来看,高尚挪用资金案确实存在硬伤,经不起检验。

2013年3月8日 高尚向最高人民检察院递交的刑事申诉状

高尚对自己的案件,即使是在被最高法院驳回以后,仍然不服。接着又向最高人民检察院(以下简称最高检察院)提出了申诉,期望最高检察院能够重启本案的再审。这是法律所能提供的最后通道,尽管是非常规的通道。高尚案件被最高法院驳回,本来是已经申诉到头了,按照俗话说,已经撞到南墙了。但按照我国刑事司法体制的设计,检察机关并不是单纯的公诉机关,还是法律监督机构。即使是最高法院驳回的案件,如果最高检察院认为适用法律确有错误,还是可以提出要求再审的。因此,高尚才会有撞到南墙不回头的勇气,将《刑事申诉状》递向最高检察院。

刑事申诉状

申诉人:高尚,45岁,男,汉族,高中文化程度,安徽省淮北市市容局环卫处工人,现居住淮北市相山区南黎花园3栋501室,手机联系号码:1835618××××。

申诉事由:不服安徽省淮北市中级人民法院〔2006〕淮刑终字第86号刑事判决书对我的有罪判决,不服安徽省淮北市中级人民法院和安徽省高级人民法院驳回我的申诉,不服最高人民法院立案一庭决定不根据我的申诉提起再审,特向最高人民检察院提出申诉。

请求事项:安徽省淮北市中级人民法院〔2006〕淮刑终字第86号刑事判决书回避安徽省淮北市相山区人民法院〔2006〕相刑初字第087号刑事

判决书对我作出的无罪判决,没有指控、不经审判地认定我犯挪用资金罪,判处我有期徒刑3年,缓刑5年。安徽省淮北市中级人民法院的上述判决缺乏证据支持,在事实认定上不准确,在适用法律上有错误。为此,本人在2007年1月14日向安徽省淮北市中级人民法院提出申诉,在安徽省淮北市中级人民法院驳回我的申诉之后,我又向安徽省高级人民法院提出申诉,安徽省高级人民法院把我的申诉转给安徽省淮北市中级人民法院审查处理,结果,安徽省淮北市中级人民法院维持了对我的有罪判决。在安徽省高级人民法院把安徽省淮北市中级人民法院的审查处理结论当做自己的结论通知我之后,我又向最高人民法院提出申诉,最高人民法院立案一庭在2012年11月29日,以一份没有任何实质性理由说明的《通知书》通知我:"经审查,你的申诉不符合《中华人民共和国刑事诉讼法》第204条规定的重新审判条件,本院决定不对该案提起再审。"我认为,安徽省淮北市中级人民法院和安徽省高级人民法院驳回我的申诉以及最高人民法院立案一庭发出"决定不对该案提起再审"的通知,都不是在深入审查、认真分析事实之后选择的符合法律规定的妥当做法,特请求最高人民检察院履行法律监督职责,按照审判监督程序向最高人民法院提出抗诉,促使最高人民法院对本案予以再审。

申诉事实与理由:安徽省淮北市中级人民法院(以下简称"二审法院")对我的有罪判决,存在明显的程序瑕疵和重大的实体缺陷,应通过再审程序予以纠正。

1. 在程序上,二审法院不告而理、不诉而判

2006年9月13日,《安徽省淮北市相山区人民检察院刑事抗诉书》(相检刑抗〔2006〕02号)指控我挪用单位收集的职工购房款86万元,庭审的也是86万元。但是,二审法院却超越指控,仅用了一句"另查明",就判我挪用资金360万元。二审法院判决书第27页一开始就表明:"经庭审查明,原判认定原审被告人高尚参与购地、建房及支出购房款的事实清楚,证据充分。在二审期间,抗诉机关和原审被告人均未提供新证据,本院对上述事实予以确认。"根据二审法院自身的上述说法,稍具法律常识的人都不免产生疑问:既然二审法院对一审判决所采信的证据予以确

认,并且确认抗诉机关和原审被告人均未提供新证据,"另查明"究竟是由谁,又是如何查明的呢?显然,二审法院的"另查明"就是自控、自审、自判的代名词,也只有自控、自审、自判,二审法院才能"顺理成章"地把无罪的高尚判为有罪。二审法院的这种做法,既违反了最高人民法院《关于执行〈中华人民共和国刑事诉讼法〉若干问题的解释》第178条的规定,也剥夺了我应有的辩护权、质证权等基本的诉讼权利;同时,二审法院的做法也回避了为什么一审法院判无罪而二审法院要判有罪的不能回答的问题。可以说,这在程序上严重违法。

2. 在实体上,二审法院的判决毫无事实和法律依据

二审法院在判决中指出,"原审被告人高尚在担任淮北市市容局基建办负责人期间,私刻市容局分管基建办的副局长李安祥的个人印章,利用职务便利,挪用由淮北市市容局和图南公司共同管理的职工集体购房款360万元"。但是,这个说法是完全错误的:从协议到执行的证据都显示,所谓的集资购房款实际上是集资建房款,二审法院故意不按协议内容只取协议名称的做法,是枉法行为;我根据协议收取的360万元的行为是行使权利的行为,按照协议和授权(土地方授权及根据协议市容局同意的土地方权利)我完全具有使用该资金的权限,没有越权,用于支付地款等是建房需要,同时也符合集资款用途,何来"挪用"之说?

(1) 所谓"高尚担任市容局基建办负责人"的说法,不符合事实

淮北市市容局从成立至今,都没有设置基建办这一机构。市容局是政府部门,机构设置应有编制,部门负责人应有任职文件,最少也应有会议记录,这些市容局都拿不出证据。公安局在办案时也没有高尚是市容局基建办负责人的证据,只到移送起诉时才让环卫处的负责人和一些职工证明高尚是市容局基建办负责人。为了形成"证据链",又让环卫处副书记葛印雷于2005年7月13日在所谓2004年3月12日"召开"的环卫处党总支会议记录上添上一句话"关于抽调高尚、王毅、纵静、尚云鹏等四人负责集体购房问题"。由于是领导逼葛印雷作的伪证,迫不得已,葛印雷写了与所谓的高尚为市容局基建办负责人风马牛不相及的证词。这句证词的最后1人尚云鹏是2004年5月份才到环卫处干临时工的,之前

与环卫处没有任何关系,怎么可能在2004年3月12日的环卫处党总支会议上就被决定抽调到环卫处负责集体购房工作?显然,这些漏洞百出的所谓"证据",并不能证明市容局基建办的存在。对于上述事实,二审法院心知肚明,所以干脆来了个没有理由的判决,后来由于我盯着不放,在二审法院的驳回申诉里才列出所谓市容局基建办负责人的"证据",包括与高尚所谓基建办负责人根本不具有关联性的市容局党委会的情况说明和上述环卫处党总支的会议记录。作为一级人民法院,在判决书里不说明判决所依靠的证据,却要到后来的驳回申诉里去说,二审法院是不是在告诉世人:我就违法,你能怎么样?!

在本案中,我(高尚)于2004年1月8日与淮北图南房地产开发有限公司(以下简称图南公司)签订《联合开发协议》,市容局以与图南公司签订《住房购销协议》的形式加入《联合开发协议》,三方两份协议规定高尚出地获取840万地款,图南公司开发建房后收取市容局按建筑成本计的2.5%的好处,市容局出全部资金并获取全部开发成果。因市容局集资建房违反规定,协议签订后由环卫处工会代行市容局职权,由市容局环卫处抽调职工和土地方高尚组成协调机构(所谓基建办)用以解决因土地不能过户、市容局不方便出面而又必须由土地方解决的事情,又因为市容局靠集资才能支付高尚的地款,成立所谓基建办有利于让高尚放心。两份三方协议及其执行,清楚地表明:代表市容局行使职权的是环卫处工会,市容局方面的负责人是李安祥;高尚代表的是土地方,没有证据证明高尚代表了市容局或者环卫处。所谓高尚为市容局基建办负责人的说法,与三方两份协议及其执行不符,与证据显示的高尚只是代表土地方而从未代表过市容局方面不符,是公安机关违反证据制度,收集和运用证据的结果,是二审法院虚假运用证据的结果。

(2)高尚持有李安祥私章并使用,并不属于私刻,也不违法,而是协议授权和李安祥授权的结果

根据胡长玲、纵静、王毅等人的证言,他们从集资建房一开始就知道高尚持有一枚李安祥的私章,并且开设集资账户时就是使用该印章作为开户印鉴,李安祥本人还先后4次签批了款项。可见,高尚从一开始所用

的李安祥私章,李安祥本人就知道是高尚所持有的。二审法院认定高尚私刻李安祥的个人印章的说法经不起推敲。至少可以认为,高尚未经授权持有并使用李安祥私章证据不足。

从本案的全过程看,淮北市市容局集资建(购)房,自始就违法违规,为规避法律、规避追查,自始至终都是在集资购房的名义下行集资建房之实,处处都是遮遮掩掩,不按规章正常运作,其中包括高尚持有、使用李安祥私章。在本案中,由于市容局购地没有钱给高尚,只有靠集资才能支付高尚的地款,所以才有了高尚手里的李安祥私章与环卫处工会行政章组成集资专户印鉴章的事实;同样的道理,才有了高尚持有李安祥私章与图南公司一枚印章组成建设专户印鉴章的事实。这两个专户的设立,李安祥4次从集资专户签批付款,148户444万元集资款的入存和从集资专户转款360万元到建设专户,一致说明了高尚对该枚李安祥私章的使用得到了协议三方的共同认可,高尚持有李安祥私章是市容局和李安祥认可的行使土地方权利的行为,没有违背程序、逾越权限。因此,根据高尚私刻和非法持有领导私章动用共同账户资金,认定高尚有擅自挪用资金的行为,缺乏事实根据,与理不符。

(3)高尚支配360万元集资款,属于正常的行使权利,符合该资金的用途

高尚与市容局、图南公司签订的协议,高尚的供述,李安祥、纵静、李锋等人的证言和银行票据的书证均证实,共同账户中的360万元,是经过图南公司和市容局(包括环卫处工会)确认的、应当支付给高尚的土地款,高尚有权支配上述款项,不存在挪用。退一步说,该笔集资款实际是合作建房的投入款,只要是用于支付有关建房费用,就不违背该集资款的真实用途。高尚和图南公司有关人员将共同账户中360万元建房款用于支付有关建房费用(主要是取得土地使用权的费用、备用金、设计费),一点儿也不违背该共同账户中360万元资金的用途,因此也就不具备挪用资金罪的实质特征。二审法院认定高尚构成挪用资金罪,既没有事实依据,也不符合法律规定。

综上所述,二审法院的判决从形式来说是不审而判,已构成重大违

法;从内容来说,是对一审判决所用证据的虚假运用,明显是不符合法律规定的裁判。对于这样一个明显的错判,各级法院顾及地方面子,长期不予纠正。痛心和无奈之余,我只有向全国人大代表和全国政协委员喊冤,并申诉到最高人民检察院。盼望最高人民检察院能够依照法律赋予的监督权力,启动审判监督程序纠正本案,还我公道!

  此致
最高人民检察院

申诉人
2013 年 3 月 8 日

  高尚挪用公款案,法院判决有罪,高尚经向最高人民法院申诉亦被驳回。现在,高尚又向最高人民检察院提出了申诉,这在逻辑上是令人费解的,但却是符合法律规定的。我国《刑事诉讼法》第241条规定:"当事人及其法定代理人、近亲属,对已经发生法律效力的判决、裁定,可以向人民法院或者人民检察院提起申诉,但是不能停止判决、裁定的执行。"《刑事诉讼法》第243条第3款规定:"最高人民检察院对各级人民法院已经发生法律效力的判决和裁定,上级人民检察院对下级人民法院已经发生法律效力的判决和裁定,如果发现确有错误,有权按照审判监督程序向同级人民法院提出抗诉。"当然,鉴于人民检察院控方的角色,对于已经发生效力的有罪案件,向人民法院提出无罪的抗诉,其可能性微乎其微。此种法律程序,通常都沦为虚设,没有实际价值。但对于高尚这样的当事人来说,即便只有百分之一的希望,也要做百分之百的努力。当然,其结果只能是申诉信如同泥牛入海,杳无音讯。

2013年10月14日 高尚案两审公诉人给最高人民检察院的报告

在高尚向最高人民检察院申诉期间,已经退休的高尚挪用资金案的公诉人突然现身,给最高人民检察院写了一封信,表明其对高尚挪用资金案的态度。在我国,检察机关具有明显的行政色彩,基于检察一体的原则,是上命下从。公诉人受检察长的指派,出庭支持公诉,因此,对案件的定性都要服从组织的指令。即使是对案件具有不同意见,也必须无条件地服从。现在孟宪君检察官退休了,因此可以站出来表明自己的立场和态度。

最高人民检察院各位领导:

我是孟宪君,安徽省淮北市相山区人民检察院退休检察官,高尚挪用资金一案两审公诉人。作为高尚一案的公诉人,对于我们检察院认为无罪的案件还要被逼起诉,我感到非常的无奈!对于淮北市中级人民法院(以下简称二审法院)没有证据判高尚有罪,我更是感到无比的愤怒!高尚在申诉的过程中,安徽省高级人民法院不按证据,维持二审法院的枉法裁判,尤其当傅延华等6位十一届全国人大代表联名要求再审,最高法院立案一庭还敢盗用最高法院的名义继续维持二审法院的枉法裁判!本来我们检察院抗不住领导的压力,认为我们起诉到法院,法院能和我们一起顶住领导压力,还高尚清白,没想到二审法院还是没能顶住领导压力!我更没想到,省高法和最高法立案一庭仍然不能依法办案!得知高尚在一些十二届全国人大代表和全国政协委员的支持下,又申诉到最高检,我感到非常欣慰,同时,当我们检察院的同事找到我让我写情况说明时,我又担心背后的黑手再次伸向安徽省人民检察院。为了避免冤案得不到纠正,值最高检《公诉人》杂志执行主编韦洪乾同志因高尚一案来采访我时,我感到有义务、有必要向最高检领导公开报告,以正视听。

淮北市相山区人民检察院曾于2005年9月接过淮北市人民检察院交办的高尚挪用资金一案,由本人承担一、二审的公诉人。

该案经依法认真审查,认为该案的事实是:高尚以土地合法持有人一方身份,在2004年1月8日与淮北市图南房地产开发有限公司签订《联合开发协议》,市容局与上述图南公司签订《住房购销协议》加入《联合开发协议》。三方两份协议明确约定,高尚出地可获840万元地款,高尚支配这笔840万元地款,是其应有的合法权益。高尚依据上述三方两份协议取得和支配840万元中的360万元,是无可非议的,根本构不成刑法意义上的挪用行为,构不成挪用资金罪。

本人认为高尚无罪的承办意见,得到本院检委会成员的一致认可。院领导安排我拟制好书面汇报材料,向市检察院领导汇报。

万没想到的是,本来听说市院领导也同意本院的无罪意见,却突然改变了原意思,市院分管公诉的领导电话指示我院,该案不要向市院汇报了,作起诉处理,说市委某分管领导指示"无罪也要起诉"。这叫从事多年公诉工作的法律工作者感到何等的困惑!

一审判决该案被告人高尚无罪,作为一审公诉人,不仅没有败诉的感觉,反而为一审法院的判决拍手称快!高尚依法获释,公诉人感到很畅快!

可万没想到的是,就在上诉期将满之时,市院下达了对该无罪判决提起抗诉的指示。公诉人又一次陷入极度的困惑!

很无奈,本人执笔提起抗诉。万没想到的是竟抗诉成功,二审判决高尚有罪。可是二审判决又令人深感困惑!判定高尚挪用资金360万元之巨,却可适用缓刑,并可保留工作、原工薪待遇,并且超越抗诉指控范围违法判决,这是二审法院应有的判决吗?事实上,二审法院判决高尚有罪根本没有证据,判决的360万元远超我们抗诉的86万元,胆大枉法,令人发指!

  我想高尚肯定不服这多处自相矛盾的判决,我约见高尚问他怎么想的,他说要走申诉之路。我讲那样会比较缓慢,若要走抗诉的路会快些,我可向市院分管领导汇报,试试可能抗诉。高尚则坚持要走申诉的路。我把高尚的意思告知了相关领导人。

  应当说,我们检察机关,从市院分管检察长到我们区院所有检察官都是能主持正义的,最后没能守住底线的关键在于,我们当时的检察长王友根同志从来没干过检察工作,根本不懂法。

  转眼快五年了,申诉的路何其漫长啊!怎不叫人困惑!

  此致
最高人民检察院

二〇一三年十月十四日

  从孟宪君以上材料中可以获知部分关于本案的内部信息。在审查起诉的时候,作为承办人孟宪君的意见是无罪,而且也获得了本院检察委员会的一致支持,只是上级检察院坚持高尚有罪,才不得不起诉。这就是在检察机关内部下级服从上级的结果。而且,上级检察院之所以下达起诉的指令,又与市领导的干预有关。这就涉及司法机关独立办案的问题。高尚挪用资金案,可以想见受到了来自司法机关外部的行政干预。当然,如果本案不向上级检察院请示,不就可以避免上级检察院的干预吗?这与本案的来源有关。因为本案是一个交办案件,基层办案机关并没有起诉与否的自主权,而是要听从交办机关的指令。在这种情况下,基层办案机关几乎沦落为傀儡。孟宪君在职的时候,没有抗命的勇气,这是可以理解的。在其退休以后,能够站出来说明真相,这已经是非常人之所能为。

立此存照:高尚挪用资金案侧记(增补版)

众议：媒体报道、评论以及对评论的评论

2013年11月22日 《中国青年报》：安徽退休检察官向最高检举报自己办错案

我在2013年9月底完成了以上内容(包括最后一部分感言)的写作,作为一篇文章编入我主编的《刑事法评论》第33卷,交给北京大学出版社出版。在此期间,突发了一个新闻,这就是《中国青年报》2013年11月22日刊发的报道:《安徽退休检察官向最高检举报自己办错案》。我是从网络上看到这则报道的,仔细看内容,才发现这则报道中所讲的错案,就是高尚挪用资金案。因为我刚写完这篇文章,所以对该案的情况十分熟悉。这里所讲的安徽退休检察官孟宪君,正是高尚挪用资金案的一审和二审的公诉人,现在突然站出来承认办了错案,并且向最高人民检察院举报自己,这是具有戏剧性的。

以下是报道的内容:

核心提示

一起简单的民事纠纷,却成了刑事案件;环卫工高尚一审被判无罪,最终却成戴罪之人。

本文中,曾经担任一、二审公诉人的检察官向读者展示了案外神秘力量之强大。

党的十八届三中全会作出的《中共中央关于全面深化改革若干重大问题的决定》中提出:"确保依法独立公正行使审判权检察权","改革审判委员会制度,完善主审法官、合议庭办案责任制,让审理者裁判、由裁判者负责。"在这方面明确了改革方向。

Ⅳ 众议:媒体报道、评论以及对评论的评论

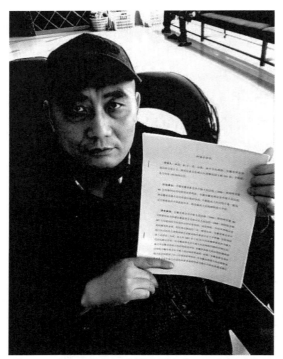

自 2006 年起,高尚已连续申诉 7 年。(资料图片)

2013 年 11 月 1 日,孟宪君带着一大摞材料乘高铁来到北京。他是安徽省淮北市相山区人民检察院的一名退休检察官,到北京是向最高人民检察院(以下简称最高检)举报自己 8 年前曾经办过的 1 件错案。

孟宪君在北京待了两天,将材料递交给最高检人大代表联络处的相关负责人。他没有太大把握,带着些许沮丧回到淮北。在数次的采访中,他不止一次对《中国青年报》记者说,干了数十年的检察官,"这是我办的最窝囊的一个案件"。

这个案子发生在 2005 年,他是案件一审及二审的公诉人。案件当事人名叫高尚,时为安徽省淮北市市容管理局环境卫生管理处(以下简称市容局环卫处)的一名普通工人,被判"挪用资金罪"获有期徒刑3年,缓刑5年。

除1年多的看守所生活,使高尚染上神经性皮炎外,这一罪名表面上并没有太大的实质性影响:他账户里的钱一分未动,环卫处的工作还在,工资照发,他也没有在监狱里服刑。

然而,在孟宪君举报到最高检之前,高尚已经申诉了7年,从淮北市中级人民法院一直到最高法,其间案件被驳回申诉数次,高尚找了法学专家、人大代表、人民监督员以及媒体,在淮北、合肥与北京之间来回奔波的次数"数不清"。

源起卖地集资建房

高尚手里有一块地,他父亲的做生意的朋友欠款,想以土地抵押,但在土地局咨询时得知,该地不能抵押,只能转让。因为没有钱,高尚请朋友刘家保出资办理转让手续并挂在其名下。这宗S1101号地块面积17 238.01平方米,位于淮北市相山区相山路东淮坊路南。

淮北市公安局提请批准逮捕书也认定,2003年1月3日刘家保获得该宗地的土地使用证,而实际出资转让该宗土地的是雷河选煤有限公司官超(刘家保是其职工),具体经办人是高尚,也就是说,该宗土地实际拥有者是官超与高尚,刘家保只是挂名。

2003年下半年,当时市容局知道了高尚的这块地,跟高尚商量要买地,给职工建集资房。

高尚答应卖地,并于当年11月6日与刘家保在相山区公证处办理《授权委托书》,由刘家保委托高尚全权代表其办理这块地"权属转让、结算及相关事宜或联合开发、结算相关事宜"。

之后,高尚引进一家开发公司参与建房。2004年1月8日,他与淮北市图南房地产开发有限公司(以下简称图南公司)签订《联合开发协议书》。协议书中指出拟建面积约4万平方米;投资方式明确高尚投入土地,图南公司投入开设建设所需全部资金。高尚作为土地所有方的约定分成比例为30%,折合人民币840万元。

1个月后,市容局与图南公司签订《住房购销协议书》,购房价包括土建安装成本、土地费用、实缴税费及利润4项,市容局支付500万元作为订金。其中一条明确"甲乙双方设立共同账户,资金调配由甲乙双方共同管理"。

市容局党委会决定由副局长兼环卫处处长李安祥负责集资建房的具体事务,并抽调了包括高尚在内的4人在环卫处成立基建办公室,其中高尚为具体负责人。

环卫处工人共148户集资,每户交给环卫处工会3万元,共计444万元,设有专户。集资专户有两枚专门印章,"环卫处工会行政章"和"李安祥"私章。此外,有1名关系户也交了3万元,由高尚代收。

在此案中,高尚所遭起诉的挪用资金罪名与职务侵占罪名,即集中在他对447万元集资款的处置上。

其中主要包括几笔费用流转:

2004年3月26日,李安祥签批支付高尚土地款50万元。高尚将50万元汇入寇湾村6组账户。

4月29日,环卫处工会转款360万元到市容局和图南公司共管账户,随后图南公司转付高尚220万元作为土地款。5月26日,图南公司又转给高尚110万元作为土地款。12月8日,环卫处工会书面通知图南公司将360万元全部转给高尚。一周后,图南公司转给高尚51 700元。

高尚从所得款项中支付了官超200万元买地款,寇湾村20万元土地款,寇湾村村委会一委员4.9万元,以及图南公司50万元联合开发预计利润款。除此之外的约86万元存入其姐高萍账户。

按正常程序,集资房可以动工了,但房子一直没有动工。高尚告诉《中国青年报》记者,在此期间,市容局党委领导商量让高尚找朋友卖一部分房子,一部分款退钱,一部分还地钱。

2005年4月19日,市容局(甲方)与姓名为黎辉的人士(乙方)签订《购房转让协议》,称"经市容局集体购房职工同意,甲方将原集体购房有偿转让给乙方"。其中规定,900万元的总房款,"乙方按 500 元/m² 预付,计总预付款人民币伍佰万元,签订本协议时乙方首付贰佰万元,余款叁佰万一月内付给甲方,剩余房款肆佰万元售房时逐步付清,剩余房款付给高尚作为地款"。

此时,环卫处的工人们听说集资房出了问题,找到领导想退钱。据市容局的一位领导告诉《中国青年报》记者:"当时职工闹得很凶。"市容局党委最后找到高尚,要求高尚退回集资款。高尚则认为,钱大多数都用来买地了,没办法退,可以等房子建好分房。

蹊跷被捕:询问笔录的日期早于被刑拘的时间 1 个月

然而这份协议签订的 1 个月后,即 5 月 19 日,高尚遭淮北市公安局传讯。当天上午 8 时左右,警察到环卫处找到高尚。

时任市容局局长吕剑告诉《中国青年报》记者,在索要退款无果的情况下,经该局党委会统一决定,向公安局报案高尚侵占集资款。

办案人员把高尚带到淮北市的口子宾馆,高尚对《中国青年报》记者讲述:"他们想让我认账,447 万元是我挪用的。我不承认,就吵了起来。"

争吵一直持续到晚上。最后,案件承办人谢旭东出现,并拿出两份材料,一份是问话笔录,上面的时间是 4 月 20 日;另一份是提请批准逮捕书,落款时间为 5 月 13 日。

高尚回忆,当时谢旭东告诉他,这是领导安排的,我们也没办法,没有领导我们敢这么做吗?你最重要的是把证据保留下来,配合我们。

听了这些话后,高尚没有再申辩,"他让我在哪儿签字,我就在哪儿签字。我就一条没配合,当时问话的笔录我就签了 5 月 20 号"。

根据《中国青年报》记者得到的一份讯问笔录,时间为 2005 年 4 月 20 日,地点是淮北市口子宾馆,讯问人是谢旭东。这份笔录中,谢旭东主要询问了关于市容局职工集资建房的转款和李安祥的私章问题。高尚在笔录后签了名字和时间,为 2005 年 5 月 20 日。

淮北市公安局的《起诉意见书》载明,淮北市市容局的报案时间是 2005 年 5 月 18 日,立案进行侦查、犯罪嫌疑人归案和被刑拘时间均是2005年5月19日。

在《中国青年报》记者就此事向谢旭东进行证实时,遭他否认:"怎么可能,我弱智啊。你们不要这样说,这个案子受领导压迫什么的,根本没有这回事。胡扯。"

淮北市公安局以"犯罪嫌疑人高尚利用职务便利,挪用资金385.5217万元,数额特别巨大,其行为已触犯《中华人民共和国刑法》第272条第1款,涉嫌挪用资金罪",提请批捕。

在淮北市公安局经侦科,《中国青年报》记者向谢旭东询问挪用的385.5217万元数额是如何确认的,未得到回复,但他表示"钱都追回来了"。

仔细研究过《提请批准逮捕书》的北京大学法学院教授陈兴良说,其最大破绽在于该文书的正文载明:"犯罪嫌疑人高尚于2005年5月19日因涉嫌挪用资金罪被我局刑事拘留。"但该提请批准逮捕书的落款时间却是2005年5月13日。如果不是有官方的书面文本在手,简直不敢相信会有这种时间误差的存在。如果高尚确实是2005年5月19日被刑事拘留的,则说明在其刑事拘留之前一周,提请批准逮捕书已经写好。这些情况给本案蒙上了一层神秘色彩,不由得使我相信高尚所述,本案确实是因为领导干预而做成的案件。

随后高尚被转到淮北市第二看守所,直到一审判决无罪当庭释放,高尚在这里度过了16个月的时间。被拘在淮北市第二看守所的时候,高尚不停地提出抗议,"查号的时候抗议,只要有人经过就抗议"。

孟宪君:"无罪怎么起诉?"

2005年6月1日,淮北市人民检察院批准将高尚依法逮捕。7月18日,市公安局发出《起诉意见书》,相较《提请批准逮捕书》,意见书的涉案金额扩大为全部集资款,为"犯罪嫌疑人高尚利用职务之便,挪用资金444万元,侵占资金3万元";罪名也增至"挪用资金罪、职务侵占罪"两项。

其中,意见书中一句"高尚刻了李安祥私章",是此案的一个关键点。

案件提交市检察院后,9月14日,市检察院指令相山区人民检察院负责此案,孟宪君曾是公诉检察科科长,当时退居二线,被选为此案的公诉人。

9月15日,孟宪君和公诉检察科科长朱汉典前往看守所提审高尚。"朱科长当时首先问了一句'你可认罪?'"孟宪君对《中国青年报》记者回忆:"高尚没说话,朱把桌子一拍,'老实交代,你把那几百万元弄到哪里去了?'"

高尚不认罪,随后和朱汉典吵了起来。"没法审了,进行不下去,我们就回去了。"孟宪君说。孟宪君回去后开始考虑,为什么高尚那么强硬地认为自己无罪。于是他仔细翻阅案卷,"头一个月我看不明白,至少提审了3次以上我才弄明白"。

在弄清楚几个协议之后,孟宪君觉得高尚无罪,"地应该是他的,地款他是合法取得的"。根据公安局提出的巨大数额的指控,孟宪君觉得难办,想交回市检察院办,"我个人也不想办,当时已经认为无罪,但必须经过市检察院同意无罪,才能放人"。

他得到市检察院的回复,依然由他查办,市检察院"希望把这个案件消化在淮北"。他将无罪的意见向区检察院汇报,区检察院检察委员会也一致认为无罪,之后由分管院长和科长向市检察院作了汇报,最终同意无罪意见。

无罪的程序准备好后,突然有一天,孟宪君被检察长叫去,说市检察院来电话,要求对高尚案件进行起诉。

"我说怎么起诉?无罪就算错案啊?而且这是我们检委会的一致意见,怎么起诉?"孟宪君存疑,他得到的回答是市委某领导说了无罪也要起诉。

《中国青年报》记者在向时任检察长与检察委员会的数名成员就此进行核实时,多名检察官均表示"年代久远,记不得了"。

准备起诉之后,怎么写起诉书,让孟宪君犯难,当时其他人提意见按公安局的《起诉意见书》抄,"抄也不对,他们定的是440万元,我们也不能太离谱啊,和公安局要有区别",最后算出有86万元没有追回,起诉书上写了个"尚有86万余元被高尚个人占用"。

相山区人民检察院于2006年3月24日将高尚案件起诉到相山区人民法院,此时距高尚遭检察院批捕已经过去了10个月。

起诉书结论模糊,并没明确高尚的犯罪数额,只笼统地指控了罪名。

"被告人高尚利用工作职务便利,侵占单位资金数额较大,挪用单位资金数额巨大,其行为涉嫌触犯《中华人民共和国刑法》第271条、第272条,犯罪事实清楚,证据确实、充分,应以职务侵占罪、挪用资金罪追究其刑事责任。"

此外,起诉书中提出,"高尚用其私下刻制的'李安祥'印章和环卫处行政公章,在市建行设立职工购房集资款专用账户"。

与高尚同在市容局基建办的职工王毅和尚云鹏均否认了印章为高尚私刻的说法。

王毅告诉《中国青年报》记者,"'李安祥'印章是2004年3月,李安祥指示我拿着他的身份证和高尚一起去刻制的。"尚云鹏则表示,"这个章是正大光明出现的,而且在很多地方都用了,已经合法化了。这么大的事情他能不知道吗?"

一审无罪,二审有罪

一审最终开了3次庭,于2006年9月8日作出判决。判决书就高尚的身份、集资款项的定性、私刻印章和转款行为作出说明。

判决书指出,"高尚的身份与其说是市容局的职工,不如说是集资建房这一经济活动中的土地方或土地方的代理人。高尚作为土地方,与集资方市容局是双方平等的民事主体,并不存在隶属关系","444万元是建房款",以高尚的行为不构成挪用资金罪和职务侵占罪,最终判处高尚无罪。

孟宪君和高尚都清楚地记得一审法庭上的一个情节,在分别对《中国青年报》记者的讲述中,他们均提到。孟宪君说:"在庭上有些矛盾的证据,法官问这些矛盾证据怎么排除?我说我不知道。法官问86万元怎么来的,我说领导定的。"

法院宣判无罪后,高尚被当庭释放。

法院宣判后,孟宪君松了一口气:"一审判决的抗诉权在市检察院,我们无权提起抗诉。我们当时还说算过了这关了,法院把握得不错。"他没有料到市检察院会要求抗诉。"判决之后第9天,我们的分管检察长叫我过去,说市检察院要抗诉,就剩1天了,你抓紧。"

提起抗诉后,二审开庭。孟宪君首先例行公事将抗诉书念了一遍。审判长齐敦全问是不是有什么新的证据,孟宪君回答没有。齐又问,没有证据你起诉什么,抗诉什么。孟宪君没有讲话。

这次庭审的结果是高尚被改判有罪,淮北市中级人民法院以挪用资金罪的罪名判处高尚有期徒刑3年,缓刑5年。

二审没有新的证据,而是完全根据一审提供的事实与证据得出结论。

判决书显示:"高尚在担任淮北市市容局基建办负责人期间,私刻市容局分管基建办的副局长李安祥的个人印章,利用职务便利,挪用由淮北市市容局和图南公司的共同管理的职工集体购房款360万元,案发后,追回288.9216万元,尚有71.0784万元未能追回。该事实有经一审当庭举证、质证的证据证实,本院予(以)确认。"

孟宪君对判决结果不解:"二审法院判决高尚有罪根本没有证据,判决的360万元远超我们抗诉的86万元!"

对于高尚案一审结果与二审结果的差异,北京大学刑法学教授陈兴良有一个观点:"有罪判决无须讲理,无罪判决才需讲理。"

陈兴良为此案专门写了份手记,他指出,二审判决确认了原一审判决所认定的全部案情,并认为事实清楚,证据充分。二审判决书的前面部分完全重复了一审判决书的认定,只是在其判决的最后一页,以"另查明"开头,对高尚作出了有罪认定。"二审判决改判高尚有罪,并无事实与法律根据,而且也没有展开说理。"

陈兴良与中国政法大学刑事司法学院教授阮齐林等5位专家对此进行研讨,最后的结论是:"本案所涉及事实属于经济纠纷,不应加

Ⅳ 众议:媒体报道、评论以及对评论的评论

以刑事制裁。高尚的行为不构成犯罪,应该通过审判监督程序加以纠正。"

时任二审审判长的齐敦全在接受《中国青年报》记者采访时表示:"一切都是按照法定程序走的,这个判决既然作出了就具有法律效力。如果有异议,就通过法律渠道申诉。"另一位检察官则称:"案子正在省人民检察院申诉阶段,已经交给省检察院,我们没有权力对此发表意见。"

在接受采访的相关当事人中,谢旭东的态度最为明确。回答《中国青年报》记者的询问时,他高声说道:"我要是不认为有罪不会逮捕他,法院不认为有罪也不会判他。我们这个公安机关办案都是依法办案。"

此后,他又更加激动:"我跟你讲,司法腐败就腐败在这里,好多人,检察官都跟这些,不想说了,都跟这些犯罪分子混在一起了,本来有罪被说成无罪,知不知道?"

孟宪君对此不屑,他表示与高尚无任何个人利益关系:"判定高尚挪用资金360万元之巨,却可适用缓刑,并可保留工作、原工薪待遇,并且违法超越抗诉指控范围判决,这是二审法院应有的判决吗?"

本报安徽淮北 11 月 21 日电

高尚挪用资金案以一种唐突的方式进入公众视野:退休检察官举报自己办错案,这是一个吸引眼球的新闻标题,刹那间占据了纸质媒体和网络媒体的大量版面和空间。孟宪君作为一名退休检察官,以一种自污的方式出现在公众面前,这是需要极大勇气的。我不太清楚高尚是以何种方式说动孟宪君出面为自己辩诬的,或者孟宪君是突然良心发现而挺身而出?检察官现身举报自己办错案,确实是一个具有戏剧性的事件,给检察机关也带来了负面影响。但是,最根本的还是高尚案件的判决本身是对还是错,这才是问题的核心。

2013年11月25日 《法制日报》:安徽省检察院回应"退休检察官自检办错案"

孟宪君新闻曝光以后,不仅引起了媒体的关注,而且也引起了检察机关的重视。安徽省人民检察院公开了对这起事件的态度。

本报合肥11月24日电　记者李光明　安徽省人民检察院今天向记者通报了"淮北一退休检察官向最高人民检察院举报自己办错案"事件的调查进展情况,表示已于第一时间责成院相关部门和淮北市人民检察院迅速核查相关事实,将严格依据事实和法律,公正处理该案。

通报称,媒体关于"淮北一退休检察官向最高检举报自己办错案"的报道,引起安徽省检察院高度关注。经初步了解,媒体报道中涉及的高尚挪用资金一案,当事人申诉已经淮北市中级人民法院、安徽省高级人民法院和最高人民法院作出处理意见。今年6月下旬,安徽省检察院收到最高检转交的该案申诉材料,该院按照管辖规定交由淮北市检察院办理。目前,淮北市检察院已将审查意见报安徽省检察院,安徽省检察院控告申诉检察部门正在对该案作进一步审查。相关处理结果将及时向社会公布。安徽省检察院将严格依据事实和法律,公正处理该案,同时欢迎媒体和社会各界监督。

从以上消息获知,高尚挪用资金案正在检察机关相关部门办理之中。无疑,孟宪君举报自己办错案的事件,对于高尚挪用资金案的申诉,还是起到了积极的推动作用。

2013年11月下旬 媒体及自媒体上对高尚案的评论四则

孟宪君事件曝光以后,除了新闻报道,还有大量的评论文章出现。当然,还有大量的网友在网络上的跟帖。这些跟帖是即时性的评论,大多是情绪发泄,没有太多有价值的内容。但发表在纸质媒体上的评论或者发表在网络上的博客评论,都还是具有价值的,值得一读。以下就是几则具有典型性的评论。

一、傅达林:《安徽一退休检察官自我举报还审判"正大光明"》[1]

在司法改革力推防范冤假错案机制的背景下,安徽一退休检察官举报自己办错案的新闻,引起社会的广泛关注。安徽省检察院负责人表示,将严格依据事实和法律,公正处理该案,同时欢迎媒体和社会各界的监督。

当年承办的案件究竟是否属于错案,在没有官方最终的法律裁定之前,我们尚不能擅做定论。不过从媒体报道的案情看,诸多疑点证明该案的定罪结论很不牢靠:

其一,提请批准逮捕书出现重大时间上的误差,这是客观事实还是书写有误?误差意味着被告人在刑拘之前一周,提请批准逮捕书就已写好,其中隐含的"未审先定"的可能性,不可不察。

---

〔1〕 载《京华时报》2013年11月25日。

其二，在主办检察官和检委会一致认为无罪的情况下，案件仍然被坚持起诉到法院，背后是否受到举报人所说的外来干预？

其三，一审法院判决无罪，二审为何在没有新的证据情况下，却完全逆反，作出有罪判决？这种根据一审事实与证据得出的有罪结论，背后的推理逻辑何在？上述疑点都有待公正地调查，而隐含在这些疑点中间的共同问题是，法律所设定的司法机关之间相互制约、相互监督的功能，则可能在更高权威或更实权的力量干预下，完全变做了反面的"相互配合"。而很多实际的教训都证明，这恰是酿成冤假错案的重要原因。与此同时，该案被重启调查的路径也值得反思。据称，在主办检察官自我举报之前，案件当事人已经申诉了7年，从淮北市中院一直到最高法，错案纠错程序的启动之难可想而知。而检察官选择在退休之后直接向最高检举报，其中需要深思与考量的内涵更是颇为丰富。如果真是一起某力量干预下的错案，立足于当地的司法体制进行纠错便难上加难。最高法11月21日发布《关于建立健全防范刑事冤假错案工作机制的意见》，其中重点细化了独立行使审判权、非法证据排除以及疑罪从无等问题的衡量与执行标准，尤其是规定法院不再参与公安部门与检察院的"联合办案"，点到了实践中司法问题的要害。从长远看，司法机关之间的关系，必须真正回到宪法设定的框架中来，在充分保障独立行使审判权和检察权的基础上，实现法律意义上的相互制约，从而促进司法公正。

二、李忠勇：《办案人员对冤假错案要知错必改》[1]

安徽省淮北市相山区检察院的退休检察官孟宪君，到北京向最高检举报自己8年前曾经办过的1件错案。案件当事人高尚已经申诉了7年，从淮北市中院一直到最高法，其间案件被驳回申诉数次。（中青在线11月22日报道）

据报道称，这个案子发生在2005年，孟宪君是案件一审及二审的公诉人。案件当事人名叫高尚，时为安徽省淮北市市容管理局环境卫生管

---

[1] 载长城网（http://report.hebei.com.cn/system/2013/11/25/013085330.shtml），访问日期：2013年11月25日。

理处的一名普通工人,被判挪用资金罪,获有期徒刑3年,缓刑5年。2013年11月1日,孟宪君带着一大摞材料乘高铁到北京。向最高人民检察院举报自己8年前曾经办过的这件错案。在数次的采访中,他不止一次对《中国青年报》记者说,干了数十年的检察官,这是他办的最窝囊的一起案件。这个案件虽然不是很大,但给当事人造成的伤害却是很深痛的,为此已申诉了7年。笔者认为,这位检察官已经退休,案子已过去了8年,但勇于正视和纠正错案,还原客观事实真相的实际行动,还是值得赞赏的。

为了深化司法体制改革,防止冤假错案的发生,维护人民权益,让人民群众在每一个司法案件中都感受到公平正义,党的十八届三中全会作出的《中共中央关于全面深化改革若干重大问题的决定》中提出:"确保依法独立公正行使审判权检察权","改革审判委员会制度,完善主审法官、合议庭办案责任制,让审理者裁判、由裁判者负责","健全错案防止、纠正、责任追究机制,严禁刑讯逼供、体罚虐待,严格实行非法证据排除规则"。11月21日,最高人民法院又出台了《关于建立健全防范刑事冤假错案工作机制的意见》,规定排除冻、饿、晒、烤、疲劳审讯等非法方法取得的供述,这些都是从根本上防止和纠正冤假错案的重要举措。

我们希望这些规定和举措,能够在司法实践中认真贯彻执行,一方面坚持依法办案,坚决排除各种外力的影响,确保依法独立公正行使审判权检察权,切实避免冤假错案的发生;另一方面,作为公、检、法办案人员,当发现有了冤假错案之后,就要像检察官孟宪君那样,敢于撕开面子,知错认错,并及时予以纠正,给蒙冤者洗清冤情,还其一个公道,切勿一意孤行,一错再错,给蒙冤者造成更严重的心灵伤害和经济损失。

三、陈杰人:《检察官举报自己,检察院不能沉默》[1]

据《中国青年报》报道,安徽省淮北市相山区检察院原公诉科科长孟宪君近日进京举报自己8年前办理的一起错案。2005年,淮北市容局环

---

[1] 载《北京青年报》2013年11月27日。

卫处工人高尚,以自己实际使用的一块地,与市容局协议合作开发集资建房,市容局向职工集资 400 多万元,后因建房发生纠纷,市容局要求高尚退钱未果,当地便以挪用资金的罪名,将高尚判刑 3 年缓刑 5 年。承办该案的孟宪君说,起诉之初他就认为高尚无罪,但上级坚持要起诉,一审法院判高尚无罪,又因淮北市检察院抗诉而被二审改判有罪。

作为一个退休检察官,孟宪君举报自己办错案,他的勇气和良知令人钦佩。在当前的大环境下,司法官员因为领导意志违心办案,甚至故意办错案的情形并不少见,在长官意志下,多数人也只能放下良心硬着头皮办事。孟宪君在有生之年承认自己办错案,并举报自己,呼吁公平,的确是一种司法良知的唤醒。

综合有关报道看,孟宪君所举报的这个案件,的确存在实体和程序方面的重大疑窦。首先是该案原为合作建房,是典型的民事合同行为,被告人高尚掌握的资金,系市容局根据合同交付的款项,高尚对这笔钱的占有和控制,并非挪用资金,而是合同约定的有权行为。从程序上看,孟宪君作为当时的公诉人,在抗诉阶段出庭支持公诉时,只是照本宣科地读了一下抗诉书,并没有提供新的证据,法院就莫名其妙地改判有罪,这实在是匪夷所思。

此案虽然并非什么重大案件,但其中折射出司法过程的积弊,足以让人警惕:司法公正面临着严重威胁。比如,承办检察官有道理的意见得不到支持,上级领导在不掌握具体案情和证据的前提下,武断地指令承办检察官"起诉",这种长官意志超越证据规则的问题,是检察机关存在的突出弊端。如果安徽方面能够通过审判监督程序重新发现此案的事实并给予公正判决,不仅能还当事人一个清白,更能让检察机关反省。

另外,当事人高尚过去 7 年多以来坚持上访和申诉,但屡诉屡败。直至这次检察官举报自己办错案之事引发舆论热潮,有关领导和机关才给予重视。对于程序和证据如此不严谨的案件,有关部门为何一定要等到发生"极端事件",引发舆论关注后才给予重视?

司法是处理社会矛盾的基本手段之一,既然社会矛盾纷繁复杂,司法基于很多原因发生错案,本是正常的社会管理风险,只要错案能被监督、能被纠正，就不会损害司法本身的权威。在当事人自己多年申诉无果的情形下，又出现检察官举报自己的"黑色幽默"，现在，淮北市检察院乃至安徽省检察院和最高检都不应该沉默。只有依职权全面调查此案，同时坚持司法公开，接受社会的全程监督，司法公正才能真正让全社会看得见。

四、闵湘子：《检察官举报自己办错案　凸显"司法做局"》[1]

中国司法闹剧不断，最新一起丑闻，是发生在安徽淮北市的检察官进京举报自己办错案事件。据媒体报道，该市相山区检察院原公诉科科长孟宪君称，自己8年前办理了一起刑事错案，该案中，本是正常和他人合作建房的当地男子高尚，因与合作方发生合同纠纷，便被以挪用资金的罪名公诉并判刑。作为该案的承办检察官，孟宪君当初就主张不该起诉，但上级领导强令起诉，在一审法院判高尚无罪后，领导又强令他出庭支持抗诉，直到二审将高尚判刑。有"猫腻"的是，即便按照检察院的起诉和抗诉意见，也只认定高尚的"犯罪金额"为86万元，淮北市中院在二审中却硬按360万元的金额判刑。

对于这个案子本身的是非曲直，笔者因为没有参与全程庭审，也无法查阅到全部案卷材料，所以无权说三道四。但从权威媒体报道的基本事实来看，它至少在几个方面存在胡闹嫌疑。

首先，办案检察官以及办案单位相山区检察院检委会都一直认为高尚无罪，不该起诉，而上级淮北市检察院却强令起诉。根据《刑事诉讼法》的规定，上级检察机关只有在作出不起诉决定后，由侦查机关或者被害人向上一级检察院申诉或申请复议，上级检察院才能据此审查。而在本案中，相山区检察院尚未作出不起诉决定，其上级淮北市检察院就否决了相山区检委会的意见直接强令起诉，这种行为于法无据，属于越权司法。

其次，本案被告人高尚被检察机关起诉和抗诉的犯罪金额只有86万元，而二审法院却在判决中认定其犯罪金额为360万元，这种认定有些莫

---

[1] 载闵湘子博文（http://blog.ifeng.com/article/31244762.html），访问日期：2013年11月28日。

名其妙,也不符合司法的消极性。从报道来看,有领导曾指示要将此案"消化在淮北",这不禁让人怀疑,其中是否存在"司法做局"的可能。

结合本案的来龙去脉来看,引发高尚被判刑的初始原因,是高尚以自己实际控制的一块地,和淮北市容局合作建房。中途因为发生纠纷,市容局便要求高尚退回已经收到的市容局职工建房集资款,遭高尚拒绝。显然,这是一起典型的合同纠纷案件,为什么民事突然变成了刑事,且其中存在莫名其妙的司法不当干预,这背后的"猫腻",需要查清。

现实生活中,司法机关以不当手段非法介入民事纠纷尤其是经济纠纷的事件实在太多,很多案件的最终查实结果表明,这种不当介入中往往存在利益输送黑幕。淮北市检察院和淮北市中级法院与前述民事纠纷的有关当事人是否存在利益输送,是否存在领导从"维稳"角度出发作出的干预司法的指示,目前不得而知,但笔者毫不怀疑这种"司法做局"的可能性。

好在,现在由办案检察官自我举报的行为,引发了媒体的关注和有关领导的重视。其实,本案并非大案要案,要真想查清真相,回归实事求是,并不是难事。笔者希望,在舆论的继续监督和有关高层领导的督办下,此案能够得到一个公正的结果,并公之于众。

孟宪君事件,引起公众的广泛关注,以上四则媒体人对这一事件的评论,恰好反映了公众对高尚挪用资金案的一些看法。诚然,高尚挪用资金案涉及一些较为复杂的事实问题与法律问题,仅凭孟宪君向媒体披露的信息,对高尚案作一个事实判断和法律判断,几乎是不可能的。何况这些评论者都是媒体人而非完全的法律专业人士。但我们还是可以发现,这些评论都能够抓住高尚案中的某些疑点展开分析,还是具有一定说服力的。例如,傅达林提出的"一审法院判决无罪,二审为何在没有新的证据情况下,却完全逆反,作出有罪判决?"这个问题如果从法律角度论证起来,有些复杂。有罪与无罪的结论来自两个方面:一是事实,二是法律。如果是事实证据问题,则一审判决无罪,在事实证据没有发生变化的情况下,改判有罪确实是存在问题的。当然,如果是法律判断问题,则一审与二审基于同样的事实证据,完全有可能得出无罪与有罪的相反结论。因为对同一事实,法院可能会作出不同法律判断。就高尚案而言,既存在事实证据问题,也存在法律判断问题,但不可否认的是,高尚案主要还是一个事实证据问题。例如高尚是否具有基建办负责人的身份、高尚是否伪造李安祥私章等。同时,高尚案中也存在法律判断问题,例如涉案的444万元集资款,究竟是购房款,还是建房款,这都需要从民事法律关系上加以判断。因此,傅达林在评论中提出的问题,还是具有一定根据的,只不过囿于评论的篇幅难以展开论述。在我们的现实生活中,权大于法,以权代法的现象时有发生,而法治不彰,司法权威不存,诸如"司法做局"的概念正好反映了社会公众对司法机关的极度不信任。司法机关的公信力,就是通过一个个像高尚这样的案件而瓦解的。媒体评论提出了令人深思的问题,其意义远远超越了高尚这个个案本身。

2013年12月 媒体对公诉人孟宪君的访谈两则

孟宪君以自我举报的方式进入公众视野,吸引了媒体的兴趣。在京期间,孟宪君接受了有关媒体的专访,从中可以了解高尚挪用资金案是如何形成的,以及孟宪君其人其事。

一、《孟宪君:安徽淮北退休检察官向最高检举报自己办错案》[1]

对话背景

据《中国青年报》报道,11月1日,安徽省淮北市相山区人民检察院退休检察官孟宪君,到北京向最高人民检察院举报自己8年前曾办过的1件错案。

孟宪君认为,这是自己办的最窝囊的案件。2005年,淮北市市容管理局环境卫生管理处职工高尚,被指控挪用、侵占集资房资金。该案一审判高尚无罪;在无新证据的情况下,二审高尚获3年有期徒刑,缓刑5年。一审、二审的公诉承办者正是孟宪君。

时隔8年,这名退休检察官向自己开炮,到底为了什么?11月22日,《成都商报》记者牛亚皓(以下简称"记")专访孟宪君(以下简称"孟"),还原其心路历程。

---

[1] 载《成都商报》2013年12月25日。

(孟宪君照片)

记:媒体报道,11月1日你去了北京。

孟:具体时间记不清了。我从淮北坐高铁,夜里9点到了北京。第二天到最高人民检察院,把材料递给有关部门。材料为高尚案的申诉材料,包括我个人的意见。

记:当时为何有点沮丧?

孟:本来是想见一位处长的,没见成,他在开会。说当时新疆闹事儿,北京气氛紧张。没在北京怎么逗留,就回淮北了。

记:这是你第一次以退休检察官身份到北京申诉吗?

孟:是的。

记:是什么促成了你这次北京之行?

孟：今年9月，最高检《公诉人》的一名记者来淮北就有关高尚的案件采访我，建议将书面材料当面送到最高检。我准备了一段时间材料，11月成行。

记：为何高尚不去递交？

孟：我出面递，签我的名字更说明问题。材料里有我当年作为检察官对高尚一案的承办意见陈述。

记：为何说是举报自己办错案？

孟：是媒体有意这样写的。我考虑到，我认为我原来的无罪意见是对的，也想为法制建设贡献微薄之力，使办案克服一些不正常的干扰，依法办理。我老了、退休了，尽点力。

记：这样的举动，考虑过给个人带来的风险吗？

孟：没想那么多。作为一个法律工作者，该办的事儿得办，有意见正常。老百姓也可以申诉，上访不分哪一级，是公民的基本权利。

记：从北京到淮北，有什么反应吗？

孟：当地有。今天(11月22日)下午，(淮北)市检察院派人问我去北京了吗，是不是给别人当了枪使？我说没有。有关领导的意思是对高尚案还没下最后结论，现在闹得乱七八糟，对我有点反感，口气上认为我的行为不太妥当。

记：那你后悔了吗，去北京？

孟：有什么后悔的？我认为我做得对，没什么不妥当的地方。

记：家人和朋友有什么反应？

孟：有朋友劝我注意点(安全)。家人有点担心。我只有一个儿子，做楼顶保温生意，他在网上看到我的事儿，说还是叫好儿的多，其他没说啥。他这方面不太懂。我老伴儿没啥文化，基本也是这个态度。

(孟宪君照片)

记:了解一下你个人的情况。

孟:我1949年生,和赵本山是老乡。1964年初中毕业,1965年4月下放到当地农村。有两个弟两个姐。我大姐到安徽淮北矿务局,觉得孤单,1970年我们跟着来了。

在淮北当知青,有一次安徽大学生物系的刘老师问我路,顺便透露大学在招生。后来公社通知考试,我考得不错,1972年到安徽大学数学系上学。大学毕业后我到淮北市无线电厂当工人,后来到厂办公室当文书,1978年抽调至淮北市纪委,1980年又回到厂里。

1981年8月,淮北市相山区人民检察院成立,纪委推荐我到检察院工作。在经济检察科、刑事检察科当过职员,任过审查起诉科副科长、公诉检察科科长。2005年退居二线,2009年6月退休。

记:这些年经手了很多案件吧。

孟:数不过来。八几年案件少,一年五六十件。九几年就多了,零几年更多了,年均三四百件。八几年的案件,对我影响是很大的。那是个风口,全面平反"文革"期间的冤假错案,那时的精神对我影响和震动很大。上级强调,冤假错案太害人,要坚决杜绝。

记:为何说,高尚一案,是你办得最窝囊的一个案件?

孟:算最窝囊的。之前这么多年,我可以拍着胸脯说:没办过一件错案。

记:高尚的案件在2005年,那时你已退居二线了。

孟:应该说我干了这么多年的科长,领导还比较信任我的办案能力。高尚的案子,当时市检察院交办,区检察院很重视,让我来办。

记:为何要交给区检察院办?

孟:我揣摩这种案子交给区检察院,是想消化在市内。另一方面,这种疑难案件究竟怎么处理,市检察院可以有个弹性。区检察院办完,市检察院再审查,有个回旋余地,这样处理稳妥。其实好多市院案件都这样,市检察院一旦作出决定,再出现问题得向省里汇报。

记:你何时认为高尚无罪的?

孟:当时他自己认为无罪。当时定的数额很大,几百万元,这在区检察院审理的案件当中是很少见的。所以我很慎重,经过审查案卷材料,一页页一字字抠相关书证、协议,1个月后才看明白。

记:你在抠完材料后,不想办了?

孟:也不是不想办。谁都想定个罪。这个案件疑难、复杂,按我们的职业习惯,一般认为市检察院水平高,就说还是你们办吧。就像刚才说的,好多案件想在市内处理,不想到省里,这没明文规定,就是潜移默化:区里办完,你可以上诉到市中院;向省高院申诉,申诉没有上诉那么严肃,上诉必须开庭、处理,申诉不受时间限制、好用,且可以驳回。

记:1个月后你的观点是什么?

孟:我的观点是高尚无罪,应该终止、放人。区检察院最高职能部门——检察委员会也一致认为高尚无罪,当时这个判断没受任何影响。

区检察院领导安排我向市检察院汇报,我准备好了书面材料,当时市检察院领导说:别汇报了,起诉吧。我说:这是无罪案件,怎么起诉,起诉就是办错案。他说:市领导说了,无罪也要起诉。这是原话。我当时不好多问,到现在都搞不清楚市检察院的秘密,不好揣测。

记:这是你第一次面临这样的问题吗?

孟:这一次很突然。以前不是这么生硬。以前也有上级领导干预的案件,上级一再做工作,如"打击需要""统一规划问题"。这次任何解释都没有。

记:所以你还是起诉了。

孟:只能这样做了。领导说了,你不能不办,没回避的理由。领导错了也得办。当时我心情很不好,怎么写起诉书都搞不清,头疼。按公安局起诉意见书照抄也太离谱了,440万元。最终以"尚有86万余元被高尚个人占用"起诉。

记:不过,一审,高尚被判无罪。

孟:一审无罪很正常。法院办的水平不错,一审判决书的法律条文、事实罗列相当翔实。我干了这么多年,认为这个判决书是写得最好的一个。据说他们写这个判决书熬了几夜。

记:但市检察院很快就抗诉了。

孟:抗诉更窝囊。我作为承办人再去抗诉,照起诉书又抄了一遍。当时非常无奈,没招儿,很沮丧。

记:你说帮助高尚从无涉及个人利益?

孟:我和他素昧平生,原来不认识他。我提审他不下5次,他一直不认罪。这家伙懂法。他对法律、哲学、社会经济学都有研究,有过人之处。我这个人提审,尊重被告、嫌疑人的人格,他们也愿意把案件情况给我讲。敞开来说,充分让他享有申辩权利。有的人对被告的辩解不高兴,我没这习惯;有的辩解很荒谬,我听他说完,才能更有效地对付他。话是这样说的,这也和我性格有关。我不大轻易发火。当科长这么多年,我常给手下讲,就是他犯罪了,也要尊重他的人格。

记:你说要给高尚主持正义,这是何时出现的想法?

孟：二审判决后，这个想法比较强烈。二审判决太让人反感。判决和判决书本身都违法：抗诉是86万元，二审判决是360万元。一般来说，法院审查定罪不能超过检察院的指控；判决书用语"另查"违法。法院在审理民事案件时可以调查取证，但在刑事案件中法院没这个权力，检察院和公安才有调查权。判高尚缓刑没任何法律依据。缓刑最基本的条件是被告人认罪服法，高尚自始至终不认罪。

记：你替高尚申诉，不怕得罪人吗？

孟：不是得罪他们，是为了他们好。如果这个案件得以纠正，我们吸取教训，加强执法意识有什么不好？我没想到具体得罪谁，我又没说谁办错了，也没说市领导的不对。

记：但今天压力还是来了。

孟：很遗憾。

记：高尚经常联系你吗？都咨询你什么问题？

孟：法律问题并不找我，他都懂。就是碰到了，说一下申诉情况。这么长时间了，他都申诉到最高法院、政法委去了。有法学教授认为所有法律途径都到头儿了。但现在申诉渠道多了，向人大、政协、社会、媒体申诉，都是他的权利。

记：你觉得还是有希望？

孟：从法律角度，如果说引起领导重视，解决的渠道挺多的。如省高院向淮北中院提出抗诉，重新审理。关键是否有领导过问。高尚要以正常渠道解决这个问题。他说他追求的是司法体制的健全和完善。我为什么帮他？他讲得挺动人的。因为这也是我的追求。干了这么多年的检察工作，我对这项工作很热爱，自然也很关注国家司法进程。一个错案对当事人的伤害很沉重，高尚奔波多年，心里其实是很痛苦的。

令我欣慰的是，党的十八届三中全会开得好，对《刑法》《刑事诉讼法》的修订，对司法体制的改革，有助于消除徇私枉法现象，法制建设在完善。只要能摆脱地方不必要的干预，就相当好。

记：对此您体会较深。

孟：是的，1992、1993年，我本来在市检察院是可以当副检察长的，被人挤掉了。据说当时市委领导亲自写条子,任命了别人。

二、张伟娜:《退休检察官孟宪君:我不后悔举报自己办错案》[1]

11月初,退休检察官孟宪君从安徽来到北京,向最高检举报自己办错案。8年前,环卫工高尚被指控挪用、侵占集资房资金。一审判他无罪;二审判他有期徒刑3年,缓刑5年。一、二审的公诉人正是孟宪君。孟宪君说,错了就得负责,他不怕得罪人。

从安徽跑到最高检举报8年前办的错案

问:11月初您从安徽淮北来到北京之后,是到最高检举报自己办错案吗?

孟宪君:对,我退休了,以退休检察官的身份到最高检递交举报材料。

问:这个案子已经过去8年了,您为什么在这个时候做这件事?

孟宪君:案子当事人高尚二审判有罪后,2006年有个记者采访我时,我也是这个意见,就是这个案子办错了。

问:这个记者建议您要把举报材料送到最高检吗?

孟宪君:那是后来的事儿了,当时他来采访,我也是这个意见,后来高尚被最高法院驳回申诉,我想只有到最高检察院去看看。

问:您都准备了哪些材料?

孟宪君:在这之前我们就准备了不少材料,一个是原件的复印件,就是高尚留下的案件材料,还有高尚的申诉,还有市人民检察院人民监督员的一份材料,我个人的审查案件的审判意见。

问:高尚自己递交了这些材料吗?

孟宪君:他只是交的申诉材料,交到最高法院。

---

[1] 载网易新闻《当事人》栏目(http://news.163.com/special/mengxianjun/),访问日期:2013年12月12日。

问：您这么做的原因是什么？

孟宪君：时间这么长了，这个案件是我办的，我办的我得负点责任，当时判有罪的时候我也不服气，我觉得一审判决挺好，判他无罪。

二审判他有罪。真有事实，有法律依据也行，判决与事实不符，与法律不符，而且判决的矛盾太多。

问：您到最高检举报之后，现在有什么结果吗？

孟宪君：听说在我们去之前，6月份的时候，最高检察院就把这个案件交到省检察院办了，现在省检察院还在审查。

问：举报之后，检察院这边的人有没有找过您？

孟宪君：有。周围人的反映，说好的多，但是也有说不好的。有人说你是检察院的，虽然退休了，还归检察院管，说我无组织无纪律。

还有人说举报前怎么没向市检察院通气，但我觉得没必要到市检察院，到最高人民检察院不是更省事，那也是组织。

问：您自己后悔吗？

孟宪君：没啥后悔的。

我觉得这事也该给高尚平反，虽然咱没有能力，咱只能借助组织，借助最高人民检察院给他平反。这个案件肯定是个错案，这点我自信，因为这个案件是我自己办的。

提审当事人多次弄清协议后确定其无罪

问：您当时在什么情况下接了这个案子？

孟宪君：那时我已经退居二线了。

我记得这案子大概是在2005年5月，交到我们区检察院，属于市检察院交办的案件。虽然我不干了，领导交给我办，还是比较信任我的业务能力，我觉得没别的理由。

问：什么样的案件会由市检察院交到区检察院办？

孟宪君：有期徒刑以下的案件，他们可以交给我们办，市检察院办的就是无期徒刑以上的，县级干部以上的。基本是一个刑罚管辖，一个级别管辖，不符合这两项的都可以交给我们办：不够长刑的，认为判十年八年的不够无期徒刑以上的,另外级别就是科、县以下干部。县级干部,如果市检察院认为情节比较轻的,没有什么社会影响的也交给我们办。

问:这个案子定的数额其实还是挺大的,几百万元。

孟宪君:对,当时一诉的时候440万元。

问:您看了案卷之后又提审了高尚,您当时的第一感觉是什么?

孟宪君:挪用资金这个罪没有死刑,挪用资金数额再大,几百万以上都没有死刑,所以这个案件他们也可以办,也可以交给我们办。

我的第一印象是这个案卷很厚,四五卷,比较厚,书证多,书证都是协议、合同,十来份。咱们抠哧这个协议比较难抠一点,对经济方面,我也不大懂,协议多。这就得提审高尚,向他了解一下怎么回事。

问:提审时他是什么反应?

孟宪君:一开始他有点不拿这个当回事,我就平心静气跟他说,你签的协议你得解释清楚,你不解释清楚我们怎么弄?谦虚地说,我也看不懂,全仗你指教了,最后他的态度也改变了,也缓和了,也就开始辩解。他的辩解,那时我就感觉到头疼。

问:为什么头疼?

孟宪君:这个案件并不像起诉意见书说的那样,他的辩解水平还相当高。

后来我问他怎么懂这么多法律,他说他在我们市里面的党校进修过几年法律。

我们承办案件应该这样说,习惯上都想定罪,案件来了,批捕了,逮捕过的案件,无罪的可能性也有,但是我们习惯上都希望能定罪,一个案件,而且特别是市检察院交办的案件,你要说无罪这就麻烦了。

问:您也琢磨过他不大可能是无罪吧?

孟宪君:一开始当然倾向定罪,那么大的数额,追回来的并不多。

法律工作者,特别是搞刑事的,都想定罪,定罪省事,对上面好交代,对法院好说,都希望这样,很简便。

头一个月我看不明白,至少提审了3次以上我才弄明白。

问:实际情况是什么?高尚的反应是不认罪是吗?

孟宪君：对，听他辩解，他一开始讲这几个协议，特别是两份协议，他和图南公司，和环卫处1份协议，另外他和环卫处工会1份协议，这两份协议是很关键的。

另外还有原来的土地方，土地所有者的委托书，这个书证很多。

他不认罪。我一开始也认为他是狡辩，但他把这个协议一解释，说土地就是他的，这块地他有权支配，他辩解到这个程度了，我就傻眼了，我就感觉这个案件不好定。

问：然后您怎么做了？

孟宪君：那就退给市检察院，把意见跟他们说了，让他们自己办。像这个案件，在我们这个环节，市检察院交办的案件我们定无罪的话得向他们汇报，还得拿处理意见，如果市检察院自己办，无罪就放人。

市检察院最后也不愿意办，还是让我办，我就硬着头皮办了。

问：您办了之后的结果是什么？

孟宪君：办了之后我认为无罪，向我们院检委会汇报，检委会也同意我的意见，认为确实无罪，无罪的话就准备向市检察院汇报。

我有个印象，当时我们的分管检察长和我们的科长口头向市检察院的公诉处汇报了，他们一听就说，基本上也同意我们院里的意见，领导安排我准备书面材料，正式向市检察院汇报。

我把材料准备好了就等着，后来我们院的检察长把我叫过去了，说这个案件得起诉。

问：听到这个案件还要起诉，您当时是什么反应？

孟宪君：我干了20来年的科长，我不只是要对自己负责，还得对院里负责，你这个院办个错案，那不是我的问题，那是全院的名誉问题。

当时我就很恼火，我说这个案件讨论过了，说是无罪案件，怎么能起诉呢？起诉不等于办错案吗？检察长说起诉吧，领导说这是市委领导说的，无罪也得起诉。

如果他不这样说的话，我就准备找市里，无罪案件，你要起诉你起诉，我不起诉，他说市领导安排的，这我就不好说了，我找市里也没用，硬着头皮起诉吧。

Ⅳ 众议：媒体报道、评论以及对评论的评论

问:起诉书是怎么写的?

孟宪君:基本上按照公安局的起诉意见书大致抄了一下,数额上我们没定440万元,因为440万元太荒唐了,出入太大。

既然起诉了,一点严肃性没有也不行,也得稍微贴点边,拿到手里的是440万元,但是他为买地等合理的开支部分不能算给人挪用。把这一块去掉后,我们算了一下,还有86万元。

另外还有一个罪,就是高尚的侵占罪,侵占3万元,但那个明显不能成立,当时交给他3万元的集资款,他给人家打了借条,是他自己收的,他打了借条,哪有占用?这个侵占罪没定。

我们也没说侵占挪用,我们就讲86万元没还,没还超过3个月不还也够定罪了,就这样起诉的。

问:一审的结果是什么?

孟宪君:一审的意见跟我们的审查意见是一致的,认为他是土地方代表,合资开发这块地,他是土地方的代表,有权拿这些钱,也有支配权。

这个钱是环卫处包括图南公司付给他的土地款,当时他的土地款得到是840万元,给了他440万元还欠他400万元,他用的款也就是给他840万元以内的款,欠他另外400万元还没给他,所以一审法院认为不构成挪用罪。

这个案件也没说他绝对无罪,就说属于民事纠纷、债务纠纷,应该以民事纠纷,民事诉讼来解决处理比较好,比较合适。以事实不清、证据不足判他无罪。

问:宣判高尚无罪后,您是不是觉得这个事就应该完了?

孟宪君:是啊,宣判高尚无罪,我当然也很高兴,一是说明一审法院水平可以,比我还好,人家成功了,我们没成功。

一审无罪却被领导要求抗诉 确实窝囊

问:但是这个事情后来又有了变化?

孟宪君:对,到上诉期快满的时候,还剩最后1天上诉期,领导安排说你抗诉,这个案件市检察院安排要抗诉。

我说这种案件咋抗呢？不过市检察院意见让抗诉，我当小兵的，只能例行公事。

问：如果您不按照他们说的去做会怎么样？

孟宪君：我不去做别人也会做，我们检察院是下级服从上级，这是组织纪律，检察院的《组织法》有这条规定，市检察院领导安排的，别说我了，我们的领导也扛不住。

问：您大概办了20多年的案子，只有这一个案子办错了吗？

孟宪君：个人来讲也不算我个人错，就是觉得挺窝囊的。

问：此前您办的案子中，有没有遇到上级干预？比如说没有罪，但是一定要起诉？

孟宪君：也有，但是没这么严重。过去领导会做你工作，比如说这个案件为了考虑大局，顾全大局，走过场，等等。

比如说强拆，老百姓不服，最后这个案件怎么办？因为这是市里统一规划，你不采取措施市政建设受影响，也有这方面的情况。领导会跟我谈，我也知道他这样做不对，但是为了大局利益，起诉吧，逮捕吧。也有这样的。

这个案子太霸道，就是命令式，无罪也起诉。现在媒体一问，都说忘了，不知道，没这印象。

二审判决漏洞较多

问：最后二审的判决是什么？

孟宪君：二审变化大了。一是事实证据，对一审法院的事实证据没什么变化，也没予以肯定，但是判决高尚挪用资金360万元，不知道这360万元从哪儿定的。我们搞法律的对这一点也感到莫名其妙，因为我们指控的是86万元，它超出了指控范围，还不是一般的超出，这种超出的范围从最高法院的司法解释那是不允许的，《刑事诉讼法》也是不允许的。

问：超出的这部分数额，有证据吗？你们也没有提供新的证据吧？

孟宪君：他也没有新的证据，就是自己弄的。

问：那这个数是怎么得出来的？

孟宪君：因为高尚领的土地款中其中有一笔是360万元。本来高尚是合理开支，二审法院说属于挪用款。

判决书中说"另查明"的。在判决书上的这个法律用语也是不合适的。这一点也超出了法院的诉讼范围。

因为《刑法》规定，刑诉案件法院是没权力查的，民事案件可以调查，但是刑诉案件的侦查权在公安、检察院，法院是没有这个刑事案件的调查权、审查权的，所以这个"另查"的用语也不对。

"另查"也不是新事实，还是原来一审判决叙述的那些事实，也没什么新的事实，新的证据。

问：如果高尚真的挪用了360万元，依据法律规定，刑期是多少？

孟宪君：说到最后判的刑期，也是漏洞，最后二审判了缓刑。

按照法律规定，挪用这么大数额，最低5年，严格说可能10年以上。

他又不认罪，又没主动赔1分钱，退1分钱，根本就不能适用缓刑，适用缓刑的最根本的条件必须得是认罪。

我就是想帮人家平反

问：二审之后，您跟高尚还有联系吗？

孟宪君：判有罪之后高尚申诉了，作为一审承办人，我对这个案件很关心。他也找我，因为他知道我对这个案件的意见，也觉得能跟我说到一块儿去，对我也有点信任。

具体他是怎么申诉的也没跟我说，我也不清楚。我知道他一开始向市中院申诉，申诉不行驳回，向省院申诉，省院申诉不行又向最高法院申诉，这个申诉我也不知道怎么需要那么长时间，一下干了7年。

问：直到现在，高尚的申诉有结果吗？

孟宪君：我从网上看，安徽省检察院对高尚这个案件有个回复，最高检察院6月份交给他们审查的。

问：这个有期限吗，比如要求他们几个月之内必须审完？

孟宪君：应该有期限，但这个期限比较长，可能半年吧。如果申诉通过，申诉的这个机关3个月之内应该给予答复。

问：有人说您为高尚去举报办错案，涉及您个人的利益，您怎么看？

孟宪君：我能有什么个人利益？没什么利益。高尚这几年折腾得也是筋疲力尽，还得了一身病，他心情也比较压抑，他也不喝酒，也不抽烟，我们时不时能见面聊两句。

问：您替他申诉，不怕得罪人吗？

孟宪君：我也没想要得罪谁。那个市领导我也不认识。我始终认为，如果不是市领导介入，这个案件应该不会搞成这个样子。

当时我们区检察院的意见，市检察院领导也都基本同意，如果不是市领导非要起诉、非要抗诉，这个案件，一审判决很合适。

我觉得这个判决有意识的既奉迎了领导，又照顾了高尚个人，不让他蹲监，继续发工资，继续保留工作，据说中院也是做了工作的，不做工作的话单位要开除他的。

问：您向最高检举报自己当年办错了这个案子，接下来会是一个什么样的程序？

孟宪君：这个没有什么法律程序。像老百姓这种申诉，帮助申诉，这个只能作为民访式的，就像群众上访。最高检察院说把我们的申诉材料都转到省检察院去了。

问：如果最后省检察院得出的结论是当年的确办错了，对您个人而言会有什么样的影响？

孟宪君：我不知道，我也不关心这事，现在弄得满城风雨，我都心烦，我也不追求这种效果。我能帮人家平反，能促使法制完善，有利于克服地方的干预，能做到这点就不错了。

问：您还是觉得这个案子最后还是有希望的？

孟宪君：肯定有希望，省检察院现在在查，据说安徽省委书记，我们的市委书记也都签字了，要落实这个案件。

问：这个案子会重新再审理吗？

孟宪君：那没必要，下一步启动的话就看省检察院怎么安排了。省检察院可以向淮北市中院提出抗诉，由淮北市中院出庭审理，另外也可以通过协商，让省法院，省高级法院来处理，省高级法院有两个渠道，一个是用院长监督程序,由淮北市二审法院启动院长监督程序,他们出庭审理,另外安徽省法院、省高院可以提审,把这个案件拿到他们那里去审理,这个案件是通过法院判决的,到最后只有通过法院来平反。

问:现在您身边的家人和朋友有没有担心您?

孟宪君:他们会担心,都说让我注意点。我也没觉得有啥危险。

问:有人说您是给高尚主持正义,您同意这个说法吗?

孟宪君:我不是给高尚主持正义,我是为法律主持正义。

高尚我们也不熟,从前我也不认识他,他冤是冤,我也不是说为哪一个人主持正义。

作为一名执法者就应该公正、依法办事,以事实为根据,不说严格执法,但得依法办事。

过去讲有法必依、执法必严、违法必究,这是中国共产党传统的执法观念,这是一个基本准则,不严格也不能太偏了对不对?离开了这个就完了。

一时间,孟宪君成了新闻人物,各路媒体蜂拥而上,追着对孟宪君进行采访,各种对孟宪君的访谈占据了纸质媒体和网络媒体的版面,甚至还"上了头条",这大概是孟宪君始料不及的。孟宪君毕竟当过多年检察官,面对媒体侃侃而谈,毫不胆怯。以上这些访谈主要都是围绕着高尚挪用资金案而展开的,因此在言谈话语之间,孟宪君透露了高尚案的一些幕后情况。高尚挪用资金案,如果说是一个错案,孟宪君作为公诉人首先应当承担错案的责任。既然如此,孟宪君为什么还会高调地向最高人民检察院检举自己办了错案?这里的关系着实有些让人丈二金刚摸不着头脑。难道孟宪君果真是良心发现?其实,从孟宪君的访谈中你可以摸到真相。例如,孟宪君在谈到一审无罪却被领导要求抗诉的无奈心情时说:"个人来讲也不算我一个人错。"所以,错案也分为"个人错"和"组织错"。只有"个人错"才会涉及对个人的错案责任追究,而"组织错"是不会追究个人的错案责任的。当然,更不会追究组织的错案责任。这也是我们通常所说的"责任弥散化"。组织造成的错案,处于一种无人负责的状态。

因此,在我国目前的司法机制下,冤假错案大多数不是个体性因素造成的,而是体制性因素造成的。与此同时,凡是造成冤假错案的体制性成因,也正是平反冤假错案的体制性障碍。只有通过司法体制的彻底改革,造成冤假错案的体制性成因和平反冤假错案的体制性障碍,才能得以消解。

高尚能等来这一天吗?

V

回音:舆论聚光灯下的程序再启以及评析

2013年12月4日　专家论证意见书之二

在向最高人民检察院提出申诉以后,江苏建伟律师事务所又邀请高铭暄、樊崇义、赵秉志、陈卫东等4位教授作了第二次专家论证。对此,我并不知情。在本书的写作过程中,才获知此事。以下是高铭暄等教授的专家法律意见书的内容:

关于高尚被判挪用资金罪一案的专家法律意见书

2006年3月24日,安徽省淮北市相山区人民检察院以相检诉〔2006〕64号《起诉书》指控被告人高尚犯挪用资金罪、职务侵占罪,依法向安徽省淮北市相山区人民法院提起公诉。2006年9月8日,安徽省淮北市相山区人民法院以〔2006〕相刑初字第087号《刑事判决书》作出一审判决,判决被告人高尚无罪。一审宣判后,安徽省淮北市相山区人民检察院提出抗诉。2006年12月11日,安徽省淮北市中级人民法院以〔2006〕淮刑终字第86号《刑事判决书》作出二审判决,判决高尚犯挪用资金罪,判处有期徒刑3年,缓刑5年。二审判决宣告后,高尚不服,依法提出申诉,先后被安徽省淮北市中级人民法院、安徽省高级人民法院、最高人民法院立案一庭驳回再审申请。高尚仍然不服,认为安徽省淮北市中级人民法院判决其犯挪用资金罪属于事实不清、证据不足、适用法律有错误,有关法院驳回其申诉不妥,其案件依法应当进行再审,现已申请最高人民检察院抗诉。为准确认定性质、分辨责任,正确适用法律以及正确评价高尚的刑事责任,受江苏建伟律师事务所的委托,北京师范大学刑事法律科学研究院疑难刑事问题研究咨询专家委员会于2013年12月4日,在北京邀约了4位全国著名的刑事法专家,就高尚挪用资金案的有关问题进行了咨询和论证,并出具了专家论证法律意见书。

一、参加论证的专家和所依据的主要材料

（一）参加论证的专家

高铭暄　中国人民大学荣誉一级教授,北京师范大学刑事法律科学研究院名誉院长、特聘教授、博士生导师,北京师范大学刑事法律科学研究院疑难刑事问题研究咨询专家委员会主任,中国刑法学研究会名誉会长。

樊崇义　中国政法大学诉讼法学研究院名誉院长、教授、博士生导师,北京师范大学刑事法律科学研究院疑难刑事问题研究咨询专家委员会委员,中国刑事诉讼法学研究会顾问。

赵秉志　北京师范大学刑事法律科学研究院暨法学院院长、教授、博士生导师,北京师范大学刑事法律科学研究院疑难刑事问题研究咨询专家委员会副主任,中国刑法学研究会会长。

陈卫东　中国人民大学诉讼制度与司法改革研究中心主任、教授、博士生导师,北京师范大学刑事法律科学研究院疑难刑事问题研究咨询专家委员会委员,中国刑事诉讼法学研究会常务副会长。

本次专家论证会由北京师范大学刑事法律科学研究院彭新林博士担任秘书,负责记录并整理专家意见。

（二）专家论证依据的主要材料

1.《安徽省淮北市中级人民法院刑事判决书》（〔2006〕淮刑终字第86号）。

2.《安徽省淮北市相山区人民法院刑事判决书》（〔2006〕相刑初字第087号）。

3.《安徽省淮北市相山区人民检察院起诉书》（相检诉〔2006〕64号）。

4.《安徽省淮北市相山区人民检察院刑事抗诉书》（相检刑抗〔2006〕02号）。

5.《安徽省淮北市公安局起诉意见书》(淮公经诉字〔2005〕006号)。
6.《安徽省淮北市公安局提请批准逮捕书》(淮公经捕字〔2005〕006号)。
7.《安徽省淮北市中级人民法院驳回申诉通知书》(〔2007〕淮刑监字第9号)。
8.《安徽省淮北市中级人民法院驳回申诉通知书》(〔2008〕淮刑监字第5号)。
9.《安徽省高级人民法院驳回申诉通知书》(〔2008〕皖刑监字第0071号)。
10.《最高人民法院立案一庭通知书》(〔2012〕刑监字第181号)。
11.高尚的《刑事申诉状》。
12.《购房转让协议》《联合开发协议书》《住房购销协议书》《集体代购房协议》《授权委托书》《国有土地使用权证》《建设项目选址意见书》《关于下达商品房建设计划的通知》、淮北市市容局环卫处致图南公司的函、淮北市市容局的报案材料、收条、银行票据等书证。
13.纵静、胡长玲、黎辉、李锋、赵娟、李安祥、李春艳、王毅、高萍、刘家保、官超、张如红、田志金、王德海、吕剑、陈孟华、刘德新、董淑萍、黄四清等证人的证言。
14.高尚的供述与辩解。
15.其他相关材料。

二、基本案情和专家论证的主要问题

(一)基本案情

安徽省淮北市中级人民法院〔2006〕淮刑终字第86号《刑事判决书》认定:高尚在担任淮北市市容局基建办负责人期间,私刻市容局分管基建办的副局长李安祥的个人印章,利用职务便利,挪用由淮北市市容局和图南公司共同管理的职工集体购房款360万元,案发后,追回288.9216万元,尚有71.0784万元未能追回,数额巨大,超过3个月未能归还,其行为构成挪用资金罪。

(二)专家论证的主要问题

根据委托方提交的案件材料和委托请求,专家们着重对以下问题进行了研究和论证:二审判决认定的淮北市市容局和图南公司共同管理的职工集体购房款360万元的性质以及高尚动用该笔款项是否合法有据？二审判决作出的高尚挪用涉案的360万元资金的认定是否有确实、充分的证据支持，以及程序是否存在缺陷？

三、专家们对本案的论证

与会专家在详细听取案情介绍并认真审读委托方所提交材料的基础上，对高尚挪用资金一案的有关问题进行了充分、严谨的论证，并得出了如下一致意见：

（一）高尚是S1101号宗地的土地方（土地方代理人），淮北市市容局和图南公司"共同账户"中的360万元是支付给高尚的土地款，高尚动用此笔款项具有合法依据，并非挪用资金性质，其行为不构成挪用资金罪

1. 涉案的360万元是支付给高尚的土地款，该笔款项从淮北市市容局集资账户转到淮北市市容局与图南公司的"共同账户"之后，其权属性质发生了变化。

从高尚与图南公司签订的《联合开发协议书》、图南公司与淮北市市容局签订的《住房购销协议书》《土地使用证》《授权委托书》《集体代购房协议》以及淮北市市容局报案材料等在案证据，不难看出，高尚既是淮北市市容局的职工，同时也是S1101号宗地的土地方（土地方代理人），而在本案特定法律关系中，高尚是作为一方当事人的土地方参与淮北市市容局集资建房这一经济活动的，履行的是土地方的特定职责，其与集资方淮北市市容局、开发商图南公司是平等的民事主体。如淮北市市容局的报案材料也均称高尚是图南公司的代理人或者土地方，一审判决亦明确认可"在本案特定环境中，高尚的身份与其说是市容局的职工，不如说是集资建房这一经济活动中的土地方或土地方的代理人"，"在本案一系列民事行为中，高尚作为土地方的角色十分明显，而其从未以市容局或环卫处的代理人身份出现过"。此外，高尚与图南公司签订的《联合开发协议书》、图南公司与淮北市市容局签订的《住房购销协议书》等证据均表明，高尚作为土地方，可以获得840万元的土地款。2004年3月25日，淮北市市容局在市建行设立集资专户并开始集资后，先后收到该局职工集资款444万元。2004年3月26日，经该局分管副局长李安祥签批，淮北

市市容局支付了高尚50万元的土地款。在图南公司与淮北市市容局设立共同账户后,又由淮北市市容局集资专户向该共同账户转款360万元。对于此笔涉案的360万元,本案有充分的证据证明是用以支付给土地方高尚的土地款。如图南公司与淮北市市容局签订的《住房购销协议书》第5条就约定,淮北市市容局应当支付包括土地款840万元在内的全部基建费用,在项目选址确定后,要付给图南公司500万元订金,双方设立共同账户,资金调配由双方共同管理。也正是按照上述协议的约定,2004年4月29日,淮北市市容局才将集资专户中的360万元转到了双方设立的共同账户之中。另外,一审判决也明确认定了"360万元转到图南公司账户(共同账户),属市容局履行支付订金500万元或投资开发的行为"。那么,在涉案的360万元转到图南公司与淮北市市容局的共同账户之后,应当说此笔360万元资金的法律性质发生了变化,所有权发生了转移,已由淮北市市容局的职工购房集资款转变为图南公司收到的订金。根据《住房购销协议书》的约定,淮北市市容局只对该笔款项享有一定的共同监督管理权限,而不再享有使用、收益、处分等其他实质性权利。

2.共同账户中的360万元支付给高尚,是按照有关协议实施的履约行为;高尚调配上述涉案资金,是在经淮北市市容局和图南公司同意或者认可的情况下实施的。

就本案来说,涉案的360万元由淮北市市容局集资专户转移到该局与图南公司的共同账户之后,将其支付给高尚,是基于协议约定而实施的履约行为,而非挪用资金行为。根据高尚与图南公司签订的《联合开发协议书》的有关约定,高尚一方投入土地,图南公司一方投入开发建设的全部资金并需支付高尚土地款840万元,资金同作为土地方委托代理人的高尚直接结算。据此可知,将共同账户收到的360万元支付给高尚,是按照上述有关协议实施的履约行为,即支付给高尚土地款的行为。这一点也有相关证据材料予以佐证:如淮北市市容局与黎辉于2005年4月19日签订的《购房转让协议》第3条就约定,淮北市市容局将原集体购房有偿转让给黎辉,而黎辉需代淮北市市容局向高尚支付土地款400万元;淮北市市容局环卫处工会与高尚2005年2月24日签订的《集体代购房协议》

也约定,环卫处工会(代表淮北市市容局)给高尚444万元首付款;淮北市市容局报案材料中亦提到:"我方将约定的集资款444万元提供给图南公司的代理人高尚手上",等等。上述这些均表明,淮北市市容局所集资的444万元是应当支付给高尚的土地款,也承认其共需向高尚支付840万元的土地款。这使得高尚作为土地方与淮北市市容局作为集资方之间的权利义务关系更加明晰。涉案的360万元虽然发生多次债权债务关系变化,过程相对较为复杂,但不可否认的事实是:将共同账户收到的360万元支付给高尚,是对有关协议的履约,是用来支付土地款的。此外,高尚调配上述涉案的360万元,也是在经淮北市市容局和图南公司同意或者认可的情况下实施的。在案证据材料表明,淮北市市容局和图南公司的共同账户中资金的转移,需要同时有图南公司的印鉴和李安祥(淮北市市容局分管副局长)的印鉴(私章)才行。高尚动用共同账户中的360万元资金,是在图南公司的财务人员陪同下办理的,显然是经过图南公司同意的,这没有多少疑问。高尚持有李安祥的印鉴(私章)是否淮北市市容局同意或者认可的呢?本案证据足以肯定这一点:其一,胡长玲、纵静、王毅等证人的证言均证实,从集资建房活动一开始,就知道高尚另刻了一枚李安祥的印章(环卫处财务科还有一枚李安祥的印章,由赵娟保管),可见,高尚并非私刻李安祥个人印章。其二,淮北市市容局在银行开设职工购房集资专户时,高尚就是使用这枚新刻的印章作为开户印鉴的。其三,淮北市市容局集资账户开设后,李安祥本人还先后4次签批了支付款项,使用的也是这枚印章。这些均充分证明,李安祥是知道或者认可高尚所用其印章的;而李安祥在证言中否认这一点,不仅不符合常理和正常逻辑,而且也与全案证据矛盾。除此之外,2004年12月18日,淮北市市容局环卫处工会以市容局名义发给图南公司的函,更是明确要求:"一、共同账户资金全部转到高尚名下;二、有关债权、债务经高尚审核认可后全部交给高尚。"由上也可以看出,淮北市市容局是同意将共同账户的资金转移给高尚的,这也从侧面说明高尚调配上述涉案的360万元,是经过了淮北市市容局同意或者是在其认可的情况下实施的。

3. 高尚动用共同账户中的 360 万元资金,主要是为了联合开发建房的需要,并未违背资金的正当用途。

淮北市市容局向本单位职工集资的购房款,有大量证据表明,实际上为建房款,这也得到了一审判决的明确认可。建房款意味着该笔资金有其特定的用途,应当用于集资开发建房等相关活动之中。涉案的 360 万元资金从淮北市市容局集资专户转到共同账户,如前所述,主要是用于支付土地款。而高尚动用共同账户中的上述资金,从其去向看,基本也是用于支付相关开发建房费用的,如支付寇湾村地款 104.5 万元,宫超地款 200 万元,设计费 5 万元,备用金 17 万余元等。可见,高尚所动用的共同账户中的主要涉案资金去向明确,并未违背资金的正当用途。从实质上分析,谈不上是挪用资金归个人使用。

(二)二审法院超出抗诉机关指控的范围进行判决,既违反了控审分离的原则,也不符合法定程序,其作出的高尚挪用资金 360 万元的认定缺乏确实、充分的证据证明,程序上存在明显缺陷

在刑事诉讼中,人民法院应当就起诉的犯罪事实进行裁判,不能在没有公诉机关或者自诉人起诉的情况下,主动对案件进行审理和裁判;或者超出公诉机关或自诉人起诉的范围直接进行裁判,法院的审理对象要受诉讼请求范围的限制。人民法院主动追究被告人的刑事责任、自诉自审、不告而理、不诉而判等情况,都是与控审分离原则相背离的,必然会影响审判的中立性和司法的公信力。具体到本案,抗诉机关《淮北市相山区人民检察院刑事抗诉书》(相检刑抗〔2006〕02 号)指控高尚挪用资金 86 万元,姑且不论抗诉机关关于高尚挪用资金 86 万元的指控是否有确实、充分的证据支持,退一步说,即使这一指控能够成立,二审法院即淮北市中级人民法院也不应超出抗诉机关指控的范围直接进行裁判。最高人民法院《关于适用〈中华人民共和国刑事诉讼法〉的解释》第 243 条明确规定:"审判期间,人民法院发现新的事实,可能影响定罪的,可以建议人民检察院补充或者变更起诉;人民检察院不同意或者在七日内未回复意见的,人民法院应当就起诉指控的犯罪事实,依照本解释第二百四十一条的规定作出判决、裁定。"可见,即使人民法院在审理中发现新的犯罪事实,其法

定程序也应是建议人民检察院补充或者变更起诉,而非直接裁判。而本案中淮北市中级人民法院所认定的高尚挪用资金360万元,既非抗诉机关指控的犯罪事实,也不是该院在审理中发现的新的事实,更没有建议人民检察院补充或者变更起诉,就直接进行裁判,显然是武断的。应当说,淮北市中级人民法院认定高尚挪用资金360万元,大大超出了抗诉机关指控的犯罪事实,严重违反了控审分离原则和审判应有的中立立场,这样判决的法律效果和社会效果都是不好的。此外,淮北市中级人民法院对其所认定的大大超过抗诉机关指控的86万元的部分即274万元,法院也没有经质证等法庭调查程序查证属实,无异于剥夺了高尚作为诉讼主体所享有的辩护权、质证权等诉讼权利,根本谈不上有确实、充分的证据证明,在程序上是存在明显缺陷的。最后,淮北市中级人民法院作出的二审判决,一方面指出:"原判认定原审被告人高尚参与购地、建房及支出购房款的事实清楚、证据充分。在二审期间,抗诉机关和原审被告人均未提供新证据,本院对上述事实予以确认。"即承认二审与一审所认定的事实和证据是一致的。但另一方面又以所谓"另查明"的形式认定高尚挪用淮北市市容局和图南公司共同管理的职工集体购房款360万元,得出了与一审判决完全相反和矛盾的结论,并且还强调"该事实(即高尚挪用涉案的360万元)有经一审当庭举证、质证的证据证实,本院予以确认",而事实上,一审法院根本就没有认定高尚挪用了涉案的360万元资金,是直接判决高尚无罪。由此可见,二审法院得出的"该事实有经一审当庭举证、质证的证据证实"的结论,实属主观武断,严重违反了司法裁判应当实事求是的原则。而且本案二审判决所谓的"另查明"并非是真的另查明,其实就算是法庭庭外调查核实取得的证据,也应当经过当庭质证才能作为定案的根据。最高人民法院《关于适用〈中华人民共和国刑事诉讼法〉的解释》第220条第2、3款明文规定:"对公诉人、当事人及其法定代理人、辩护人、诉讼代理人补充的和法庭庭外调查核实取得的证据,应当经过当庭质证才能作为定案的根据。但是,经庭外征求意见,控辩双方没有异议的除外。有关情况,应当记录在案。"而淮北市中级人民法院对于其"另查明"的证明高尚挪用涉案360万元资金的"证据",根本就没有经过当庭质证,实际上只不过是对一审所认定的真实证据的虚假运用而已。

四、结论性意见

综上分析和论述,专家们一致认为,根据本案委托方所提供的案件材料,按照《刑法》《刑事诉讼法》有关规定和相关法学理论,对于本案,可以明确得出如下结论性意见:高尚是 S1101 号宗地的土地方(土地方代理人),淮北市市容局和图南公司共同账户中的 360 万元是支付给高尚的土地款,高尚动用共同账户中涉案的 360 万元具有合法依据,并非挪用资金,其行为不构成挪用资金罪;二审法院超出抗诉机关指控的范围进行判决,既违反了控审分离的原则,也不符合法定程序,其作出的高尚挪用 360 万元资金的认定缺乏确实、充分的证据证明,程序上存在明显缺陷。

以上论证意见,谨供有关司法机关参考。

在以上 4 位专家中,除了高铭暄和赵秉志教授是刑法专家,樊崇义和陈卫东教授是刑事诉讼法专家。因此,该专家法律意见书在对本案的程序和证据问题的分析方面,是更为权威的。

在刑法的定性问题上,该专家法律意见书和我们所作的专家法律意见书的结论是相同的,都认为本案不构成挪用资金罪。

2014年2月26日　正义网:安徽淮北退休检察官坚持举报错案自己反遭调查

随着时间的推移,孟宪君事件又有了新的进展。2014年2月26日,正义网刊载了高航、吕伟的《安徽淮北退休检察官坚持举报错案自己反遭调查》[1]一文,该文主要内容是围绕高尚挪用资金案对孟宪君的访谈,但也透露出孟宪君遭调查的信息。通过该文,我们可以观察到孟宪君举报以后,他所处的一种较为尴尬的地位。

当年的公诉人孟宪君与被告人高尚(右)如今谈起往事感慨万分。

退休近五年的老检察官孟宪君最近在国内许多家大媒体亮相了,他之所以这样受关注,是因为他在2013年11月带着一堆材料去最高人民

---

[1] 高航、吕伟:《安徽淮北退休检察官坚持举报错案自己反遭调查》,载正义网(http://www.ce02.net/main/jjyf/d_25_211460.html),访问日期:2020年12月11日。

检察院举报自己在 2005 年办错的一起案件。

退休后,本该在家颐养天年的孟宪君,为什么还要面对公众披露自己的错误呢?是心中有愧、良心不忍,还是另有其他的推力?举报过后又给他带来了哪些影响呢?

上级通知"无罪也要诉"

2013 年 11 月 22 日,《中国青年报》报道了这起案件,随后,另一家媒体的记者也采访了孟宪君。为此,安徽省检察院给出回应,"将严格依据事实和法律,公正处理该案,同时欢迎媒体和社会各界的监督"。

这究竟是一起什么样的案件呢?从 2013 年 6 月最高检指定安徽省检察院办理此案至今已有 8 个月时间,一个判缓刑的案件为什么 8 个月还没有回复?是案件复杂,还是有其他原因?

孟宪君谈起此案时直言不讳地说:"这岂止是错案!严格地说,此案既错又假。把公检法的有关司法文书与案卷中证据一对就知道了,一般有法律知识的人都能看明白。"

在孟宪君看来,这个案件并不复杂,也不是什么重大疑难案件。

被告人高尚是淮北市市容管理局(以下简称市容局)环境卫生管理处(以下简称环卫处)的职工,他手里有一块地,在他朋友刘家保名下,刘家保通过公证授权高尚全权处理该地,包括结算。

2003 年,高尚就职的上级单位市容局想买下这块地给职工建集资房,高尚同意了。

2004 年 1 月,高尚作为土地拥有方与图南房地产开发有限公司(以下简称图南公司)签订了《联合开发协议书》,协议书中规定图南公司给高尚住宅 1.2 万平方米,折合人民币 840 万元。一个月后,市容局与图南公司签订了《住房购销协议书》,加入《联合开发协议书》,明确支付地款 840 万元;同时,协议书中规定双方设立共同账户,资金调配由双方共同管理。至 2005 年案发,图南公司与市容局共转给高尚土地款 444 万元。

最终,终审法院认定高尚挪用资金 360 万元,判处有期徒刑 3 年、缓刑 5 年。

孟宪君说,当时这个案件涉案金额较大,本该由淮北市检察院审,但市检察院指定相山区检察院来审。

孟宪君当时已经退居二线,但还是检察委员会委员,所以区检察院便指定他来主诉这起案件。孟宪君接手后5次提审高尚,提审3次以后就明白了案件的真相。每次提审时,高尚都坚决不认罪。孟宪君在仔细翻阅了卷宗后,最后认为高尚确实是无辜的:"高尚无罪!"

下一步的工作如何开展,他感到很为难,便如实向检察长汇报了情况,并在检委会上讨论了该案。检委会委员共9人,都参加了会议,一致赞成他的无罪意见。考虑到公安局的面子,他决定按存疑不诉处理。

孟宪君以为案件很快就要收尾结案了。然而,就在审理期限的最后几天,他接到上级通知,"无罪也要起诉"。

遵照上级"无罪也要起诉"的指示,孟宪君只好硬着头皮出庭。庭审中,审判长问起起诉的86万元是怎么来的,孟宪君无奈地说出了让他至今羞愧难当的话——"这是领导意见"。

"那如何排除案件里的矛盾证据?"

"这个……我不知道。"

不久,法院一审高尚无罪的判决下来了。

孟宪君看了长达28页的判决书,他承认是办案以来所看到的最规范的判决书。

公诉人为当事人伸张正义

孟宪君以为案件基本了结了。没想到,市检察院要求抗诉,而且二审仍指定他具体负责。案件在走到二审程序时发生了变化,在没有任何新证据的情况下,二审法院以"另查明",判定高尚有罪。

中国政法大学教授阮齐林看过二审判决书说:"二审判决一方面确认庭审证据只有一审证据;另一方面又以'另查明'表明二审似乎另查明有新的事实证据。其实二审判决并没有在一审证据之外提出新证据,依然沿用一审证据,却以空洞的'另查明'为由判高尚有罪,缺乏新的事实证据。"无怪乎陈兴良教授说二审判决就是一个"神判"。

"我们检察院抗诉86万元,二审法院判360万元,用淮北市检察院人民监督员马继承的话说,判高尚有罪的判决,只能叫淮北中院判决,不能叫二审判决。"孟宪君说。

二审法院认为高尚为市容局的基建办负责人,可卷宗里从来没有市容局基建办存在的证据。记者从卷宗看到,所谓的基建办负责人证据只是依据的一份市容局环卫处于2004年3月12日总支扩大会议记录:决定抽调高尚、王毅、纵静、尚云鹏等4人负责集体购房问题。对此,王毅说:"这个会议记录是后添上去的,字迹都不一样。"尚云鹏更加否认:"我是5月份才到市容局工作的,3月份我还没来呢,怎么就被写进会议记录了呢!"另据法院查明的"高尚私刻了李安祥的章",李安祥当时是市容局副局长兼环卫处处长。这个也得到了王毅的证实,李安祥的章并非高尚私刻,"刻章需要本人的身份证复印件,是我向李局要的身份证,并拿到资料室去复印的。刻章的时候,我也去了。这个章三方都在用。李局肯定知道有章的,如果没有他的同意,我能刻他的章吗!"

"如果真的认为高尚有罪,为什么还要造假呢?本来就没有犯罪事实,甚至按照假证也不构成犯罪,高尚的无罪证据确实充分。淮北中院合议庭一致认为高尚无罪,却判决高尚有罪!现在省检察院办案人员跟人民监督员说,高尚有60多万元说不明白,我不知道这60多万元怎么算出来的,但可以肯定的是,这是从给付高尚444万元地款里抽出的。省检察院办案人员要想维持淮北中院的裁判,必然要和淮北中院的思路一样:隐瞒给付高尚土地款的事实。如果要依法办案,可能得罪很多人。"孟宪君说,"省检察院办案人员用了8个多月还不能结案,严重影响了省检察院的公信力。"为此,孟宪君建议省检察院召开有媒体参加的高尚案件公开听证会,以取信于民,恢复省检察院在公众中的信誉。

判决后高尚既没有失去自由,也没有失去工作,可高尚一直在为自己申冤,直到有一次,一家媒体记者采访了一审和二审的公诉人孟宪君,孟宪君披露了办理案件的细节后,高尚才主动找到了他,并让孟宪君为他主持正义。孟宪君对高尚说:"我们检察院一直认为你无罪,我也认为你无罪,我以一名老检察官、一个当事公诉人的身份,为你主持正义。"

"此错案不纠正,我良心不安!"

孟宪君可能想不到,他举报自己后,压力越来越大。"淮北市政法委安排成立专案组查我的经济问题,查不着,就查我儿子的银行账户,都查不出什么问题,就翻我20多年办案的卷宗,直到现在,市里对我的暗中调查还没有结束。我估计,省检察院办案人员也在等这个结果。"

"案子是我办的,我受到非法威胁是难免的,但此错案不纠正,我良心不安!我公开了我的想法,有人威胁我,可以理解,我也不怕这一套歪风邪气。但是,高尚是无辜的,本来无罪的人成了戴罪之身,这么多年又屡屡受挫……"

孟宪君原以为通过自己的行动,能让上级领导重视这个案件,公正地审理,给当事人一个满意的答复。却没有想到,市里现在反而对他立案调查,把他变成了当事人,但他坚信自己的清白。

孟宪君说,回顾自己20年来的办案经历,也会遇到类似领导干预案件的情况,但"这一次很突然。以前不是这么生硬。以前也有上级领导干预的案件,上级一再做工作,如'打击需要''统一规划问题'等。比如城市建设需要强拆,领导会和我们商量,起诉当事人妨碍公务,当然在补偿上也会多给当事人一些。而这次任何解释都没有"。

面对这样一起上级领导干预的"特殊"案件,当事人又找到了他,孟宪君觉得自己作为一名老公诉人,不能坐视不管:"虽然高尚现在工作待遇等什么也没受影响,缓刑期也早就过了,但谁一辈子愿意无辜背个罪名呢!"孟宪君说,他对习总书记的中国梦非常向往,"要把中国梦变成中国现实,缺少司法正义是不可能的"。他觉得,他有义务为现在在岗的公诉人做个榜样,为中国的法治进步贡献力量。"我并不是想出名,当然我也没想到会到现在这种程度,市院希望能在区里解决好,省院希望能在市里解决好,上面又希望能在省里解决好。虽然高尚的案件都被最高法驳回了,但我相信最高检能下定决心纠正。"

针对此案,北京大学法学院教授陈兴良感慨地说:"某个领导的一个批示或者一句指示,只不过是其千头万绪的日常事务中的一点痕迹。对于这个领导来说,可能早就遗忘了,但其影响所及却还要延续好多年,尤其是落实到司法文书上,是要永久存留下去而成为历史的污点。我们不能说这只是一个领导干预导致的错案,因为司法人员在其中是难辞其爸的。"

他坚信正义不会缺席

目前案件还在省检察院的审理之中,孟宪君说:"应当说,省检察院接手以来,取得了不小的成绩,包括证明了高尚的土地拥有方身份,市容局伪造基建办,不存在私刻印章以及市容局给付高尚土地款的问题。但是,省检察院办案也有问题,比如几个月来还搞不清此案罪与非罪的根本问题。实际上,本案并不复杂,最大的可能还是案外力量对办案人员的干扰。防止干扰的最好办法就是鼓励办案人员全面系统地汇报案情并要求办案人员的汇报要严把证据关,切实做到证据确实可靠,严格依法办案。不瞒不枉汇报案件,也是办案人员对自己的最好保护!"

此案为什么受到如此大的阻力?孟宪君坦言:"从公安局造假,检察院、法院跟进,这都不是一个市容局局长能办到的。高尚太傲,不知得罪了哪个大人物。这里面既有经济利益更有政治利益。经济上,高尚的地被偷卖了1000多万元,政治上,高尚案件获得纠正,公检法会有一批人受到处罚,如果后面再有大人物暴露,阻力能不大吗?但是,我坚信,再大的阻挠,最高检也能排除。毕竟,解决了,维护的是党和政府的威信,而解决不了,最终受损的是党和人民的利益。我坚信,此案在最高检的正确指导下,会得到圆满处理。"

遇到麻烦的不仅有孟宪君,还有淮北市检察院的人民监督员彭庆英和马继承等。

彭庆英身上有很多荣誉称号,其中包括"全国最具爱心慈善楷模奖"获得者、淮北市慈善协会爱心分会会长、中国好人等。有人说她被案件当事人收买,她反驳道:"凭我的头衔,我能缺了钱吗?我有能力做慈善,怎么可能被一个案件当事人收买,怎么可能在乎那点小利益呢!市检察院训我怎么当的人民监督员?我回答,如果不以一个人民监督员的身份去监督,即便是一个普通公民,遇到不公平,也可以去监督。"

马继承说:"作为一名人民监督员,对不公正的司法给予监督这是监督员的责任,也是一名公民应尽的责任。高尚的案件,我细致地研究过,也找律师咨询过,证据证明确实属于错案。我就不明白淮北中院怎么就能杜撰一个判决出来？我更不明白，一个杜撰的判决为什么就那么难纠正！"

20多年"我没办过一件错案"

作为一名公诉人，不仅是岗位本身对孟宪君有严格的要求，他经历的时代背景也为他后来坚守公平正义养成了惯性思维。早期检察院的工作人员并不都是大学毕业，"当我还是助理检察员的时候，检察长就什么案件都听我的意见"。在基层的30多年，孟宪君也有几次晋升到市检察院的机会，但"区检察院的检察长不愿意放我走，说我办案有经验，不能走，只要留下，不会亏待我"。

翻阅孟宪君在检察院的履历可以见到，淮北市相山区人民检察院成立于1981年8月，孟宪君因文笔好，当年属于"高级知识分子"，被推荐到检察院工作，先后在经济检察科、刑事检察科当过职员，任过审查起诉科副科长、公诉检察科科长和检委会委员。2005年退居二线，2009年6月退休。

其中他在公诉部门任职20余年，是一位名副其实的老公诉人。他任职期间，共陪伴了7任检察长，从20世纪80年代到退休前，他见证了中国的法治成长。"经手的案件数不过来。80年代案件少，一年五六十件；90年代就多了，2000年以后更多了，年均三四百件。20世纪80年代的案件，对我影响是很大的。那是个风口，全面平反'文革'期间的冤假错案，那时候的精神对我影响和震动很大。上级强调，冤假错案太害人，要坚决杜绝！"

"这些年我没办过一件错案，唯独这起高尚挪用资金案是我办过的最窝囊的一起案件。"孟宪君黯然神伤地说。

从2013年11月22日媒体报道安徽退休检察官向最高人民检察院举报自己办错案，到2013年11月25日安徽省检察院的正面回应，高尚挪用资金案似乎向乐观的方向发展。尤其是在报道中披露的消息：目前淮北市检察院已将审查意见报安徽省检察院，安徽省检察院控告申诉检察部门正在对该案作进一步审查。相关处理结果将及时向社会公布。但3个多月过去了,安徽省检察院对高尚挪用资金案的复审报告不见踪影,却从媒体传来了安徽淮北退休检察官坚持举报错案自己反遭调查的消息,这真是令人遗憾的消息。尽管孟宪君已经退休,组织也拿他没有办法,这也是孟宪君退休以后才敢出头为高尚鸣冤的主要原因。冤假错案发生很容易,只要某个领导人的一句话或者一个批示,但冤假错案纠正起来却很难,因为关乎多少人的利益和面子。冤假错案一旦获得平反,就会有人对此承担责任,在这种情况下,指望司法机关自己承认办错案,那是太难了。即使与冤假错案没有直接关系,冤假错案是某个人的责任,或者是某个下级司法机关的责任,但身居高位者也会因为其治下发现如此轰动的冤假错案,而面子过不去,仅仅为了保存自己的颜面,也会成为平反冤假错案的阻力,这样的事情我见得太多了。

如此看来,孟宪君的自我举报,只是掀起了一丝涟漪,并没有给高尚带来平反的重大契机。

2014年4月8日 安徽省高级人民法院再审通知书

就在本书即将完稿之际(我于2014年4月1日已经为本书写序),高尚告诉我,收到了安徽省高级人民法院的再审通知书。虽然该再审通知书签署的日期是2014年4月8日,但高尚收到再审通知书已经是5月初。

安徽省高级人民法院再审通知书

〔2014〕皖刑监字第00018号

原审被告人高尚犯挪用资金罪一案,淮北市中级人民法院于2006年12月11日作出〔2006〕淮刑终字第86号刑事判决,有期徒刑3年,缓刑5年,继续追缴高尚的犯罪所得710 784元。判决发生法律效力后,高尚不断申诉。

本院认为:本案符合法律规定的再审条件,经审判委员会讨论决定,依照《中华人民共和国刑事诉讼法》第242条第4项、第243条第2款的规定,决定如下:

一、本案由本院进行提审;
二、本案在再审期间不停止原判决的执行。

二○一四年四月八日

当高尚在电话中告诉我收到安徽省高级法院的再审通知书的时

候,我十分高兴,告诉高尚,你这个案件有希望翻案了,因为一般来说,决定再审的案件都是经过审查以后,发现确有错误的案件。但当高尚把再审通知书发给我看了以后,又有些失望。因为再审通知书引用的是我国《刑事诉讼法》第242条第4项,查看《刑事诉讼法》第242条,其内容如下:

> 当事人及其法定代理人、近亲属的申诉符合下列情形之一的,人民法院应当重新审判:
>
> (一)有新的证据证明原判决、裁定认定的事实确有错误,可能影响定罪量刑的;
>
> (二)据以定罪量刑的证据不确实、不充分、依法应当予以排除,或者证明案件事实的主要证据之间存在矛盾的;
>
> (三)原判决、裁定适用法律确有错误的;
>
> (四)违反法律规定的诉讼程序,可能影响公正审判的;
>
> (五)审判人员在审理该案件的时候,有贪污受贿、徇私舞弊、枉法裁判行为的。

显然,再审通知书提起再审的根据是"违反法律规定的诉讼程序,可能影响公正审判的",这大概是指淮北市中级法院对高尚挪用资金案的二审判决,也是本案的终审判决,超越公诉机关的抗诉指控,认定高尚挪用资金的数额。换言之,安徽省高级法院审判委员会并不认为高尚挪用资金案完全判错了,只是存在着程序上的瑕疵,对此加以改判。按照这一思路,高尚挪用资金案申诉的前景并不乐观。但高尚还是较为乐观的,只要给一个重审的机会,就有可能在法庭上对全案事实进行审查,还是有希望的。

对此,我表示理解。

2014年11月20日
高尚挪用资金案再审辩护词

尊敬的审判长、审判员:

北京市法大律师事务所接受再审申请人高尚的委托,指派我作为高尚挪用资金案的再审辩护人。本辩护人庭前多次会见了高尚,认真查阅了全部案卷材料,并参加了今天的法庭审理,对本案有了全面的了解。根据本案的事实、证据与相关法律,针对安徽省淮北市中级人民法院[2006]淮刑终字第86号《刑事判决书》(以下简称原二审判决),本辩护人发表以下辩护意见。

本辩护人认为,原二审判决基于一审法院无罪判决所认定的事实与证据,推翻一审法院无罪判决而作出挪用资金罪的有罪认定,在事实认定与适用法律上均存在错误,应当依法予以改判。

首先,原二审判决的有罪认定,就其事实与证据认定方式与程序而言,以一审法院无罪判决认定的事实与证据为依据,使其作出的有罪判决明显缺乏事实与证据的支撑;且其判决超出检察机关抗诉的范围,实质上剥夺了被抗诉人二审辩护权。

原二审判决认定:"另查明,原审被告人高尚在担任淮北市市容局基建办负责人期间,私刻市容局分管基建办的副局长李安祥的个人印章,利用职务便利,挪用由淮北市市容局和图南公司的共同管理的职工集体购房款360万元,案发后,追回288.9216万元,尚有71.0784万元未能追回。该事实有经一审当庭举证、质证的证据证实,本院予以确认。"上述判决推翻了一审法院的无罪判决,采信的却是一审无罪判决所认定的事实与证据,用无任何新的事实与证据支持的"另查明"一语,得出有罪的事实与结论,且不做任何论证与说理。这种有罪判决从形式上就不难看出其属于无事实与证据支持、无说理的无理判决。

一审法院无罪判决之后,检察机关"根据上级领导的要求"(原检察机关公诉人语)提起了抗诉,抗诉高尚挪用资金86万元,而原二审判决却超出抗诉书指控的范围与数额,在无任何新的事实与证据的情况下,竟作出了高尚"挪用集体购房款360万元"的有罪判决。这一判决实质是从程序上剥夺了被抗诉人的二审辩护权。

其次,从实体上来分析,原二审判决认定"原审被告人高尚在担任淮北市市容局基建办负责人期间,私刻市容局分管基建办的副局长李安祥的个人印章,利用职务便利,挪用由淮北市市容局和图南公司的共同管理的职工集体购房款360万元",在事实认定与适用法律上均存在错误,是有违事实与法律的错误判决。具体事实与理由分述如下。

一、关于高尚主体身份的认定

原二审判决认定高尚"担任淮北市市容局基建办负责人",主要依据的是几份证人证言,而这些证人证言不仅与高尚的辩解也与相关书证相矛盾,不能认定。而高尚作为土地方的代理人的身份并以此身份而为的代理行为,为相关书证及证人证言相互印证,是集资建房三方共同确认的事实,也是集资建房三方两份协议得以订立与实施之基础。

1. 土地所有人刘家保给高尚出具的公证《授权委托书》确证了高尚土地方代理人的身份,这也是三方合作集资建房的基础。高尚虽然也是市容局环卫处的职工,但其与图南公司、市容局三方合作集资建房的活动中,只能也必须是作为土地方的代理人代表土地方的利益而行为。

2003年11月8日,土地所有人刘家保经公证出具授权委托书,"委托高尚办理委托人所有的位于淮北市相山区相山路东淮坊路南国有土地使用权的权属转让、结算及相关事宜或联合开发、结算及相关事宜……"2004年元月8日,高尚根据授权委托书与图南公司签订联合开发协议书。2004年2月10日,图南公司与市容局签订住房购销协议书,加入联合开发协议。公证授权委托书与上述三方两份协议,充分证明协议三方均确认高尚作为土地方代理人的身份,在三方两份协议的订立及相关活动中,高尚真正起作用的身份也只能是代表土地方利益的代理人,而不可能是同时代表市容局的所谓基建办负责人身份。同时在市容局环卫处的《关于市容局环卫处职工集体购房情况的紧急报告》以及报案材料中也清楚地表明市容局始终认同高尚是土地方的代理人这一身份。而原二审法院认定高尚为市容局基建办的负责人,无视其土地方代理人身份与作用的客观事实,有违客观真实的错误认定。

2. 原二审法院认定高尚为淮北市市容局基建办负责人,但事实上淮北市市容局从成立至今,并没有基建办这一机构设置。

市容局作为政府部门,其机构设置需要明文规定,其负责人也应有相应的任职文件。但是,市容局从未出具任何书证,而只是通过证人证言来证明高尚为所谓市容局基建办负责人,但相关的证人证言之间说法各异、证言与书证之间互相矛盾,其真实性存疑。证人纵静在 2005 年 5 月 18 日、19 日的询问笔录中均说到高尚是市容局基建办负责人,证人王毅在 2005 年 5 月 24 日的询问笔录中说到高尚是市容局环卫处基建办负责人,2005 年 5 月 19 环卫处出具的高尚基本情况指明高尚是环卫处基建科负责人,等等,关于高尚到底是基建办还是基建科的证明以及证言表述不一,含糊不清,其真实性值得怀疑。

不可否认,高尚虽然也是淮北市市容局环卫处的职工,但在本案中,高尚是作为土地方(或者土地方的代理人)介入到本案所涉及的集资建房这一经济活动之中的。根据三方两份协议,在高尚、淮北市市容局与图南公司这三方之中,代表市容局的是环卫处工会,代表土地方的是高尚。因此,事实上既不存在的所谓市容局基建办这一机构设置,客观上高尚也不可能在这一经济活动之中同时代表利益冲突的协议两方。

3. 即使客观上存在"基建办"这样一个集资建房协调机构,但其只是一个有土地方代理人高尚参加的临时性协调机构,代表市容局的只能是工会负责人李安祥而非高尚。

在本案证据材料中,高尚收取 50 万土地款上面的签字为"基建办高尚",这一证据表明确实存在着"基建办"这样一个机构。但由于该土地款是基于三方协议的部分集资建房款,而三方协议里有地的只有高尚一方,所以说,此证据恰恰表明"基建办"只不过是包括土地方在内的临时性、松散的协调机构,表明了高尚在履行协议过程中与市容局、图南公司是平等的民事主体,互相之间并不存在任何的隶属关系,是共同开发土地、集资建房经济活动中独立的、与市容局与图南公司签订三方两份协议的土地方。

4. 二审法院判决认定高尚为基建办负责人的唯一书证内容不实,明显是事后编造而成。

原二审判决认定高尚为市容局基建办负责人的唯一书证,是2004年3月12日市容局环卫处党总支部会议"关于抽调高尚、王毅、纵静、尚云鹏4人负责集体购房问题"的记录。但是,这个记录从内容与时间上看明显失实。市容局环卫处2008年5月5日出具的证明证实:"尚云鹏同志于2004年5月至2007年8月在我单位干临时工。"尚云鹏在2005年8月19日出具的工作说明中也表明,其在2004年5月才开始在市容局上班。在尚云鹏尚未在市容局环卫处干临时工之前,市容局环卫处党总支部何以能够抽调他负责市容局的集体购房问题?而且,该项内容记录的笔迹与其他记录有明显差异。因此,完全可以断定,这份会议记录是市容局为举报高尚而事后编造而成,市容局相关人员有伪造证据的嫌疑。

二、关于高尚是否私刻李安祥个人印章的认定

原二审法院认定高尚私刻了李安祥个人印章,并以此推论高尚擅自用此私章挪用集资购房款360万元。而事实上李安祥个人印章的刻制与使用,是相关人员共知的公开事实,银行留存的集资专户印鉴是由市容局环卫处工会行政章与李安祥个人印章共同组成,因而集资专户与共管账户上款项的处理,都必须是以工会行政章为前提。原二审法院作出的高尚私刻李安祥个人印章并擅自使用的认定,是有违上述客观事实的不实结论。

1. 为集资专用账户与共管账户使用的李安祥个人印章,是因使用在市容局财务处保管的李安祥原有印章不便而由工会安排人员另行刻制,这是市容局环卫处工会相关人员共知的事实,并非高尚个人私刻。

虽然李安祥在2005年5月18日的证言称在设立集资专户前,胡长玲等人提出过要重刻一枚李安祥的私章,不过李未同意,但是胡长玲2005年7月13日的证言,纵静2005年5月18日、2005年5月20日、2005年6月9日的证言,王毅2005年5月24日的证言,均证实他们从集资建房活动一开始就知道又刻了一枚李安祥的个人印章,王毅同时还证实是他和高尚一起去刻制,高尚证实是王毅拿着李安祥的身份证复印件去刻制的李安祥个人印章。上述证据证明另行刻制李安祥个人印章是相关人员共知的事实,理应得到李安祥的同意,李所称未经其同意而私刻其印章的证言,明显与事实不符。

2. 集资专用账户,无论是付给高尚土地款,向共同账户转款,还是工会动用其中款项,均是使用这枚李安祥个人印章。这一事实也足以证明,作为主管领导的李安祥不可能不知其个人印章的刻制和使用情况。

3. 无论是在集资专用账户还是在共管账户的管理使用中,依照财务规定,李安祥的个人印章只有与市容局环卫处工会行政章共同使用才能取款和转款,而且在以图南公司名义开设的共管账户中,还需要用图南公司的财务专用章,单独使用李安祥个人印章,不可能动用集资款的任何一笔。而原二审法院判决完全无视这一客观事实,得出了似乎使用李安祥个人印章就能擅自动用集资款的错误结论。

4. 二审法院根据李安祥个人印章的"文件检验鉴定书:说明用于管理集资款的账户所留'李安祥'私章系高尚所私刻,与环卫处财务科留存的李安祥的章不是同一枚印章"。这一证据认定高尚私刻李安祥印章,不正确。因为这份鉴定结论只能证明集资专户与共管账户所用的李安祥的私章与保管在财务科赵娟处的李安祥私章不是同一枚章,但不能证明此章为高尚私刻。而且在集资专户和共同账户使用的李安祥个人印章与财务科保管的李安祥个人印章不是同一枚,这是人所共知的事实。因此,此鉴定意见与本案待证事实无关联性,不具有证明力。

三、关于将360万元集资款从共同账户转出行为性质的认定

原二审判决将市容局环卫处工会从集资专户转款到共管账户以及从共管账户转款使用的行为,认定为高尚个人挪用集资款,是违背事实的错

误认定。本辩护人认为,无论从集资专户转款到共管账户,还是从共管账户转款支付土地款,均是按照三方两份协议的约定而为的履约行为,是应当由民事法律调整的民事行为,而不应当属于挪用资金犯罪的性质。具体理由如下:

1. 从集资专户转款到共管账户,是依照三方两份协议,应当由市容局支付给图南公司500万定金的一部分,而从共管账户支付给高尚的土地款是依照三方两份协议应当支付给土地方的土地款的一部分。在这两个环节上,建房集资款的使用或者支出均是依照民事合同的合法履约行为,作为两份协议的三方当事人,均不存在挪用资金的犯罪问题。

根据三方两份协议约定的内容,证人市容局局长吕剑、市容局副局长李安祥、图南公司法定代表人李锋等人的证言,以及市容局的报案材料、高尚的辩解,均能够一致的证明三方两份协议虽然形式上是联合开发与购房协议,实质是市容局购买使用高尚所代理的土地方的土地,行集资建房之实。

按照2004年1月8日高尚与图南公司签订的《联合开发协议书》第二条、第三条、第七条的规定,"项目地块编号:S1101号宗地及该宗地块南至跃进河北、李桥村土地西、李楼村土地东";"地块面积:约2.8万平方米(最终以土地使用证定位面积为准)";"比例分成:按实际开发面积计算,甲方分得30%,约合1.2万平方米,折合人民币捌佰肆拾万元整","比例分成"的约定实际上是约定了高尚所代理的土地价值是840万元。根据2004年2月10日市容局与图南公司签订《住房购销协议书》的第五条的规定,"购房价格:乙方购买甲方该小区住宅,购房价格按土建安装成本(以招投标价计。变更部分以实际变更签证为准,另行结算)、土地费用(840万÷实际总建筑面积/㎡计)、实交税费及利润(建筑成本的2.5%)四项计",该条也明确了高尚所代理的土地的价值为840万元,这与前述的《联合开发协议》相一致,同时该《购房协议书》还约定了"在选址确定后十五天内,乙方支付甲方人民币伍佰万元整作为订金,余款按工程进度支付","甲乙双方设立共同账户,资金调配由甲乙双方共同管理"。

从上述合同的约定结合相关证人证言,可以看出,集资建房由高尚方提供土地，市容局提供资金，图南公司负责开发建设。从集资专户转款360万元到共管账户是依照《住房购销协议》第五条应付的500万定金，而从以图南公司名义开设的共管账户付款给高尚是依据合同约定应付的部分土地款。这均是协议三方依照合同的履约行为，即使有关各方对合同约定的形式与内容理解有分歧，也应当属于应由民事法律调整的合同纠纷问题。

2. 从集资专户转款360万元到共管账户，必须要加盖工会行政章，而且是由负责人李安祥授权的工作人员纵静等人完成的，这一转款行为没有直接主管负责人李安祥的授权或同意，是不可能完成的，这实质上是市容局相关责任人员代表市容局支付包括土地款在内的定金职务行为，而非高尚个人挪用单位资金的行为。

市容局环卫处在2005年4月27日、2005年5月18日的两份报案材料中均称，"与对方设立统一账户共同管理""我方将约定的集资款444万元提供给图南公司代理人高尚手上(原约定由双方共同管理使用，后被高尚以不正当手段划到其控制的账户)"。这些材料说明，转款360万元是按约定履行的，也是市容局认可的，只不过市容局后来认为高尚提供的土地有问题，而举报高尚是诈骗；证人纵静在2005年5月20日的证言中也证实，李安祥知道开共同账户的事，其和高尚一起转款后，向李汇报了转走360万元，当时李让高过来，和高谈的。这说明李安祥对此事完全知情并认可。此外，转走360万元是2004年4月29日，此后，集资专户仍继续集资，在同年7月7日，李安祥签批支付了两笔款13.78万元。同年7月16日，李签批支付5万元。作为主管领导，李理应知道集资专户款项的使用与存余情况。而且，2004年12月8日，市容局环卫处致函图南公司购房协议作废，共管账户资金全部转到高尚名下。这进一步证明，市容局对转到共管账户的360万元完全知情，转款是按协议履行的。

由于集资专户是由环卫处工会行政章与李安祥个人印章构成开户印鉴章，而环卫处工会行政章由工会主席胡长玲保管，因此，李安祥个人印章无论在谁手上，仅凭这枚私章是无法转款的。从有关的银行票据看，360万元的转账支票是纵静填写的。所以这些事实都可以说明从集资专户转款360万元到共管账户,一定是市容局领导同意或授权,由纵静等市容局环卫处工会相关人员实施的,而并非是高尚个人未经同意的擅自挪用行为。

3. 从共管账户转给高尚的款项一定是要经过图南公司的决定或批准,因为该共管账户是以图南公司的名义开设的,开户印鉴必须有图南公司的财务章,同时还需要有李安祥的个人印章。从共管账户支付任何款项都是由图南公司财务人员与市容局环卫处工会出纳纵静共同完成,如果把图南公司转款给高尚的行为视为挪用,那无疑是把图南公司当做是挪用资金罪的共犯而且是主犯。这必将得出把民事法律行为认定为刑事犯罪的不当结论。

4. 图南公司从共管账户转款330万给高尚是依照合同给付土地款的行为,高尚接受或者使用这笔款项,就如同前期取得50万土地款一样,是属于依照合同行使民事权利的行为,或者至少可以说是不违背合同约定的资金用途的行为。

(1) 360万元从集资专户转至共管账户之后,其权属已经发生了改变,由市容局职工集资款改变为图南公司收到的合同订金,该笔款项已为图南公司所有与控制。尽管市容局对共管账户的使用,有监督其用于集资建房项目之责,但只要是在该项目用途范围内,图南公司就享有控制与决定款项用途的权利,支付给高尚土地款正是为完成集资建房项目的必要和正当用途,也是图南公司与高尚履行合同义务和行使合同权利的正当行为。

(2) 即使按照公诉人对合同所做的理解,对图南公司转款给高尚的履约行为存有异议,但至少也必须承认,高尚接受和使用动用共管账户330万元资金并不违背资金用途。刑法第272条挪用资金罪之"挪用",实质特征是"违背资金用途"(归个人使用)。如果动用资金的行为既不违背资金用途又不违反资金管理程序、权限,则不成立挪用资金罪。无论是从集资专户支付给高尚的50万元土地款,还是从共管账户支付给高尚的330万元的土地款,都不违背集资款的正当用途,不应当评价为挪用行为。

综上所述,本辩护人认为,高尚作为S1101号宗地的土地方的代理人,取得集资建房主体市容局支付的土地款,是行使合同约定的民事权利行为,即使市容局有异议,也是属于民事纠纷的性质。无论是从集资专户转款360万元至共管账户,还是从共管账户转款330万元给土地方代理人高尚,既不是高尚个人擅自而为,而是分别由市容局与图南公司决定或授权的行为;也不是属于挪用资金的性质,而是依照合同的履约行为,不能把民事法律行为错误地认定为刑事犯罪。最后,希望合议庭考虑本辩护人的上述辩护意见,依法改判高尚无罪。

北京市法大律师事务所律师
邬明安
2014年11月20日

  邬明安副教授虽然长期在中国政法大学刑事司法学院执教,是刑法专业的老师,但亦担任兼职律师,办理一些具有影响的刑事案件,通过接触刑辩实务,为课堂讲授增添素材。这次安徽省高级人民法院再审,高尚十分重视,特此聘请邬明安担任其再审辩护人。我与邬明安多有交往,当他得知我曾经为本案做过专家论证,特此找我沟通。我向他介绍了高尚挪用资金案的相关情况,与他讨论了辩护思路。在认真阅读案件材料的基础上,邬明安撰写了这份辩护词。在辩护词中,邬明安重点论述了高尚将360万元集资款从共同账户转出行为的性质问题,而这也正是高尚是否构成挪用资金罪的关键所在。邬明安认为,无论是从集资专户转款到共管账户,还是持共管账户转款支付土地款,均是按照三方两份协议的约定而为的履约行为,是应当由民事法律调整的民事行为,而不应当属于挪用资金罪的性质。对于这一核心辩护观点,邬明安做了深入的论证。确如邬明安所说,高尚挪用资金案的要害就在于刑事犯罪与民事行为之间的区分。因此,高尚挪用资金案的本质是如何处理刑民交叉案件。现在,刑民交叉案件的处理成为刑法学界研究的一个热点问题,这是一种疑难复杂案件,在司法实践中确实十分容易混淆刑事犯罪与民事纠纷之间的界限。高尚挪用资金案涉及极为复杂的民事法律关系,因而只有同时具备刑法知识和民法知识才能对本案作出正确的认定。可以说,邬明安的辩护是十分到位的。当然,效果如何还是取决于法院是否采纳。

2014年12月8日
安徽省高级人民法院刑事判决书

〔2014〕皖刑再终字第00006号

原公诉机关安徽省淮北市相山区人民检察院。

原审被告人高尚,男,汉族,1968年11月2日出生,安徽省濉溪县人,高中文化,淮北市市容管理局环境卫生管理处工人,住淮北市相山区南黎花园3栋501室。因涉嫌犯挪用资金罪于2005年5月19日被淮北市公安局刑事拘留,同年6月1日被淮北市人民检察院批准逮捕。2006年9月11日被淮北市相山区人民法院宣告无罪释放。同年12月11日被淮北市中级人民法院以挪用资金罪判处有期徒刑三年,缓刑五年。

辩护人邬明安,北京市法大律师事务所律师。

淮北市相山区人民法院审理淮北市相山区人民检察院指控被告人高尚犯职务侵占罪、挪用资金罪一案,于2006年9月8日作出(2006)相刑初字第087号刑事判决。宣判后,淮北市相山区人民检察院提出抗诉。淮北市中级人民法院于同年12月11日作出(2006)淮刑终字第86号刑事判决。高尚不服,提出申诉。本院于2014年4月8日作出(2014)皖刑监字第00018号再审决定,对本案进行提审。本院依法组成合议庭,于11月20日公开开庭审理了本案。安徽省人民检察院指派代理检察员袁孝宗、邓言辉依法出庭履行职务。高尚及其辩护人邬明安到庭参加诉讼。本案现已审理终结。

淮北市相山区人民法院一审判决认定:2001年5月,淮北市相山区任圩镇寇湾村第六村民组与淮北市平安房地产公司签订《有偿转让土地协议书》，约定将寇湾村六组拥有土地使用权的 25 余亩国有划拨土地即 S1101 号宗地，以 31 万元转让给平安公司。淮北市市容管理局环境卫生管理处职工高尚得知平安公司未付款，双方也未办理使用权转让手续后，与平安公司法定代表人张如红商定由高的朋友官超出资办理土地使用权转让手续后，再将土地使用权转让给官超。平安公司于 2002 年 12 月与刘家保（代表官超）签订《土地转让协议》，约定将 S1101 号宗地有偿转让，平安公司委托高尚为全权代表，办理登记指界和有关他项权事宜。高尚与官超约定转让土地每亩价格 145 000 元，使用权证办到刘家保名下。官超出资约五六十万元向土地管理部门交纳了国有土地出让金及其他费用，于 2003 年 1 月取得土地使用权证，但未付寇湾村地款。2003 年间，高尚向官超提出，可以每亩 20 万元的价格将 S1101 号宗地使用权转让，多出每亩 145 000 元以上部分归官超所有，官超同意，遂按高尚的要求，安排刘家保于 2003 年 11 月 6 日向高尚出具《授权委托书》，委托高尚办理 S1101 号宗地使用权的权属转让或联合开发、结算及相关事宜。其间，高尚得知平安公司并未付给寇湾村六组土地款，遂与寇湾村及六组村干部协商，表示愿补土地款，并同时包干买下相邻水塘（即 168 号宗地）的土地使用权。高于 2003 年 10 月 17 日付定金 2 万元。后高尚于 2004 年 3 月 26 日与寇湾村签订土地转让协议，以 180 万元总价有偿转让 S1101 号宗地和 168 号宗地土地使用权。高尚至 2004 年 6 月 3 日共付寇湾村土地款 72 万元，付给村干部刘祥安、圣广军、刘德新个人 32 万余元，总计 104 万余元。高尚另于 2004 年 4 月 29 日付官超土地款 200 万元。

2003 年 12 月，高尚向淮北市市容管理局领导提出，自己有一块地，可用此地找开发商建住宅楼，为市容局职工集资建（购）房。市容局经研究同意与开发公司联系开发住宅楼，市容局职工集资购买。高尚经与淮北市图南房地产公司总经理李锋联系后，代表刘家保（甲方）于 2004 年 1 月 8 日与图南公司（乙方）签订了《联合开发协议书》，约定甲方委托乙方代为开发"市容生活小区"，甲方提供土地（即 S1101 号宗地和 168 号宗地），乙方投入开发全部资金；开发面积 4 万平方米，甲方分得 30%，约 1.2

万平方米,折合人民币840万元;甲方由高尚结算。2004年2月10日,图南公司(甲方)与市容局(乙方)签订《住房购销协议书》,约定乙方购买甲方住房约4万平方米(项目地块为S1101号宗地和168号宗地),购房价包括土建安装成本、土地费用(840万),实交税费及利润(建筑成本×2.5%)四项,道路、绿化、公共设施配套由乙方自行解决;乙方于项目选址确定后15天内支付甲方订金500万元,余款按工程进度支付;双方设立共同账户,资金调配由双方共同管理;乙方参与房型设计,监督工程发包,参与质量管理。同年2月24日,淮北市规划局下发市容小区《建设项目选址意见书》。2月27日,淮北市计委下达图南公司建设4万平方米商品房的计划。淮北市市容局决定成立基建办公室,设在市容局环卫处,由市容局副局长兼环卫处处长李安祥主管,高尚为基建办负责人,纵静、王毅为基建办工作人员。2004年3月,以环卫处工会的名义在建设银行开设集资专户(账号9593),筹集职工集资款(每户3万元)。3月25日开始集资,当天收款63万元。3月26日,基建办高尚向李安祥打报告申请支付S1101号宗地地款50万元,李安祥签批同意暂付。当日从集资专户分两笔转出50万元至高尚姐姐高萍存折。同日即从高萍存折汇出30万元付寇湾村地款。6月3日从高萍存折汇出20万元付寇湾村地款。2004年4月16日集资专户集资余额为361万元。高尚、纵静于4月29日持集资专户印鉴(环卫处工会行政章和李安祥私章)和转账支票,同图南公司会计李春艳等人一起,将集资专户中360万元转至市容局与图南公司在建行开设的共同账户。当日,高尚从共同账户转账付李春艳(李锋之妹)20万元,转账付官超200万元;5月10日转账付圣广军49 000元,转账付寇湾村地款20万元;5月26日转账入高萍存折110万元;12月15日转账入高尚存折51 700元。2004年7月至12月,由纵静申请、李安祥签批,陆续从集资专户转款支付设计费、备用金等费用共计342 028元。12月8日,环卫处工会致函图南公司称:接市容局通知,我局与贵公司所签4万平方米订房协议已作废,我工会与贵公司共同账户资金全部转到高尚名下;有关债权、债务经高尚审核认可后全部交给高尚。高尚在该函上签"同意按此办"及"共同账户款已全部转交给我"。2005年1月19日,高尚向市容局写收条:收淮北环卫处工会转职工委托购房款人民币444万元整。同日写下承诺,保证在2005年3月31日前开工,否则无条件退款,市容局也可拍卖其土地。2005年1月19日,刘家保(甲方,代理人高尚)与李安祥(乙方,代理人杨艳)签订《协议书》,约定协议签订之日甲方将S1101号宗地土地使用权证交乙方保管,至施工手续审批完毕进行施工止。2月24日,市容局环卫处工会(甲方)与高尚(乙方)签订《集体代购房协议》,约定甲方为职工集体代购高尚与外商联合开发商住楼个人分成部分,商住楼于2005年3月31日前开工,一年内交付使用,乙方如不能按时开工,愿将S1101号宗地转让给甲方,甲方有权拍卖,乙方应积极协助甲方办理土地使用权转让手续。4月19日,市容局(甲方)与黎辉(乙方)签订《购房转让协议》,约定甲方将原集体购房1万平方米以900元/平方米价格转让给乙方,总价900万元。乙方预付500万元,剩余400万元售房时逐步付清,剩余房款付给高尚作为地款。同日,淮北市国土资源局向刘家保发出《拟收回国有土地使用权告知书》,至此,集资建(购)房终结。

在市容局集资建(购)房中,市政工程处职工谢肖玉(原环卫处职工子女,住环卫处公房)于2004年3月25日找到李安祥要求参与集资购房,李安排高尚接收,谢在高尚办公室将3万元集资款交给高尚,高尚、纵静二人当面点清,高尚在集资协议上签收。此款未入集资专户,由高尚保管。

淮北市相山区人民法院一审认为:被告人高尚虽是市容局职工,也是市容局临时成立的基建办的"负责人",但在本案的特定环境中,高尚亦是集资建房活动中的土地方或土地方的代理人;本案中市容局职工444万元集资款系建房款,在集资伊始和开发建房伊始,集资款即陆续进入流转中投入到地款、前期费用、设计费等支出,对此款高尚并无挪用行为。起诉书关于高尚私刻了李安祥的私章,不经主管领导李安祥同意擅自动用集资款归个人使用的指控难以成立。高尚虽然在使用集资款时少部分用于个人其他开支,但其无危害社会的心理,不宜认为有犯罪的目的和故意。根据现有事实和证据,从挪用资金罪的犯罪构成要件,对被告人高尚的行为进行综合分析,尚不足以认定其行为构成挪用资金罪。高尚所收谢肖玉的3万元,实际上与其他444万元一样都属集资建房款,是集资款总体的一部分,只是因为谢属于照顾的外单位人员,此款未入集资专户,而由高尚个人保管,高尚单独给谢打了收条,已形成债权债务关系,无法达到侵占的目的。起诉指控高尚的行为构成职务侵占罪亦不能成立。依照《中华人民共和国刑法》第三条、《中华人民共和国刑事诉讼法》第一百六十二条第(二)(三)项之规定,判决被告人高尚无罪。

淮北市相山区人民检察院于2006年9月13日作出相检刑抗(2006)02号刑事抗诉书,认为:原审被告人高尚于2004年3月至2005年4月间,利用全面负责淮北市市容管理局基建办公室工作的职务便利,挪用其单位收集的职工购房款86万余元归个人使用;并于2004年3月25日经手收取谢肖玉购房首付款3万元不交会计入账,占为己有。挪用资金数额巨大,职务侵占数额较大,对其行为应以职务侵占罪、挪用资金罪追究刑事责任。一审法院以证据不足为由判决被告人高尚无罪,属认定事实不当,适用法律有误。故提出抗诉,提请依法改判。淮北市人民检察院支持抗诉。

淮北市中级人民法院二审判决查明:原判认定原审被告人高尚参与购地、建房及支出购房款的事实清楚,证据充分。在二审期间,抗诉机关和原审被告人均未提供新证据,对上述事实予以确认。另查明:原审被告人高尚在担任淮北市市容局基建办负责人期间,私刻市容局分管基建办的副局长李安祥个人印章,利用职务便利,挪用由淮北市市容局和图南公司的共同管理的职工集体购房款360万元,案发后,追回2 889 216元,尚有710 784元未能追回。该事实有经一审当庭举证、质证的证据证实,予以确认。

淮北市中级人民法院二审认为:原审被告人高尚在担任淮北市市容局基建办负责人期间,私刻领导印章,利用职务便利,挪用由该局和图南公司共同管理的职工集体购房款供个人使用,数额巨大,超过三个月未能归还,其行为构成挪用资金罪。高尚所收谢肖玉购房款3万元,因该款系高尚个人所收,其与谢肖玉之间属民事关系,不以犯罪论处。淮北市相山区人民检察院的抗诉理由部分成立,予以部分支持。案发后,高尚挪用的资金大部分已被追回,且高尚能如实供述其犯罪事实,对其酌情从轻处罚,并可适用缓刑。依照《中华人民共和国刑事诉讼法》第一百八十九条第(二)项及《中华人民共和国刑法》第二百七十二条第一款、第七十二条第一款、第七十三条第二、三款、第六十四条之规定,作出判决:一、撤销淮北市相山区人民法院(2006)相刑初字第087号刑事判决;二、原审被告人高尚犯挪用资金罪,判处有期徒刑三年,缓刑五年;三、继续追缴原审被告人高尚犯罪所得710 784元。

原审被告人高尚的主要申诉理由为:1.原二审判决无事实依据。认定其系市容局基建办负责人不是事实;认定其利用职务之便与事实不符;认定其私刻印章与事实不符;认定其挪用360万元与事实不符。2.原二审判决无法律依据。本案三方与两份协议形成的权利义务关系受民法调整范围;检察机关抗诉的挪用资金数额86万元没有出处。请求再审改判其无罪。

高尚的辩护人辩护提出:高尚作为S1101号宗地土地方的代理人,取得集资建房主体市容局支付的土地款,是行使合同约定的民事权利行为,即使有异议,也是属于民事纠纷的性质;从集资专户转款360万元至共管账户和从共管账户转款330万元给土地方代理人高尚,分别是市容局与图南公司决定或授权的行为,不是高尚擅自而为,不属挪用资金的性质,而是依照合同的履约行为,不能错误地认定为刑事犯罪。建议依法改判高尚无罪。

安徽省人民检察院出庭检察员主要意见为:从集资款账户转到市容局与图南公司共同账户的360万元属于市容局职工集体购房款;原审被告人高尚从共同账户将360万元转移出去是利用职务上便利的挪用行为;原审被告人高尚将共同账户360万元转出用于支付土地款等费用,不符合资金用途。高尚在担任淮北市市容局基建办负责人期间,利用持有李安祥私章的便利条件,未经李安祥签批,将市容局职工集体购房款360万元从共同账户转移出去使用,违背资金用途和使用管理权限,其行为符合挪用资金罪的构成要件,构成挪用资金罪。提请合议庭查明高尚个人使用市容局职工集体购房款数额的事实后依法判处。

经本院再审审理查明:淮北市相山区任圩镇寇湾村第六村民组原砖瓦厂使用的约25亩土地即S1101号宗地,原系寇湾村六组拥有土地使用证的国有划拨土地。2001年5月,寇湾村六组与淮北市平安房地产公司签订《有偿转让土地协议书》,约定以31万元将土地使用权转让给平安公司,但平安公司未付款,也未办理使用权转让手续。原审被告人高尚(淮北市市容局在编职工)得知后,与平安公司法定代表人张如红商定,帮助平安公司办理该地使用权证后,平安公司再将土地使用权有偿转让给高尚的朋友官超。后由官超出资向淮北市土地管理部门交纳了国有土地出让金及其他费用,于2002年12月平安公司取得S1101号宗地使用证(出让),同月平安公司与刘家保(代表官超)签订《土地转让协议》,约定有偿转让S1101号宗地,平安公司委托高尚为全权代表,办理登记指界和有关他项权事宜。高尚与官超约定转让土地价格为每亩145 000元,使用权证办到刘家保名下。刘家保于2003年1月取得淮北市土地管理局颁发的S1101号宗地土地使用证(转让)。2003年间,高尚向官超提出,可以每亩20万元的价格将S1101号宗地使用权转让,多出每亩145 000元以上部分归官超所有,官超同意并按高尚的要求,安排刘家保于2003年11月6日向高尚出具《授权委托书》,委托高尚办理S1101号宗地使用权的权属转让或联合开发、结算及相关事宜。其间,高尚得知平安公司及官超并未付给寇湾村六组土地款,遂与寇湾村及六组干部黄四清、刘祥安、圣广军、刘德新等人协商,表示由其补交土地款,同时包干买下相邻水塘(即168号宗地)的使用权。高尚于2003年10月17日付寇湾村六组定金2万元。

2003年12月,高尚与淮北市市容管理局领导联系,称其有块地,可用此地找开发商建住宅楼,为市容局职工集资建(购)房。市容局经研究同意与开发公司联系开发住宅楼,由市容局职工集资购买,并成立基建办公室,设在局下属机构环卫处,安排副局长兼环卫处处长李安祥分管此事,抽调高尚参与基建工作。高尚经与淮北市图南房地产公司总经理李锋联系后,代表刘家保(甲方)于2004年1月8日与图南公司(乙方)签订了《联合开发协议书》,约定甲方委托乙方代为开发"市容生活小区",甲方提供土地(即S1101号宗地和168号宗地),乙方投入开发全部资金;开发面积4万平方米,甲方分得30%,约12 000平方米,折合人民币840万元;甲方由高尚结算。

经高尚从中联系,2004年2月10日淮北市市容局与图南公司签订《住房购销协议书》,约定市容局购买图南公司住房约4万平方米,购房价包括土建安装成本、土地费用(840万÷实建总面积/平方米)、实交税费及利润(建筑成本×2.5%)四项,道路、绿化、公共设施配套由市容局解决;市容局于项目选址确定后15天内支付图南公司订金500万元,余款按照工程进度支付;双方设立共同账户,资金调配由双方共同管理。同年2月24日,淮北市规划局下发《市容小区建设项目选址意见书》。2月27日,淮北市计委下达图南公司建设4万平方米商品房的计划。淮北市市容局成立基建办公室,设在市容局环卫处,由市容局副局长兼环卫处处长李安祥主管,高尚为基建办负责人,纵静、王毅为基建办工作人员。为规范职工集资款的管理、使用,李安祥要求以环卫处工会的名义在建设银行开设职工购房集资款专用账户,专户资金使用必须由其签批,专户银行印鉴为环卫处工会印章和其个人私章。高尚另找人刻制了李安祥的私章,作为印鉴私章,由其保管。自2004年3月25日至8月13日,陆续收到市容局148户职工每户3万元集资首付款,共计444万元存入集资专用账户。

2004年3月26日,高尚(乙方)与寇湾村六组(甲方)签订土地转让协议,约定:甲方将S1101号宗地和168号宗地土地使用权以180万元转让给乙方,乙方于2004年3月26日首付30万元,余款于5月10日一次性付清,甲方协助乙方把土地相关手续办到图南房地产公司名下,土地款全部付清后方可施工,2004年5月10日前乙方不能付清余款,合同终止,乙方所付首付款30万元及之前所交2万元定金不再退回,原办所有的与土地有关的证件一律无效,S1101号宗地所有权仍属甲方。

2004年3月26日,高尚以"基建办高尚"名义向李安祥书面报告申请支付S1101号宗地地款50万元,李安祥签批同意暂付。高尚当日即从集资专户分两笔转出50万元至高尚姐姐高萍存折。又从高萍存折汇出30万元付寇湾村六组地款。同年4月29日,高尚同基建办工作人员纵静及图南公司会计李春艳(李锋之妹)在建设银行开设一账户,作为市容局与图南公司的共同管理账户,印鉴章为图南公司财务章和高尚持有的李安祥私章。高尚利用其负责基建办工作并持有集资专户印鉴李安祥私章的便利,未向李安祥报告及签批同意,与纵静从集资款专户中转360万元入该共同账户。高尚当日从共同账户转账付图南公司李春艳20万元,转账付官超200万元;5月10日转账付寇湾村干部圣广军49 000元,转账付寇湾村六组地款20万元;5月26日转账入高萍存折110万元;12月15日转账入高尚存折51 700元。共同账户余额为77.91元。2004年7月至12月,由纵静申请、李安祥签批,又陆续从集资专户转款支付设计费、备用金等费用共计342 028元。至此,环卫处工会职工购房集资专户中的444万元全部转出。

高尚从淮北市市容局环卫处工会集资款账户及淮北市市容局和图南公司共同账户分别转入高萍存折50万元、110万元共计160万元。高尚从中付寇湾村六组土地款50万元,付图南公司李锋30万元,付寇湾村村干部刘祥安16万元、刘德新43 000元,加上高尚先前向寇湾村付出定金2万元,共计1 023 000元。余款577 000元和高尚从共同账户转入其个人存折中的51 700元,共计628 700元被高尚本人使用,至案发时未归还。

2004年12月,淮北市市容局领导发现高尚未经分管领导同意,从集资专户转款,且集资购买的商住楼迟迟未能动工,即要求高尚归还所用款项,高尚于2005年1月19日向市容局写收条:收淮北环卫处工会转职工委托购房款人民币444万元整。同日写下承诺,保证在2005年3月31日前开工,否则无条件退款,市容局也可拍卖其土地。2005年1月19日,高尚与市容局约定将S1101号宗地土地使用权证交市容局保管。2月24日,市容局环卫处工会(甲方)与高尚(乙方)签订《集体代购房协议》,约定甲方为职工集体代购高尚与外商联合开发商住楼个人分成部分,商住楼于2005年3月31日前开工,一年内交付使用,乙方如不能按时开工,愿将S1101号宗地转让给甲方,甲方有权拍卖,乙方应积极协助甲方办理土地使用权转让手续。同年4月19日,经高尚联系,市容局(甲方)与黎辉(乙方,代表官超)签订《购房转让协议》,约定甲方将原集体购房1万平方米以900元/平方米价格转让给乙方,总价900万元。乙方预付500万

Ⅴ 回音:舆论聚光灯下的程序再启以及评析

元,签订协议时首付200万元,余款300万元一月内付给甲方。剩余房款售房时逐步付清,给高尚作为地款。协议签订后,市容局从官超处收回200万元。同日,淮北市国土资源局向刘家保发出《拟收回国有土地使用权告知书》,以超过规定的两年期限仍未动工开发建设为由,拟收回S1101号宗地的国有土地使用权。淮北市市容局遂向公安机关报案。案发后,被转出的360万元职工集资款尚有710 784元没有追回。

上述事实,有经一审、二审和再审庭审中诉辩双方举证、质证的下列证据证实:

(一)有关土地权属及转让的证据

土地转让协议、土地使用证、证人证言证明2001年寇湾村六组S1101号宗地的性质及使用权转让情况。

1. 书证

(1)淮划国用(2001)字第63号国有土地使用证,证明S1101号宗地土地使用者为寇湾村六组,系划拨使用权,时间为2001年12月。

(2)《有偿转让土地协议书》证明:寇湾村六组有偿转让给平安公司(乙方)使用国有土地25.88亩(即S1101号宗地),约定每亩包干费12 000元,合计310 560元整。时间为2001年5月18日。

(3)《国有土地使用权出让合同》证明:出让人淮北市国土资源局,受让人平安公司,出让宗地为S1101号,出让金总额317 765元,时间为2002年12月3日。

(4)淮出国用(2002)字第33号国有土地使用证,载明S1101号地使用者为平安公司,系出让使用权,时间为2002年12月31日。

(5)《土地转让协议》载明:甲方平安公司,乙方刘家保。主要内容为甲方自愿将S1101号宗地有偿转让给乙方,甲方提供手续,乙方自行办理。时间为2002年12月25日。

(6)淮转国用(2002)字第41号国有土地使用证载明S1101号宗地使用者为刘家保,系转让使用权,时间为2003年1月13日。

(7)刘家保《授权委托书》载明:刘家保委托高尚办理S1101号宗地国有土地使用权的权属转让,结算及相关事宜或联合开发,结算及相关事宜。时间为2003年11月6日。

(8)《土地转让协议》载明:寇湾村(甲方)将S1101号宗地和168号宗地包干转让给高尚(乙方),转让价人民币180万元,高尚于2004年3月26日首付人民币30万元,余款5月10日一次性付清;甲方协助乙方把土地相关手续办到图南房地产公司名下,土地款全部付清后方可施工;2004年5月10日前乙方不能付清余款,合同终止,乙方所付首付款30万元及之前所交2万元定金不再退回,原办所有的与土地有关的证件一律无效,S1101号宗地所有权仍属甲方。时间为2004年3月26日。

(9)图南公司《授权委托书》载明,委托高尚办理168号宗地土地使用权的权属转让,结算及相关事宜。时间是2004年11月19日。

2. 证人证言

(1)张如红(平安公司法定代表人)的证言:自己和寇湾村谈好160多万元买该村土地,自己还到相山区土地局办好手续花了二三万元,就差到市土地局办证了,高尚知道了,提出他姐高兰英是原土地局局长,高要和自己共同开发,将来挣钱各拿50%。后来就把平安公司名下的这块地过户到高尚找来的刘家保名下,自己和刘之间还写了一个协议,实际没有支付一分钱。市土地局的费用都是高尚弄的钱以平安公司的名义交的。

(2)刘家保(雷河选煤厂工人)的证言:2002年下半年,宫超找到自己,说有人要和宫共同买一块地,让他和高尚跑这个事,用他名字办土地证。到土地部门办证是宫超拿的钱,有六七十万。2003年上半年,高尚找他讲要和市容局开发土地,让他写个委托书,后高尚又找到宫超,宫超让他写,他就写个委托高尚全权代理这块土地的委托书。

(3)宫超(雷河选煤厂法定代表人)的证言:通过朋友陈小刚介绍认识高尚,高尚说有一块地要卖给自己,即寇湾村六组原砖瓦厂地,高尚说这块地是他的,每亩按145 000元,共计25亩,合计360万元。自己共给高尚70万余元,土地局的费用等都是用这个钱去付的。土地证的名字是刘家保。2004年高尚多次催要钱,其没有钱,高尚说帮其把地卖了,每亩20万元,其让高尚打了个借条,每亩20万元减145 000元,加上前期付的70万元,高尚给其打了一份212万元的借条,2004年4月份实际收到高尚从建行转来 200 万元。2005 年 4 月,经高尚联系,其安排司机黎辉与市容局签了购房转让协议,又付了市容局 200 万元作为购房预付款。

(4) 寇湾村村干部黄四清、董淑萍、圣广军、刘德新、陈孟华证言综合证明:村砖瓦厂的那块地最早是在 80 年代以寇湾村六组的名义办了 25 亩地土地使用证,先是以平安公司张如红的名义办的土地证。2002 年左右,高尚拿着写着刘家保名字的土地使用证,说这块地属于他所有,这块地一直没人给村里付钱,高尚愿付给村里地钱,村里就安排刘德新、刘祥安、圣广军等人同高尚谈,全部土地约 45 亩,其中 25 亩有证(即 S1101 号地),20 亩大坑没证(即 168 号宗地),约定补偿总价款 180 万元,签了协议,高尚先后共付村里 72 万元,付给刘祥安、圣广军 15 万元,刘德新 43 000 元。高尚实际没有履行协议约定。

3. 高尚供述和辩解:约 2002 年,由于平安公司张如红借了自己一些钱,张如红就把 S1101 号宗地转给自己了。他与雷河选煤厂的老板官超是好朋友,都不想出头,就把这块地的土地证办到了刘家保名下,刘家保是雷河选煤厂的工人。然后再由刘家保把土地处置权和结算权委托给自己。两次转让(第一次是寇湾转到平安公司,第二次是平安公司转到刘家保名下)费用五六十万元,都是其从官超处拿的。后来见到圣广军等村干部,知道张如红没付寇湾村地钱,当时就表示地钱由他来付,最后商定这块地按总价 180 万元签了协议,共计已付村里 72 万元(其中 2 万元定金),另给村干部个人超过 30 万元。

(二) 关于联合开发及集资购房的证据

联合开发协议、集资购房协议、市容小区选址意见书、商品房建设计划通知、证人证言等证据证明开发建设市容小区、集资购房的相关情况。

1. 书证

(1)《联合开发协议书》载明:甲方刘家保,委托代理人高尚,乙方图南公司。甲方委托乙方代为开发土地。委托项目:市容生活小区;拟建面积约 4 万平方米;甲方投入土地,乙方投入开发所需全部资金;按实际开发面积计算,甲方分得 30%,约 12 000 平方米、折合人民币 840 万元整;甲方确保投入土地无争议。土地如需过户,由甲方负责,乙方负责办理和履行开发建设一切手续和费用,乙方保证足额资金到位,不影响正常施工。结算同委托代理人结算。签订时间是 2004 年 1 月 8 日。

(2)《住房购销协议书》载明:甲方为图南公司,乙方淮北市市容局。主要内容为:乙方购买甲方开发的住房约 4 万平方米,购房价按土建安装成本、土地费用(840 万÷实建总面积/平方米)、实交税费及利润(建筑成本×2.5%)四项计;道路、绿化、公共设施配套由乙方自行解决;乙方负责协助甲方办理项目开发建设所需一切手续并承担相关费用;在选址确定后 15 天内,乙方支付给甲方人民币 500 万元作为订金,余款按工程进度支付,乙方确保足额资金到位,不影响正常施工;甲乙双方设立共同账户,资金调配由甲乙双方共同管理;乙方参与房型设计,监督工程发包,参与质量管理。签订时间是 2004 年 2 月 10 日。

(3)淮北市计划委员会《关于下达商品房建设计划的通知》载明:下达图南公司计划新建商品房 4 万平方米,总投资 2 400 万元。时间为 2004 年 2 月 27 日。

(4)淮北市城市规划局《建设项目选址意见书》载明市容小区项目地址(即 S1101 号宗地和 168 号宗地)。时间为 2004 年 2 月 24 日。

(5)环卫处工会于 2004 年 12 月 8 日致图南公司函载明:市容局与图南公司所签的 4 万平方米订房协议已作废,共同账户资金全部转到高尚名下,有关债权、债务经高尚审核后全部交给高尚。

(6)《保管协议书》载明:甲方刘家保,代理人高尚。乙方李安祥,代理人杨艳。甲方将 S1101 号宗地土地使用证交乙方保管,保管期限自签订本协议之日起至该宗土地施工手续审批完毕并进行施工时止。时间是 2005 年 1 月 19 日。

(7)《集体代购协议》载明:甲方环卫处工会,乙方高尚。甲方一次性购买乙方商住楼 148 套。每户首付 3 万元,房屋交付使用时付清全部房款。商住楼开工日期为 2005 年 3 月 31 前,一年内交付使用。乙方将土地证及有效授权书,经司法公证后交甲方保管,如不能按期开工,乙方应于 2005 年 4 月 1 日前无条件将职工集资款及利息如数退还,并按银行同期贷款利息予以补偿,乙方若无力偿还,甲方有权将其土地拍卖,所得款用

V 回音:舆论聚光灯下的程序再启以及评析

于偿还职工购房首付款。时间是 2005 年 2 月 24 日。

（8）关于《集体代购协议》第六条补充协议。主要内容是如乙方违约，愿将"淮转国用（2002）字第 41 号"中所属土地使用权转让给甲方。甲方有权拍卖该宗土地使用权，扣除职工款项剩余部分返还乙方。乙方应积极协助甲方办理该宗土地使用权转让的相关手续。时间是 2005 年 3 月 20 日。

（9）《购房转让协议》载明：甲方市容局，乙方黎辉，甲方将原集体购房有偿转让给乙方，转让总价人民币 900 万元（不含税费）；乙方预付 500 万元，签协议时首付 200 万元，余款 300 万元一个月内付给甲方，剩余房款 400 万元付给高尚作为地款售房时逐步还清。时间是 2005 年 4 月 19 日。

（10）淮北市国土资源局向刘家保发出的《拟收回国有土地使用权的告知书》载明：S1101 号宗地以超过规定的两年期限仍未动工开发建设，拟收回该宗地的国有土地使用权。时间是 2005 年 4 月 19 日。

2. 淮北市人民检察院文件检验鉴定书载明：用于管理集资款的账户所留"李安祥"私章印，与图南公司共同账户所留"李安祥"私章印，以及田志金提供的一枚"李安祥"私章印是同一枚印章所盖。

3. 证人证言

（1）淮北市容局副局长兼环卫处处长李安祥的证言：市容局党委会研究决定进行职工集资购房，让他负责此事，抽调专人成立基建办公室，设在环卫处，基建办由高尚具体负责，环卫处工会主席胡长玲任主管会计，纵静任现金会计，还有王毅参加。后来贴出通知请职工自愿认购，签协议，每套预交 3 万元，总共交了 148 户，收款 444 万元，存放在环卫处工会临时账户上，他对基建办人员宣布，没有他签字，加盖公章和其私章，任何人都不允许动这笔钱。自己本人私章放在财务科，高尚另刻其私章其不知道。2004 年六七月份，高尚找他说要再买一块地，写了报告，想从预交款中支付 50 万元，其签了字，后这笔款是否提走不清楚。2004 年年底，吕剑局长问其预交款怎么转到高尚个人账户上了。其不相信，后找高尚要钱，高尚答应还，却迟迟不还，后写保证在 2005 年 3 月 31 日前开工,否则无条件退回购房款和利息,高尚还把土地证交市容局保管,作抵押。事后,高尚补了一个收到了市容局 444 万元的条子。到期高尚仍未开工。关于图南公司与市容局的购房协议,从来没有终止过。关于图南公司与市容局设立共同账户的事,他不知情,是高尚个人私下所为。

(2)环卫处工会主席胡长玲的证言:单位为集资建房成立了基建办,高尚应该是基建办负责人。2004 年 4 月职工开始交钱,每人交 3 万元,共 444 万元。集资款单独设立账户是李安祥安排的,开户时建行的人到工会办理,账户印鉴是她提供的工会行政章,高尚拿出李安祥的私章。购房款由基建办的人保管。她不知道高尚等人将 444 万元转出,亦未在 360 万元转出的支票上盖章,纵静和王毅拿过她保管的工会公章。

(3)市容局基建办会计纵静的证言:基建办由李安祥分管,由高尚负责。集资款一开始放在工会账户上,银行印鉴留的是工会的公章和李安祥的私章。李安祥的私章不是原来放在环卫处财务科的,是新刻的,发现用的时候在高尚那里,高尚从她处取款从不愿签字,也不讲用途,他讲这块地是他的,这些钱是前期费用,以后到投资商那里报销。她怕万一出问题,自己记了流水账。2004 年 4 月一天,她与高尚、图南公司的一个女会计及一个司机四人到建行分理处,开了一个联合管理账户,公章是图南公司的,私章是李安祥的,听说李安祥的私章是高尚私自刻的。当天就转到共同账户 360 万元,当时支票是她填写的,高尚把工会公章和李安祥私章交给她盖在支票上,后高尚让她把工会公章交还给胡长玲。李安祥知道开共同账户,转 360 万元时不知他是否知道,但她事后告诉了李安祥,李安祥又找高尚谈的。共同账户的钱是如何转出的她不知道。

(4)环卫处财务科长赵娟的证言:收集资款之前,市容局准备把集资款存放在环卫处账户上,她不同意,怕因债务纠纷款被划走,李安祥也同意她意见,后在工会设立集资专户。李安祥在环卫处的印鉴私章是她保管的,她没借给高尚等人用过。

(5)图南公司总经理李锋的证言及自书《情况说明》:2003 年下半年,市容局的高尚找到其,说他有一块地皮,让其开发,卖给市容局职工,其与高尚签了《联合开发协议》,主要内容是高尚投入土地,图南公司

Ⅴ 回音:舆论聚光灯下的程序再启以及评析

投入全部资金。后高尚与市容局领导协商,图南公司与市容局签了《住房购销协议书》。后其跑设计,办规划,勘探。市容局没按协议支付图南公司500万元订金,达成口头协议(高尚说的),设立共同账户,在图南公司名下,由市容局管理,取钱要公司的公章和李安祥的私章,2004年4月29日打过来360万元。共同账户的款是市容局管理,款是他们单位的,他们要用钱,自己不能干涉,但账户是在图南公司名下,支出钱要给其打条。高尚于2004年4月29日还其20万元借款,5月收到高尚转来用于购买交通工具30万元。

(6)图南公司会计李春艳的证言:2004年4月一天,哥哥李锋让她与司机一起带着图南公司财务章,和高尚及高尚单位的两个女的一起到建行办一个共同管理的账户,转过来360万元,都让高尚使用了。每次高尚转款,都是李锋通知她,她填好支票盖好公司财务章,高尚拿出李安祥私章盖上,就办成了。高尚转给她20万元,她交给了李锋。

(7)市容局基建办工作人员王毅的证言:基建办还有高尚、纵静、尚某某等人,高是负责人。有一天和高尚去办事,在惠黎十字路口有刻章的,高尚就要刻李祥安副局长的私章,刻章的和高尚熟悉,当时他说很忙,让刻好后来拿。

(8)从事个体刻章人田志金的证言:自己在惠黎路口从事印章刻制,高兰英的弟弟(即高尚)曾找他刻了一枚"李安祥"的私章,可能是第二天就拿走了。他还保存有这枚印章的样本。

(9)市容局党委副书记王德海的证言:市容局于2003年12月研究同意集资建房,基建办设在环卫处,李安祥副局长全面负责。2004年2月与图南公司签购房协议,三四月份通知职工交集资款,每户3万元。之后党委会多次强调动用集资款必须经局党委会同意,否则任何人都不能动,李安祥一直讲钱没动。局党委没有研究过终止"住房购销协议"的事,李安祥没有向局党委汇报过动用集资款的事。

(10)市容局党委书记、局长吕剑的证言:2003年年底,高尚提出其与房地产公司联合开发房子,可以便宜一点卖给市容局职工。经党委研究,同意购房,由副局长李安祥具体负责,后来与图南公司签了住房购销协议,共收 148 户职工集资款 444 万元。这笔钱由李安祥全面负责,如动用一分钱需经党委会同意。市容局与图南公司的协议仍有效,没有给图南公司下通知要中止协议。

(11) 官超、黎辉的证言,证明经高尚联系与市容局签订购房转让协议并分两次支付给市容局 2 195 656 元的经过。

4. 高尚供述与辩解:市容局成立基建办,当时只是一种说法,没有下文,是临时的,由李祥安分管,胡长玲、纵静负责财务,自己具体负责。转集资款需要环卫处工会公章,需工会主席胡长玲盖,还需要李安祥的私章。李安祥的私章是由李安祥把身份证复印件交给他,他到市惠黎加油站对面花 40 元刻的,是李安祥同意刻的,私章平时在纵静处保管,他也保管一段时间,盖李安祥的私章不要经领导同意。他从集资账户划走 360 万元确实没有经领导同意。划走集资钱没经领导同意,但有客观原因,一是想尽快把地钱给人家付清,把自己的债务还清,为建房创造好的外部环境;二是因地是自己的,李安祥让他自由支配职工集资款。444 万元中有一笔 50 万元和一笔 10 万元是李同意转的,其他的钱转走李不知道,其他领导也不知道。他把钱取完后,就把李安祥私章扔了。后来有人到纪委告市容局集资建房,吕剑局长让其赶紧把购房协议收回来,李安祥副局长怕图南公司扣钱不给,且市容局欠他地钱,让把钱全部转到其自己那里。后李安祥又同意把环卫处工会剩下的钱都转到其名下。他认为 444 万元集资款就是给其地款,自己可以随意支配。关于撤销购房协议的证明是假的,因为当时不允许集资建房,市纪委来查,李安祥让他出个假证明,做给纪委看的,事实上后来并没有撤销购房协议。2005 年 4 月份规划局还下文同意建房方案。关于让图南公司把集资款都转到他名下的证明是他起草的,盖公章时胡长玲打电话请示了李安祥。后来市容局和黎辉签"购房转让协议",主要是为了尽快退还职工集资款,而且还可以净赚四五千平方米的房子。

(三) 关于市容局职工集资款专户、与图南公司共同账户及高萍账户款项支出情况的证据

银行账单、相关证人证言及高尚供述证明从 2004 年 3 月起,市容

环卫处148户职工集资444万元,存入环卫处工会集资账户。同年4月29日,高尚使用李安祥私章,未经李安祥签批,将市容局职工集资建房款360万元从环卫处工会集资账户转入市容局与图南公司双方设立的共同账户。高尚又从共同设立的账户转入高萍存折110万元,经李安祥签字同意从环卫处工会账户转入高萍存折50万元共计160万元。对该160万元高尚多次取现金,分别付寇湾村50万元,付刘祥安16万元,付图南公司李锋30万元,付刘德新43 000元,高尚先前付出2万元订金。余款577 000元和转入高尚存折中的51 700元,共计628 700元被高尚自己个人使用。

1. 书证

(1)淮北市建行柜面签约流水查询单(高萍存折):显示2004年3月26日开户,当日从环卫处工会账户转存25万元;取现10万元(付刘祥安);又从环卫处工会账户转存25万元,取现30万元(付寇湾村土地款);5月26日转入110万元,5月26日取现30万元付李锋,6月1日取现40万元(其中付刘祥安6万余元、刘德新3万元);6月3日取现20万元付寇湾村土地款;余额4 400元。

(2)淮北市建行对账单(共同账户)载明:2004年4月29日进账360万元(从环卫处工会集资账户汇入),当日转账支票20万元(付李春艳);当日转账支票200万元(付官超);5月10日转账49 000元(给圣广军);同日转账支票20万元(付寇湾村地款);5月26日转账支票110万元(转高萍存折);12月15日转账支票51 700元(转高尚存折)。并附有关票据复印件。

(3)淮北市建设银行流水查询单(环卫处工会集资专户)证明集资专户中444万元存入、转出情况。从环卫处工会账户转账付荣海侠借支37 828元的银行票;纵静从环卫处工会转账支票199 200元银行票据,纵静所写的款项支出说明,称均被高尚支取现金,尚余21 455.23元已被退回工会;纵静所打的基建办账户转账28万元前期备用金的请示报告,李安祥签批"请转10万元";纵静所打支付南京百市设计院设计费5万元的请示报告,李安祥签批"同意"。并附相关单据。

2. 证人证言：证人圣广军、刘德新、陈孟华、李锋、李春艳、高萍等人证明收到高尚相关款项的证言，以及纵静证明部分款项支出情况的证言。

3. 高尚供述：其转到共同账户的 360 万元中，转给图南公司李春艳账户 20 万元，转给宫超 200 万元，转给寇湾村 20 万元，转入高萍账户 110 万元，给圣广军 4 万元。分两次转入高萍账户上的 160 万元中，付寇湾村 50 万元，给村干部一部分，付图南公司李锋 30 万元，其余还个人欠账和自己花用了。

（四）高尚对其转支市容局职工集资购房款予以认可，并承诺还款但并未兑现的证据。

1. 市容局提供的高尚 2005 年 1 月 19 日所打收条：收淮北环卫处转职工委托购房款人民币 444 万元，收款人高尚；市容局提供的高尚同日所写承诺：本人保证在 2005 年 3 月 31 日开工，开工之日如职工愿意退款，本人无条件给大家退款并付银行同期贷款利息，如房子建成后职工不能接受，本人照上述条件退款，以上承诺愿负法律责任，否则市容局可以拍卖我的土地；市容局提供的高尚书写的"保证书"：局党委，关于职工集体购房退款金额，我在 2005 年 5 月 13 日前全部打入到环卫处工会账户，以上保证以人格担保，负法律责任。

2. 市容局环卫处工会于 2005 年 4 月 27 日致淮北市市委、市政府领导的《关于市环卫处职工集体购房情况的紧急报告》称：为解决环卫处职工住房困难问题，2004 年 2 月 10 日由环卫处工会与图南公司及代理人高尚签订了《住房购销协议书》，高尚自称有土地 25 亩，并提供了相关土地使用证，由其开发后，以 900 元/平方米的价格集体售给环卫处职工。局党委研究同意，由李安祥负责，环卫处工会与对方设立统一账户共同管理。后高尚及其代理人公司偷偷将此款转移，被发现后，才重补了一张收据。当我们得知对方提供的属违法土地，环卫处工会及时追要该款项，高尚以种种借口，久拖不还。请公安机关立案查处，追回职工血汗钱。

3. 市容局环卫处工会于 2005 年 5 月 18 日向淮北市公安局报案材料：《住房购销协议》规定由图南公司提供土地，我方提供职工集资款共同建房，集资款原约定由双方共同管理使用，后被高尚采取不正当手段划到

Ⅴ　回音：舆论聚光灯下的程序再启以及评析

其控制的账户,住房亦迟迟不见动工,高尚以种种借口拒不归还集资款。要求严惩犯罪分子,追回损失。

(五)有关追还款物情况的证据

公安机关扣押清单证明扣押高萍人民币17 560元;扣押刘德新人民币43 000元;扣押圣广军人民币72 000元;扣押李锋人民币263 139元,扣押寇湾村土地款6万元。扣押李锋名下帕萨特轿车一辆,包含购车费、附加费、保险费共计226 861元。环卫处工会于2005年4月19日、4月30日分别收到黎辉交来购房转让金2 195 656元。上述被公安机关扣押的款项、车辆及收取的转让金均返还淮北市市容局。

对再审查明的上述事实和所列证明相关事实的证据,本院予以确认。

对原审被告人高尚的申诉理由及其辩护人的辩护意见,经查:高尚系由淮北市市容局安排具体办理职工集资购房工作的基建办负责人,其持有单位集资账户银行印鉴中李安祥私章,未经分管领导李安祥签批同意,将本单位职工集资购房款360万元从集资专用账户转移到与图南公司共同管理账户,后又从共同账户转出,部分归其自己个人使用的事实,有多名证人证言及相关单据、银行账册在卷证实,高尚对此节事实亦有供述在卷,应予认定。高尚虽在本案"三方两份协议"关系中有土地方代理人的身份,但其在市容局集资购房事务中,作为市容局职工,受组织安排为基建办公室负责人,在分管副局长领导下,负有具体办理单位职工集资购房相关工作的职责。高尚关于不是基建办负责人、未利用职务之便、没有挪用单位资金行为的申诉理由与本案查明事实不符,不能成立。

按照高尚作为刘家保代理人与图南公司签订的《联合开发协议》内容,刘家保一方提供土地,交由图南公司投入建设所需资金进行开发后,按约定可分得开发面积的30%,即12 000平方米,折合人民币840万元,是以土地投入与图南公司联合开发,并非是以840万元转让该土地使用权。淮北市市容局与图南公司签订《住房购销协议》,是订购图南公司开发建设的小区住宅,购房价中虽包含有土地成本费用,但并非购买土地交由图南公司进行开发建设;协议中约定由市容局预付图南公司500万订金,并非用于支付土地费用。土地方的利益需通过图南公司开发建设后实现。故高尚及其辩护人关于高尚作为土地方代理人,有权获得市容局职工购房集资款、高尚转款行为系履行协议内容的申诉理由和辩解、辩护意见与本案事实不符,不能成立。

根据市容局与图南公司签订的协议,淮北市市容局与图南公司双方为建设项目设立的共同账户资金,应由淮北市市容局与图南公司共同管理使用,不应由高尚个人使用。鉴于高尚从共同账户中转账支付给图南公司、宫超、寇湾村的款项等部分,客观上用于单位集资建房相关事宜,可不认定为高尚个人使用。高尚作为淮北市市容局职工及基建办负责人,在具体办理职工集资购房工作中,利用职务之便,违背资金用途,将单位职工集资款 628 700 元挪出归其个人使用,超过三个月未还,其行为符合挪用资金罪的犯罪构成要件。高尚及其辩护人关于高尚的行为不构成挪用资金罪的申诉理由和辩护意见不能成立。

本院认为:原审被告人高尚作为淮北市市容局职工,利用负责基建工作,具体办理集资购房事宜并持有李安祥私章的便利条件,未经签批同意,将市容局职工集资款 360 万元从单位集资专用账户转出后,将其中的 628 700 元挪出归其个人使用,超过三个月未还,其行为构成了挪用资金罪,且数额巨大,应依法处罚。鉴于高尚能如实供述本案相关事实,对其可以酌情从轻处罚,并可适用缓刑。对出庭检察员关于高尚的行为构成挪用资金罪的意见,予以采纳。对高尚及其辩护人关于高尚不构成犯罪,应宣告无罪的申诉理由和辩护意见不予采纳。淮北市中级人民法院二审判决定罪准确,根据被告人高尚的具体犯罪事实和情节,对高尚的量刑亦无不当。但原判对被告人犯罪所得予以追缴的判决部分不当,应予改判。经本院审判委员会讨论决定,依照《中华人民共和国刑法》第二百七十二条第一款、第六十四条,《中华人民共和国刑事诉讼法》第二百四十五条和《最高人民法院关于适用〈中华人民共和国刑事诉讼法〉的解释》第三百八十九条第一款第(四)项之规定,判决如下:

一、维持安徽省淮北市中级人民法院(2006)淮刑终字第86号刑事判决第一项。即:撤销淮北市相山区人民法院(2006)相刑初字第087号刑事判决。

V 回音:舆论聚光灯下的程序再启以及评析

二、维持安徽省淮北市中级人民法院(2006)淮刑终字第86号刑事判决第二项。即:原审被告人高尚犯挪用资金罪,判处有期徒刑三年,缓刑五年。

三、撤销安徽省淮北市中级人民法院(2006)淮刑终字第86号刑事判决第三项。即:继续追缴原审被告人高尚犯罪所得710 784元。

四、对原审被告人高尚挪用资金未归还的人民币628 700元予以追缴。

本判决为终审判决。

审　判　长　沈世所
审　判　员　俞远来
代理审判员　张祝坤
二〇一四年十二月八日
书　记　员　郭姗姗

附相关法律条文：

《中华人民共和国刑法》

第二百七十二条第一款　公司、企业或者其他单位的工作人员,利用职务上的便利,挪用本单位资金归个人使用或者借贷给他人,数额较大、超过三个月未还的,或者虽未超过三个月,但数额较大、进行营利活动的,或者进行非法活动的,处三年以下有期徒刑或者拘役;挪用本单位资金数额巨大的,或者数额较大不退还的,处三年以上十年以下有期徒刑。

第六十四条　犯罪分子违法所得的一切财物,应当予以追缴或者责令退赔;对被害人的合法财产,应当及时返还;违禁品和供犯罪所用的本人财物,应当予以没收。没收的财物和罚金,一律上缴国库,不得挪用和自行处理。

《中华人民共和国刑事诉讼法》

第二百四十五条　人民法院按照审判监督程序重新审判的案件,由原审人民法院审理的,应当另行组成合议庭进行。如果原来是第一审案件,应当依照第一审程序进行审判,所作的判决、裁定,可以上诉、抗诉;如果原来是第二审案件,或者是上级人民法院提审的案件,应当依照第二审程序进行审判,所作的判决、裁定,是终审的判决、裁定。

人民法院开庭审理的再审案件,同级人民检察院应当派员出席法庭。

《最高人民法院关于适用〈中华人民共和国刑事诉讼法〉的解释》

第三百八十九条 再审案件经过重新审理后,应当按照下列情形分别处理:

……

(四)依照第二审程序审理的案件,原判决、裁定事实不清或者证据不足的,可以在查清事实后改判,也可以裁定撤销原判,发回原审人民法院重新审判。

……

安徽省高级人民法院的再审判决书对高尚挪用资金案进行了全面审理,最终认定高尚挪用资金的数额是62.87万元。值得注意的是,关于高尚挪用资金的数额,从提起批准逮捕书到再审判决,几乎每个司法程序的认定都不同:

(1)提起批准逮捕书认定的挪用资金数额是385.5217万元;

(2)起诉意见书认定的挪用资金数额是444万元;

(3)起诉书没有明确指出挪用资金数额,疑似86万元;

(4)一审判决针对挪用资金数额444万元作出无罪判决;

(5)抗诉书认定的挪用资金数额是86万元;

(6)二审判决认定的挪用资金数额是360万元;

(7)再审判决认定的挪用资金数额是62.87万元。

挪用资金罪属于财产犯罪,犯罪数额对于定罪量刑具有重大影响。更为重要的是,犯罪数额是与构成要件行为密切相关的。因此,数额不同意味着其所对应的构成要件行为也是不同的。

在高尚挪用资金案中,提起批准逮捕书认定的数额是385.5217万元,数字精确到人民币的最小面值——分。然而,仔细阅读提起批准逮捕书也不能确定这个数额是如何计算出来的。起诉意见书认定的数额是444万元,这444万元是高尚先后取得的职工购房集资款,其中,50万元是经过李安祥批准转走的,另外还有部分款项用于支付购地款以及其他开支。因此,该数额认定存在明显错误。起诉书则并未明确挪用资金的具体数额,然而从内容来看,似乎是把高尚取得的购房集资444万元中,个人占用的86万元认定为挪用资金数额。原一审法院对指控高尚挪用资金444万元判决无罪,似乎认可起诉书指控的挪用资金数额是444万元,但如上所述,实际上起诉书认定的数额是86万元。只是因为起诉书没有明确指控数额才导致一审判决将起诉书的指控数额确定为444万元。抗诉书则是对高尚挪用资金86万元提起抗诉,在此似乎印证了起诉书指控的数额应该是86万元,这里的86万元是指在起诉书中提到的被高尚个人占用的数额。因此,在起诉书中没有明确的指控数额,在抗诉书中予以了明确。然而,原一审法院针对444万元作出的无罪判决,实际上是对其中的358万元,检察机关本来就未予指控的数额作出无罪判决。这是在本案审理中,第一次出现对认定的数额控审不一的乌龙。及至原二审判决又将高尚挪用资金数额认定为360万元,这是指高尚从共管账户转走的资金数额。在这种情况下,出现了检察机关抗诉书指控高尚挪用资金数额为86万元,但法院判决认定高尚挪用资金数额却是360万元的荒唐结果,这是本案第二次出现控审不一的乌龙,这也正是高尚所能抓住的二审有罪判决违反判决不能超出指控范围的刑事诉讼法原则的程序错误。最后,再审判决认定高尚挪用资金数额为62.87万元,这是对原二审判决认定的高尚挪用资金数额的变更,似乎纠正了原二审判决的程序错误。那么,这个数额又是如何计算出来的呢?再审判决指出:"高尚作为淮北市市容局职工及基建办负责人,在具体办理职工集资购房款工作中,利用职务之便,违背资金用途,将单位集资款62.87万元挪出归个人使用,超过三月未还,其行为符合挪用资金罪的犯罪构成要件。"由此可见,再审判决认定的挪用资金数额是高尚从共管账户转出资金中归个人使用的部分。根据再审判决,购房集资款444万元中,除了支付给他人的,还有62.87万元被高尚自己个人使用。但是,抗诉书指控高尚归个人使用的数额是 86 万元,现在再审判决认定为 62.87 万元。然而,反复核对,我还是不能对这两个数额之间的差异做出正确判断,这真是一笔糊涂账。

再审判决只是对原二审判决认定的挪用资金数额从 360 万元核减为 62.87 万元。对本案的性质则维持了原二审判决的判决结论,那么在本案中,高尚挪用资金的构成要件行为是什么呢?根据再审判决书,高尚从共管账户转走 360 万元,其中支付土地款以及其他开支的不是挪用,只有归个人使用部分才是挪用的性质就否定了从共管账户转款行为的挪用性质,而将转款以后归个人使用行为认定为挪用。而要破解这个问题,只能以高尚在本案集资建房中的角色与地位为根据进行判断。再审判决书中有关土地权属及转让的证据列举的书证(7)2003 年 11 月 6 日土地所有人刘家保《授权委托书》载明:刘家保委托高尚办理 S1101 号宗地国有土地使用权的权属转让,结算及相关事宜或联合开发,结算及相关事宜。由此可见,高尚具有办理该宗地块事宜的委托人身份。书证(8)2004 年 3 月 26 日《土地转让协议》载明:寇湾村(甲方)将 S1101 号宗地和 168 号宗地包干转让给高尚(乙方),转让款人民币 180 万元。以上书证都是经过质证的,并且被再审判决书所列明。根据这些书证,高尚是土地方的委托代理人,后来又成为该宗地的实际所有人。由此可以得出结论:购房集资款中归高尚个人使用的部分资金,无论是起诉书认定的 86 万元,还是再审判决书认定的 62.87 万元,都是高尚的合法所得。因此,即使经过再审,高尚挪用资金案仍然是一个错案。

感言:如何尽可能地避免错案

我当然不太可能给高尚的案件申诉带来什么期盼,高尚的案件却给我带来了一个诊断我国司法病灶的绝佳病例。犯罪是社会的病症,而错案则是司法的病症。社会有病并不奇怪,甚至也可以说是正常现象。但司法有病,这就十分危险,而且也难以得到有效的救治。

　　围绕着高尚的案件,我们所展示的主要是司法文书和案件的相关的材料,但这只是浮在表面的东西,在高尚的叙述中所反映出来的领导干预等问题,在这些司法文书中是得不到证实的。而且,某个领导的一个批示或者一句指示,只不过是其千头万绪的日常事务中的一点痕迹。这个领导或许早就遗忘了。但其影响所及却还要延续好多年,尤其是落实到司法文书上,是要永久存留下去而成为历史的。我们不能说这只是一个领导干预导致的错案,因为司法人员在其中是难辞其咎的。一地鸡毛,还要靠司法机关来收拾。

　　刑法上有冤假错案之说,其实,冤、假、错这三种案件是有所不同的。冤案是就事实而言的,所谓不白之冤,是指被冤屈,即没有实施某一犯罪被认定实施了某一犯罪。而假案,是指陷构出来的案件,因此,被陷构的人也是冤屈的。之所以称为假案而不称为冤案,是就司法者的主观心理不同而言的:对于冤案,司法者主观上可能是过失的;但对于假案,司法者肯定是故意的。至于错案,是指证据认定错误、法律适用错误或者存在程序瑕疵的案件。冤案与假案还较为容易界定,事后纠正起来也相对容易一些。例如佘祥林这样死者复生的冤案,随着死者归来而不得不翻案。

但错案就难以界定，至于翻案就更难。因为错案之错，在一定程度上存在一个模糊地带，或者包含了一个价值判断，所以很容易形成"你说我错，我不认为错"的分歧或者争议。例如，以事实认定的错误而言，一种犯罪事实是否存在，要根据证据进行判断。我国《刑事诉讼法》规定的事实认定标准是事实清楚，证据确实、充分。这一事实认定标准本身是十分模糊的，其实还是排除合理怀疑这个标准更加明确一些。

这里还存在着一个认定事实的司法理念问题，即无罪推定原则。无罪推定原则的基本精神是：有罪是需要证明的，而无罪则不需要证明。因此，在不能证明有罪的情况下，被告人即为无罪。但在我国司法实践中，在相当长的时间内，主张的是所谓实事求是的原则：有罪即为有罪，无罪即为无罪。实事求是原则听起来很美，但缺乏可操作性。因为实事求是是以已经查清案件事实为前提的，但现在的问题恰恰是案件事实本身无法查清。在这种情况下，才有无罪推定原则的适用问题。事实无法查清表明不能证明被告人有罪，因此被告人应该被推定为无罪。但根据实事求是原则，往往导致被告人无限期地被羁押。例如李怀亮案件，警方、检方指控被告人李怀亮在2002年强奸杀人，但未能收集到有效证据证明被告人李怀亮没有实施强奸杀人行为，即犯罪嫌疑不能排除。这种情况导致对李怀亮的长时间超期羁押。对于李怀亮这样的案件，纠正起来就有很大的难度。显然，李怀亮案件不属于冤案，因为他的犯罪嫌疑并没有排除。但从犯罪事实认定来说，这种在法定期限内不能收集有效证据证明被告人犯罪而对其予以超期羁押的，显然属于事实认定上的错案。

至于法律适用的错误，界定起来也是有困难的。因为，有时法律规定本身就不够明确。尽管如此，犯罪还是存在客观界限的。就以高尚的案件而言，其将360万元从市容局与图南公司的共管账户转走的行为，到底是挪用了市容局的资金归其个人使用，还是依照相关协议将360万元用于买地建房，我想这是一般人都能判断的一个问题。其实，一审判决对这个法律问题的把握是十分精准的。可见，这个案件在二审的逆转，完全不是一个法律问题，而是一个法外干预的问题。

像高尚这样的案件，在我国司法实践中并不鲜见，事实上这就是一种法律适用的错案。但又有多少起获得了纠正呢？微乎其微。相对冤案和假案的平反，错案的纠正太难。或者说，我国的司法实际状况还没有达到大规模纠正错案的程度。因为，即使是冤案还有大量的未能平反。想到这一点，我对我国司法的现状真是有些失望。我国目前的司法体制存在太多的问题，可以说还没有建立起现代司法体制。因为司法独立与中立这些司法的基本特征都还不具备，因此，怎么能够指望司法机关依法正确办理如此大量的各种案件，解决各种社会冲突与纠纷呢？在某种意义上说，我国司法机关在解决社会纠纷上，已经完全失败了，只能沦为维稳的工具。但司法机关在维稳的同时，却不断地制造着不稳定的因素——大量的涉法上访人员就是明证。

在当前对冤假错案的讨论中，如何避免冤假错案，涉及一个重要的思想认识问题，这就是纵与枉的辩证关系。对于纵与枉的关系，可以组合排列出以下三种情形：① 不纵不枉；② 宁纵不枉；③ 宁枉不纵。我国传统的观念是不纵不枉：既不冤枉一个好人，也不冤枉一个坏人。这一想法也符合具有政治正确性的实事求是原则。但正如我在前面所说，实事求是原则看上去很美，却难以做到。在这种情况下，只有两种选择，这就是宁纵不枉与宁枉不纵。现在，越来越多的人意识到宁纵不枉的正确性。例如最高法院副院长沈德咏在题为《我们应当如何防范冤假错案》一文中，指出："我们必须保持清醒的认识，同时在思想上要进一步强化防范冤假错案的意识，要像防范洪水猛兽一样来防范冤假错案，宁可错放，也不可错判。错放一个真正的罪犯，天塌不下来，错判一个无辜的公民，特别是错杀了一个人，天就塌下来了。"[1]尤其值得注意的是，沈德咏还提出了放过一个坏人是不冤枉一个好人的代价的观点："我们的观念中常有'不冤枉一个好人，不放过一个坏人'的认识，但要有效防范冤假错案，做到'不冤枉一个好人'，让无辜者获得保护，那就有可能会'放过'一些坏人，这种制度风险是客观存在的，在这个问题上，社会各方面都要有心理准备，这也是维护刑事司法公正、防范冤假错案必须要付出的代价。"[2]

[1] 沈德咏：《我们应当如何防范冤假错案》，载《人民法院报》2013年5月6日。
[2] 同上。

应该说,这些观点是具有突破性的,表明最高法院面对频发的冤假错案,进行了深刻的反思,力图从刑事司法理念入手,克服造成冤假错案的各种错误观念。

但在沈德咏副院长的文章中,也还是存在模糊甚至是错误提法的。例如在以上这段话中,沈德咏副院长在阐述宁纵不枉的观点时,将其概括为:"宁可错放,不可错判。"我认为,"宁可错放,不可错判"的提法是存在可质疑之处的。其实,在没有证据证明被告人有罪的情况下,只有错判而根本就没有错放。所谓的错放,是指尚没有证据证明被告人无罪,因此将其放归社会,此后的证据证明该犯罪确实为其所为,因此称之为错放。显然,这种所谓错放的观念仍然是有罪推定思想在作祟,并且以客观真实而非法律真实为其理论根据的。根据无罪推定原则,只要在某一个刑事诉讼程序中,没有证据证明被告人有罪,就是无罪。这里的无罪是基于法律真实的观念。即使此后发现证据,该犯罪确实系其所犯,也不能认为前一次无罪释放是错放。只有根据客观真实的观念,才能认为这是错放。至于即使此后也没有证据证明该犯罪系其所犯,就更不能说是错放。

由此可见,对于宁纵不枉的观念,接受起来还是存在难度的,不仅存在各种误读,而且还存在明确的质疑与反对的意见。

例如,最高人民检察院副检察长朱孝清在其题为《对"坚守防止冤假错案底线"的几点认识》一文中指出:"有的同志认为,坚守防止冤假错案的底线,就要宁漏勿错。我不同意这种认识。所谓公正司法,就是受到侵害的权利一定会得到保护和救济,违法犯罪活动一定会受到制裁与惩罚。也就是说,公正司法包括防漏。案件质量的内涵是事实清楚、证据确实充分、定性准确、处理适当、程序合法,这就必须做到不错不漏。因为如果错了,犯罪嫌疑人、被告人就感受不到公平正义;如果漏了,案件的被害人就感受不到公平正义……因此,我们既要坚守防止冤假错案的底线,又要坚持'两个基本',防止纠缠细枝末节,宽纵犯罪。"[1]如果把这篇文章中的"错"理解为"枉",而把"漏"理解为"纵",并且如果我的理解没有错的

---

[1] 朱孝清:《对"坚守防止冤假错案底线"的几点认识》,载《检察日报》2013年7月8日。

话,这篇文章的中心意思还是要坚持不枉不纵,而反对宁纵不枉。其理论根据也还是实事求是的这些道理,基本逻辑是:既要防止冤假错案,又要防止放纵犯罪。这种四平八稳的辩证思维,也正是传统的不枉不纵思想的逻辑特征。然而,我们现在要回答的却是:在无法查清案件事实,判则可能枉,放则可能纵的情况下,我们到底是宁枉不纵还是宁纵不枉。这是一个两难选择,在这一两难选择面前,我们根本做不到不枉不纵。对于这一两难选择,实事求是原则是无能为力的。

当然,我也注意到在朱孝清副检察长的文章中还提到了这样的意思:"当然,根据疑罪从无原则,对疑罪作无罪处理有可能造成'漏',与指导思想上防止'漏',二者并不矛盾。"[1]我的疑问是:对疑罪作无罪处理有可能造成的"漏",还是不是"漏"?如果承认这种"漏"是必要的,也是必须的;那些主张"坚守防止冤假错案的底线,就要宁漏勿错"的同志所称的"漏",难道不正是这个意义上的"漏"吗?难道主张宁漏勿错的同志还会愚蠢到认为应当放纵那些事实清楚、证据确实充分,符合"两个基本"的罪犯吗?显然不会。

至于朱孝清副检察长担心因为主张宁纵不枉而导致纠缠于案件的细枝末节,站在其控方的立场上,这种担心当然也是可以理解的。但是,这不能成为反对宁漏勿错的理由。现在的问题是要统一对"漏"的认识,尤其是要统一对案件细枝末节的理解。也许,冤假错案正隐藏在这些细枝末节之中。在浙江张氏叔侄冤案中,明明在死者的指甲缝里发现了并不属于嫌疑人的人体组织,后来证明这恰恰就是真凶的人体残留物。但侦查机关认为这是案件的细枝末节而轻轻地放过了,由此铸成了冤案。

这里的"两个基本",应该理解为基本事实清楚、基本证据确实充分。但某些地方的司法机关,主要是控方,则往往错误地理解为事实基本清楚、证据基本确实充分。这样理解的结果,是降低了证据标准。

对经法院判决最后造成的冤假错案,公检法三机关都难辞其咎。例如,在高尚一案中,难道不是在法院一审作出无罪判决后的抗诉,而将案

---

〔1〕 朱孝清:《对"坚守防止冤假错案底线"的几点认识》,载《检察日报》2013年7月8日。

件向有罪方向推进了吗？当然，按照我的设想，更好的制度设计是最后一个司法机关承担对冤假错案的责任。唯有如此，才能加强司法机关之间的互相制约，尤其是在刑事诉讼程序上居后的司法机关对居前的司法机关的制约力度，避免有错大家一起承担，使冤假错案的责任弥散化。

而且，我也不能同意沈德咏副院长在其文章中所说的，法院对某些冤案采取疑罪从轻，尤其是死刑案件，刀下留人，因而有功的说法。沈德咏副院长的原话是："应该说，现在我们看到的一些案件，包括河南赵作海杀人案、浙江张氏叔侄强奸案，审判法院在当时是立了功的，至少可以说是功大于过的，否则人头早已落地了。面临来自各方面的干预和压力，法院对这类案件能够坚持作出留有余地的判决，已属不易。"[1]这里有无奈的感叹，自我的安慰，这也是可以将心比心地理解的。但将冤假错案造成的杀与未杀的过错严重性程度上的差异，说成是过与功的关系，则无论如何也是难以成立的。"错"就是"错"，无论在什么条件下都不会转化为"对"；"过"就是"过"，无论在什么条件下也不会转化为"功"。这里不需要辩证法的思维，需要的只是直觉与良心。由此可见，在对于冤假错案的思想认识上还亟待澄清与统一，更待转变与提高。

目前，我国司法机关在十多年前造成的各种冤假错案集中爆发。随着冤假错案的平反，一个避免冤假错案的有效机制的建立刻不容缓。在这一制度设计中，首先需要解决的是对冤假错案责任人的追究问题，这就是目前已经被平反的受害人的强烈呼声。但虽见冤假错案的平反，却鲜见对责任人的追究。为此，我提出了一个较为极端的主张，任何冤假错案，只追究署名者的责任，未署名者无论对冤假错案造成的实际作用大小，一概不追究责任。我的意图是，那些隐藏在背后的人随着时间的推移是越来越难找到的，但判决书等司法文书上的署名者是载入历史的。这一规则可能会使那些背后的人逍遥法外，却将所有责任落实到署名者身上，使其终身担责，而且无可推卸。这样，就会使这些署名者具有抵御外来干预的内在动力。如果不加抗拒，则其责任将由本人承担。我的这

---

〔1〕 沈德咏：《我们应当如何防范冤假错案》，载《人民法院报》2013年5月6日。

一想法,受到不少人的批评,认为这是不公平的,也是不合理的。例如,审判委员会讨论决定的案件,为什么要由合议庭成员来承担责任?对此,我的抗辩意见是:要改变这种决定者与署名者分立的现象,采取谁决定,谁署名的原则。在我国目前的司法运作中,存在太多的集体决定,这为案外干预创造了条件,也使冤假错案的责任追究无从落实。因此,只有从司法改革入手,才能消除冤假错案产生的制度性根源。

在任何一个社会都存在着矛盾与冲突,各种社会纠纷需要得到化解。而司法制度就是社会纠纷解决的正式机制,它以法律为根据,为社会提供一种有效的纠纷解决机制。但我国目前存在如此之多的涉法上访人员,表明这些纠纷没有在司法机制中获得解决,至少没有在基层司法机关获得解决。目前,在我国取消涉法上访的呼声很高,限制再审制度的言论也时有发声。在一个理想的法治社会,涉法上访与再审制度确实没有存在的必要性与合理性。但是,在我国目前这样一种法治状态下,如果没有其他制度跟进,贸然取消涉法上访与限制再审制度,是完全错误的。

涉法上访,也称为涉诉信访,是指与某一具体诉讼案件相联系,针对人民法院审判和执行案件的行为和结构,要求人民法院启动司法程序、实施一定诉讼行为的人民群众的来信来访。[1] 因此,涉法上访是以提起法院对某一案件的再审为目的的,可以说,没有再审也就无所谓涉法上访。但我国法律虽然设立了再审制度,案件的再审率却是很低的。例如,2008年至2011年,全国各级人民法院受理各类刑事再审案件分别为2 930件、2 788件、3 356件、3 055件,共计12 129件。但2008年全国法院审结的一审刑事案件为768 130件,2009年为767 000件,2010年为779 641件,2011年为84万件。比较以上数字可以看出,每年再审案件在整个刑事案件总数中的比例之低,可谓微不足道。涉法上访人数之多与再审案件数量之少,形成了鲜明对照。在这种情况下,想通过上访获得再审,几乎不可能。因此,再审制度形同虚设。

在这种情况下,我认为应当考虑建立第三审,以此取代再审,并在条

---

[1] 参见景汉朝主编:《立案信访和审判监督改革的路径与成效》,人民法院出版社2013年版,第155页。

件具备的情况下,取消涉法上访。世界各国的司法体制大多实行三审终审制,即一个案件必须经过三个法院的审理才能最终审结,并且那些疑难复杂的案件应当可以上诉到最高法院审理,以此保障公民的诉讼权利。但我国长期以来采取的是二审终审制,并辅之以再审制度作为救济途径。由于法院审理案件难以做到案结事了,所以再审案件的数量居高不下。由于我国法律对再审制度的程序设计不够明确,导致当事人逐级申诉,大量的申诉案件就像洪水一样涌向上级法院,甚至涌向最高法院。而上级法院或者最高法院根本就没有能力对数量如此之大的申诉案件进行实质性的审理,由此申诉案件又像退潮一样回到初审法院。在这一上一下之间,再审制度流于形式,没有给当事人带来任何实际的效果。在这种情况下,我认为较为可行的是建立第三审,使基层法院一审的案件能够上诉到高级法院,中级法院一审的案件能够上诉到最高法院。为了方便当事人,也是为了避免上访,高级法院和最高法院都可以以巡回法庭的形式承担第三审的职责。在三审终审制建立以后,如果运行顺畅,就可以取消涉法上访与再审制度。第三审应该对案件进行实质性的审理,当然,以法律审为主。三审也不同于一审与二审,它不是对案件的全面审理,而只是对争议的事实问题与法律问题进行审理。三审以后,没有再审,三审定谳的案件不得再被推翻。如此,可以建立起司法的权威,并取得司法的公信力。

  高尚案件,属于刑法中的财产犯罪案件,因为挪用资金罪在我国《刑法》中被规定在财产犯罪一章。财产犯罪的特点是犯罪行为与民事违法行为往往交织在一起,难以区分。这里涉及一个民刑交叉的问题,即民事法律关系与刑事法律关系的相互交错。例如,日本著名刑法学家佐伯仁志教授在其与日本著名民法学家道垣内弘人合著的《刑法与民法的对话》一书的开头就径直指出:"刑法问题中存在很多与民法问题相交错的部分,立即浮现于脑海中的便是财产犯罪领域——刑法中关于财产犯的讨论深受民法影响。此外,在违法阻却问题上也有许多与民法中的权利行使相关联的情形,而更大的问题是,寻求权利保护时应如何考量刑法与民法的功能分担。此外,还存在许多其他值得探讨的问题。"[1]在这种民刑交叉的案件中,首先需要辨清民事法律关系。在此基础上,才能进一步对刑事法律关系进行认定。由此,这种民刑交叉案件性质的认定是极难的,极易导致民刑两种法律关系的混淆。

在高尚案件中,即使是民事法律关系也是极为复杂的,涉及市容局环卫处、图南公司、高尚作为土地方代表等多个主体,同时又涉及以上主体之间的多个协议以及由此而形成的多重法律关系。对此,都要仔细地加以分辨。例如,2004年1月8日,高尚作为刘家保的代理人与图南公司签订了《联合开发协议书》,这是一个平等主体之间签订的合作开发协议,基于这个协议,高尚作为甲方,委托图南公司作为乙方对高尚所持有的S1101号宗地以及界外地块进行开发。2004年2月10日,图南公司作为甲方又与市容局作为乙方签订了《住房购销协议书》,市容局购买图南公司开发的房屋。这是涉及本案定性的两份基本合同,明确规定了高尚、图南公司、市容局在不同的法律关系中各自的权利与义务。在这些合同中,高尚出地委托图南公司建房,所建房屋又以图南公司的名义卖给市容局。因此,高尚间接地对市容局享有某种权利,发生某种法律关系。值得注意的是,图南公司与市容局虽然签订的是《住房购销协议书》,但实际上是集资建房。而市容局是对职工进行集资以后,将集资款交给了图南公司,这部分款项中既包括付给高尚的购地款,同时也包括图南公司的建房款。正因为如此,当市容局将440万元购房款转入市容局与图南公司的共管账户以后,图南公司才能同意高尚将该款转走,因为这是事先约定的购地款。从以上法律关系中,高尚与图南公司是平等主体之间的关系,与市容局也只是一种间接的关系。

但本案的复杂性在于,高尚同时还是市容局下属环卫处的职工,而且图南公司与市容局之间的购房也是高尚一手促成的,因此才有高尚的基建办负责人的身份。这里的基建办负责人并非正式任命的职务,而是一种临时性的委派,这种事实上的委派关系是可以成立的。但在高尚具

---

[1] [日]佐伯仁志、道垣内弘人:《刑法与民法的对话》,于改之、张小宁译,北京大学出版社2012年版,第1页。

有土地方代表与基建办负责人这双重身份的情况下,其从市容局与图南公司共管账户取走购房款,不仅要看是利用何种主体身份,而且要看其所取得这一款项是否具有民法上的正当性。无疑,就高尚从共管账户取走购房款而言,主要是利用其基建办负责人的身份。如果该款项是其不应该得到的,其行为构成挪用资金罪并无不可。但高尚作为土地方的代表,这一购房款恰恰是其应该得到的土地款。在这种情况下,就不能简单地说这一款项是其利用职务上的便利取得的,因此构成了挪用资金罪。正如一个非国有单位的会计为本人列支了劳务费,如果根本就没有劳务而虚列,则其行为就构成了挪用资金罪。如果实际上存在劳务,这笔劳务费是该会计所应当得到的。在这种情况下,就不能因为该会计为本人开支劳务费是利用了职务上的便利,而将其行为认定为挪用资金罪。因此,对于本案来说,首先要从民法角度来看,高尚是否应当得到该款项。这里还应当说明,该款项对于市容局来说是购房款,但对于高尚来说就是图南公司支付给他的购地款。同一种款项而在不同的法律关系中,具有不同的称呼,表明其具有不同的性质。

　　从以上分析可以看出,高尚这个案件本身就是一个十分复杂的案件,要求司法工作人员同时具有刑法知识与民法知识,要能够从复杂的民刑法律关系的交错中,对高尚的行为进行准确的法律定性。当然,这种复杂案件也不会难倒所有的司法工作人员,像一审法院对本案的无罪判决,就正确地区分了民刑法律关系,对高尚的行为作了准确的定性。但当存在外来干预时,这类性质本来就扑朔迷离的案件,更容易受到干扰。对于性质如此复杂的案件,非专业人士在没有大量占有与掌握案件材料的情况下,是很难对其作出正确判断的。因此,面对此类案件,有关领导也就很容易被一些似是而非的投诉所打动,于是愤然出手干预,由此铸成大错。

　　在此,我强调了判案的专业性与职业性。因此,就会出现如何看待西方陪审制度的问题。在我国法学界,也有较强的呼声要求实行人民陪审员制度,将罪与非罪的判断权交给人民陪审员,认为这是增强司法公信力的必由之路。其实,法官审案要比法官指导陪审员审案简单得多。法官审案是自己明白了就可以下判,而法官指导陪审员审案,则法官自己明白还不行,还要对陪审员进行引导,使那些完全不懂法律的陪审员能够作出在法律上正确的判决,这要比法官审案难上10倍不止。在目前我国法官素质较低,本人都还不能完全审清案件的情况下,要采取人民陪审员制度,是不具备条件的。在陪审员制度下,因为陪审员不懂法律,只是根据其常情、常理与常识(所谓"三常",这是重庆大学法学院陈忠林教授的"专利")对案件进行判断。在这种情况下,就要对案件中涉及的法律问题进行"翻译",为陪审员的判断提供基础。这就是英美陪审制度中的"指示陪审团"。例如英国学者指出:"在最后辩论之后,首席法官会对陪审团作出指示,当然,如果审判席上的其他法官对法律的理解有不同意见,他们也可以逐次作出附加指示。出于不同的考虑,指示会包括各种不同的内容:有时首席法官感到需要在此过程中向陪审员强调他们裁决的政策性含义;有时是与本案相关的法律规则;当案件涉及更广范围内的经济贸易活动时,则尤其要去解决法律上的分歧。首席法官时常列举证据并且向陪审团解释它的意义,在内容上甚至超出了对被控罪行的构成要素的列举和举证责任的分配,这一点与现代美国实践形成了鲜明的对照。通过这样的做法,首席法官表述他关于证言的真实性或者咨询的重要性的看法。此外,如果法官发现案件已经毫无疑问得到证实,或者发现公诉方没有负担起责任,他会毫不犹豫地发出判决指示,即告知陪审员应当作出有罪或者无罪判决。"[1] 由此可见,在陪审制度下,法官的职责是巨大的:法官并没有像我们所误解的那样放弃了审判职责,而是承担了更重的职责。

陪审团又如何根据法官的指示进行评议与判决呢?英国学者指出:"在法庭指示完成之后,有罪或者无罪的问题就留给了陪审团来决定,陪审团有权作出一个概括性裁决,并且享有不因其裁决的依据而受到质询的特权。法律赋予他们与法庭在法律和证据效果上持不同观点的权力,并且他们的裁决一般情况下不会受到干扰;尽管如此,陪审团的裁决

---

[1] [英]麦高伟、切斯特·米尔斯基:《陪审制度与辩诉交易——一部真实的历史》,陈碧、王戈等译,中国检察出版社2006年版,第165页。

总是追随着法庭的指示,仅在极少数情况下与法庭持不同观点。而正是这些陪审团与法庭观点的差异或者它所受到法庭的控制,恰到好处地解释了陪审团评议模式的性质和影响范围。"[1]在陪审制度下,法官与陪审员各司其职,形成了一个完整的审判体制。不能认为,陪审团制度就是完全由不懂法律的普通公民对被告人的行为是否构成犯罪进行裁决。其实,法官的指使对于陪审团的裁决具有重要的引导功能。正是法官将复杂的法律问题转换为不懂法律的陪审员所能够理解,并且可以按照常情、常理与常识进行判断的问题。也不能认为陪审员只是简单地追随法官的指示,否则,陪审团的设置也就失去了其价值。其实,陪审员还是承担了终局性的判断职责。1998 年香港特区律师协会曾经在北京大学法律系举办过一场按照英国普通法进行审判的模拟,模拟法庭的法官、检察官、律师、出庭作证的警察,以及被告人和证人都由来自香港特区的具有相同身份的人士担任,当然被告人除外。该模拟法庭采取陪审制,参与审理的 7 位陪审员由大陆人士担任。本案审理的是一起杀人案,被告人系 1 名男士,在某次交通事故以后,导致性功能下降,与其妻,也就是本案的被害人就此产生矛盾,导致分居。经家人劝解,被告人与其妻和解。案发时,被告人与其妻在钟点旅馆发生性交,但被告人还是不能满足其妻的性欲。其妻为此以极其难听的语言恶毒地嘲讽被告人,被告人一气之下用随身携带的皮包带子缠绕其妻的脖子,欲让其住嘴。但因为用力过猛,致其妻死亡。被告人当场报警,警察出庭作证,证明案发时的情况。钟点旅馆的服务员也出庭作证,证明前后经过。被告人辩解,其不是故意要杀死其妻,而是被其妻的恶毒讽刺激怒,使其丧失理智,不幸致其妻死亡,这是一个意外事件。法庭调查查清了案件事实,表明被告人所述属实。控方指控被告人犯有过失致人死亡罪,律师则作无罪辩护。在法庭辩论完成后,法官对陪审员作出了以下指示:"怎么判断被告人有罪还是无罪呢?你可以把自己设想为被告人,在当时情景之下,你遭到妻子的嘲讽,如果你也会做出被告人一样的举动,被告人就是无罪的;如果你不会做出被告

---

[1] [英]麦高伟、切斯特·米尔斯基:《陪审制度与辩诉交易——一部真实的历史》,陈碧、王戈等译,中国检察出版社 2006 年版,第 176 页。

人那样的举动,被告人就是有罪的。"经过陪审团评议,陪审员对本案被告人作出了无罪裁决。这次模拟法庭对我留下了深刻的印象,使我对英美的陪审团制度有了初步的、感性的认识。根据陪审制度,不仅陪审团的裁决极为重要,法官的指示也同样重要,两者缺一不可。以高尚这个案件为例,除了极为复杂的民事法律关系以外,还需要对最为关键的、高尚将共管账户中的款项取走的行为进行判断,而这种判断又取决于法官的指示。如果法官作出这样的指示:"市容局与图南公司共管账户中的款项,本来就是用于购地的款项,高尚将其取走是否构成挪用资金罪,取决于高尚是否有权支配该购地款。"陪审员很可能作出无罪判决。如果法官作出这样的指示:"市容局与图南公司共管账户中的款项,应该是市容局环卫处职工的购房款,在未经市容局同意的情况下,高尚是否有权将其取走?"则陪审团很可能作出有罪判决。因此,陪审团制度是一种较为复杂的法律制度,在没有法治传统的情况下,要想实行陪审制,确实是存在重大障碍的。

高尚案件经过长达7年的审理与申诉,几乎穷尽了各种救济渠道,但还是未能翻案。相对来说,高尚还是幸运的,因为本身刑罚还不算重。如果是那些冤屈的被告人,长久地在监狱中熬过漫漫长夜,叫天天不应,叫地地不灵,那种肉体与精神的双重折磨,是常人难以体会,难以想象,也是难以忍受的。在我国目前的司法现状中,我们不仅要关注杜培武、佘祥林、赵作海、张氏叔侄等这样的冤案,而且要关注李怀亮这样证据认定错误的错案,还应该关注像高尚这样适用法律错误的错案。虽然说,在司法活动中,冤假错案无论如何都是难以绝对避免的。但如果这种冤假错案是由于体制性的原因造成的,避免与防止冤假错案的唯一出路就是司法改革。在我国当下,冤假错案的大面积暴露,表明我国的司法改革迫在眉睫。

立此存照。

VII

附录:无冤——司法的最高境界

目前我国处在一个冤案频现的时期,媒体对各种冤案的披露与报道,已经使我们的神经麻痹,使我们的感官迟钝。本文所讨论的4起冤案,都发生在20世纪90年代后期到21世纪初期。在这个时期中,《刑事诉讼法》在1996年已经修改、《刑法》在1997年已经修订,我国已经开始进入法治建设的一个新阶段。因此,4起案件中的5名被害人虽然冤屈多年,但在留有余地的判决之下,总算没有丧命。而滕兴善、聂树斌以及更多无名的冤案被害人,因为案件发生的年代更为久远,就没有这么幸运了。也许,在现在的法治状态下,冤案少多了。但,这只是我们善良的想法。如果不从理念、制度、操作等司法的各个层面对冤案进行深刻反思,冤案离我们并不遥远。这就是我们今天反思冤案的意义之所在。

一、赵作海冤案反思:刑讯逼供结恶果

2010年5月9日,"杀害"同村人、在监狱已服刑多年的河南商丘村民赵作海,因"被害人"赵振响的突然回家,被宣告无罪释放,河南省有关方面同时启动责任追究机制。2010年5月9日上午,河南省高级人民法院召开新闻发布会,向社会通报赵作海案件的再审情况,认定赵作海故意杀人案系一起错案。河南省高院于2010年5月8日作出再审判决:撤销省法院复核裁定和商丘中院的判决,宣告赵作海无罪。并立即派人赶赴监狱,释放赵作海,并安排好其出狱后的生活。

1997年10月30日,河南省商丘市柘城县老王集乡赵楼村村民赵作

海和赵振晌因琐事打架后,赵振晌不见了。后其家人向警方报案,警方曾将赵作海作为嫌疑对象进行侦查,羁押20余天,后因证据不足,将其放出。

1999年5月8日,赵楼村村民在淘井时发现一具无头、无四肢男尸,被认为是赵振晌。警方将赵作海列为重大嫌疑人,于次日对其刑事拘留。此后,赵作海一直羁押在看守所。2002年11月11日,商丘市检察院提起公诉。同年12月5日,商丘市中级人民法院经过审理,以故意杀人罪判处赵作海死刑,缓期两年执行,剥夺政治权利终身。

2010年4月30日,赵振晌突然回到赵楼村。据他说,当年打架后,他以为用刀把赵作海砍死了,遂在外流浪13年。因去年患偏瘫无钱医治,才回到村里。

2010年5月9日,赵作海被无罪释放。

2010年5月10日晚7时,赵作海终于回到了阔别11年的家乡。

2010年5月17日上午,赵作海领到国家赔偿金和困难补助费65万元,并表示对赔偿满意,要开始新生活。

1998年2月15日,河南省商丘市柘城县老王集乡赵楼村赵振晌的侄子赵作亮到公安机关报案,其叔父赵振晌于1997年10月30日离家后已失踪4个多月,怀疑被同村的赵作海杀害,公安机关当即进行了相关调查。1999年5月8日,赵楼村在挖井时发现一具高度腐烂的无头、膝关节以下缺失的无名尸,公安机关遂把赵作海作为重大嫌疑人于5月9日刑拘。1999年5月10日至6月18日,赵作海作了9次有罪供述。2002年10月22日,商丘市人民检察院以被告赵作海犯故意杀人罪向商丘市中级人民法院提起公诉。2002年12月5日商丘中院作出一审判决,以故意杀人罪判处被告人赵作海死刑,缓期两年执行,剥夺政治权利终身。省法院经复核,于2003年2月13日作出裁定,核准商丘中院上述判决。

2010年4月30日,赵振晌回到赵楼村。商丘中院在得知赵振晌在本村出现后,立即会同检察人员赶赴赵楼村,经与村干部座谈,询问赵振晌本人及赵振晌的姐姐、外甥女等,确认赵振晌即是本案的被害人。同时并从赵振晌本人处了解到:1997年10月30日(农历9月29日)夜里,其对赵作海到杜某某家比较生气,就携自家菜刀在杜某某家中照赵作海头上砍了一下,怕赵作海报复,也怕把赵作海砍死,就收拾东西于10月31日凌晨骑自行车,带400元钱和被子、身份证等外出,以捡废品为生。2009年得偏瘫无钱医治,才回到了村里。

2010年5月5日下午,省法院在听取了商丘中院关于赵作海案件的情况汇报后,决定启动再审程序。5月7日下午,商丘中院递交了对赵振响身份确认的证据材料。5月8日下午,省法院张立勇院长亲自主持召开审委会,河南省人民检察院副检察长贺恒扬列席审判委员会,对案件进行了认真研究,认为赵作海故意杀人一案是一起明显的错案。审判委员会决定:① 撤销省法院〔2003〕豫法刑一复字第13号刑事裁定和商丘市中级人民法院〔2002〕商刑初字第84号刑事判决,宣告赵作海无罪。② 省法院连夜制作法律文书,派员立即送达判决书,并通知监狱管理机关。

河南商丘市中级人民法院副院长杜建华向媒体通报,当年审理赵作海案的审判长张运随、审判员胡选民、代理审判员魏新生已停职接受调查。王松林等6名被告人在办案过程中对赵作海组织、实施了刑讯逼供,导致赵作海被错定为杀人凶犯的严重后果,其行为已构成刑讯逼供罪。6月26日,龙亭区法院就此案作出一审判决:王松林、郭守海被判处有期徒刑2年,丁中秋、罗明珠被判处有期徒刑1年6个月,司崇兴被判处有期徒刑1年,周明晗被免予刑事处罚。

而当年导致赵作海被判刑的商丘柘城"1999·5·8"杀人碎尸案成功告破,该案的3名犯罪嫌疑人及涉嫌包庇人员全部到案。

2010年5月30日,最高人民法院、最高人民检察院、公安部、国家安全部和司法部联合发布《关于办理死刑案件审查判断证据若干问题的规定》和《关于办理刑事案件排除非法证据若干问题的规定》,要求各级政法机关严格执行《刑法》和《刑事诉讼法》,依法惩治犯罪、保障人权,确保办理的每一起案件都经得起历史的检验。

赵作海故意杀人冤案是以死者生还而获得平反的,最终以喜剧而告终。然而,仔细审视赵作海案,我们发现赵作海在1999年5月9日被刑拘,从 5 月 10 日至 6 月 18 日,赵作海却作了 9 次有罪供述。但本案迟至 2002 年 10 月商丘市人民检察院才向商丘市中级人民法院提起公诉。我们可以想象:一个没有杀人的人会在什么情况下多达 9 次承认自己杀人? 而在公安机关已经拿下有罪供述以后,为什么两年半以后才提起公诉? 可以明确作出的回答是:刑讯逼供,以及此后的翻供。在 2010 年 5 月本案获得纠正以后,6 月 26 日商丘市龙亭区人民法院以刑讯逼供罪对导致赵作海冤案负有直接责任的侦查人员王松林等 6 名被告人作出一审判决,对以上疑问作了最好的回答。

几乎每一个冤案背后都徘徊着刑讯逼供的阴影,赵作海案也不例外。刑讯逼供的目的在于逼取口供,以此获取证据,对被告人定罪。美国司法界把刑讯逼供获取的证据称为"毒树之果",这是对某种**证据**所作的一个形象化的概括,意指根据以**刑讯逼供**等非法手段所获得的犯罪嫌疑人、刑事被告人的口供得到的第二手证据(派生性证据)。以非法手段所获得的口供是"毒树",而以此所获得的第二手证据是"毒树之果"。事实上,虽然每一个冤案的铸成都离不开刑讯逼供,但绝非每一次刑讯逼供都一定会造成冤案。应该说,在绝大多数情况下,通过刑讯逼供所获取的口供,收集到的是能够证明被告人有罪的客观证据。这种司法界证据是所谓毒树之果:树虽然有毒,其果则无毒。在这种情况下,司法界提出了非法证据排除问题,将毒树之果毫无条件地予以排除,以此杜绝冤案的发生。而在赵作海冤案中,毒树结出了毒果:刑讯逼供逼取有罪口供以后,并没有通过口供获得能够证明赵作海有罪的客观证据,但赵作海仍然被定罪。由此可见,在我国司法实践中存在着多么大的漏洞。

刑讯逼供在我国是法律明令禁止的,《刑法》将其规定为犯罪,但为什么刑讯逼供仍然屡禁不止呢? 我认为,这与我们没有从根本上认清刑讯逼供的危害性有关。在我看来,刑讯逼供的危害并不仅仅在于,甚至根本就不在于它会造成冤案。因为,绝大多数刑讯逼供并不会造成冤案,相反,通过刑讯逼供获取口供取得能够证明被告人有罪的客观证据,有利于惩治犯罪。如果我们仅仅从造成冤案的角度认识刑讯逼供的危害性,是否可以说,没有造成冤案的刑讯逼供就是没有危害性的,甚至是具有积极效果的呢?这样,刑讯逼供就被分为两种:造成冤案的刑讯逼供与没有造成冤案的刑讯逼供。只有造成冤案的刑讯逼供才是恶的,没有造成冤案的刑讯逼供不但无罪,而且有功?显然,这个逻辑是十分危险的,但也是现实中对待刑讯逼供的态度。在这样一种思想认识之下,禁绝刑讯逼供是完全不可能的。事实上,目前在我国刑法司法实践中,只有在冤案获得平反之后,才有对刑讯逼供责任的追究。在其他情况下,除非刑讯逼供致人死亡或者重伤,否则不会被追究。而那些通过刑讯逼供获取的口供,通过获得客观证据证明了犯罪,由此破获了案件,尤其是在破获了大案要案的情况下,从来没有被以刑讯逼供定罪的。因此,刑讯逼供被说成是臭豆腐:闻着是臭的,吃着是香的。进而,在某些重大案件的侦破中,刑讯逼供就在冠冕堂皇地打击犯罪的名义下实施。这才是令人恐惧的。

刑讯逼供之恶在于其是对人性的摧残,是专制司法的残余,是与法治文明格格不入的。正如我国学者指出:"刑讯逼供犹如诉讼程序中的一颗毒瘤,侵蚀着公众的法律信仰和对司法公正的期盼,在一次次的毒瘤破裂时,一个个人间悲剧就会悲壮地呈现在世人面前。"[1]无论是造成了冤案的刑讯逼供还是没有造成冤案的刑讯逼供,都是应当绝对禁止的。刑讯逼供并不是今天才有,而是自古以来就存在于司法活动中。在中国古代,刑讯甚至是合法的,通过刑讯获取的口供是证据之王。甚至在已经有客观证据能够证明犯罪的情况下,也必须通过刑讯获取有罪供述才能结案。因此,刑讯成为古代司法的应有之意。我们从表现古代司法的戏曲中可以看到这样的场面:一个犯人押上审讯台,尚未开始询问,先大刑伺候,然后才开始询问,此谓之下马威。在这种专制的司法制度下,犯人不是司法的主体,而是司法的客体,这种司法制度的本质就是使人不成其为人。我们可以从出狱以后赵作海在接受媒体采访时的讲述中,还原其被刑讯逼供的真实场景:

---

〔1〕 赵秉志、张伟珂:《赵作海故意杀人案法理研究》,载赵秉志主编:《中国疑难刑事名案法理研究》(第5卷),北京大学出版社2011年版,第184页。

新京报:你还记得当时怎么打你吗?

赵作海:拳打脚踢,从抓走那天就开始打。你看我头上的伤,这是用枪头打的,留下了疤。他们用擀面杖一样的小棍敲我的脑袋,一直敲一直敲,敲的头发晕。他们还在我头上放鞭炮。我被铐在板凳腿上,头晕乎乎的时候,他们就把一个一个鞭炮放在我头上,点着了,炸我的头。

新京报:疼吗?

赵作海:直接放头上,咋不疼呢。炸一下炸一下的,让你没法睡觉。他们还用开水兑水啥要给我喝,一喝就不知道了。用脚跺我,我动不了,连站都站不起来。

新京报:能睡觉吗?

赵作海:铐在板凳上,那三十多天都不让你睡觉。

新京报:受得了吗?

赵作海:受不了咋办啊? 他要你死,你就该死……后来我说,不要打了,你让我说啥我说啥。[1]

正所谓:"棰杵之下,何求而不得。"冤案就是如此造成的。今天,赵作海的冤案虽然获得了平反,当年刑讯逼供的侦查人员王松林等人也受到了刑事追究。这个冤案总算有了一个好的结局:有冤的申冤,作恶的受罚。但是,如果仅仅满足于此,这只是恶性循环的开始。只有从制度上杜绝刑讯逼供,才能防止类似赵作海这样的冤案的再度发生。

二、佘祥林冤案反思:政法委协调铸错案

佘祥林,又名杨玉欧,湖北省京山县雁门口镇人。1994年1月2日,佘妻张在玉因患精神病走失失踪,张的家人怀疑张在玉被丈夫杀害。同年4月28日,佘祥林因涉嫌杀人被批捕,后被原荆州地区中级人民法院一审判处死刑,剥夺政治权利终身。后因行政区划变更,佘祥林一案移送京山县公安局,经京山县人民法院和荆门市中级人民法院审理。1998

---

[1] 张寒:《赵作海:被打得生不如死,叫我咋说我咋说》,载《新京报》2010年5月12日。

年9月22日,佘祥林被判处15年有期徒刑。2005年3月28日,佘妻张在玉突然从山东回到京山。4月13日,京山县人民法院经重新开庭审理,宣判佘祥林无罪。2005年9月2日佘祥林领取70余万元国家赔偿。

1994年4月11日,湖北省京山县雁门口镇吕冲村堰塘发现一具无名女尸。县公安局经过排查,认定死者为张在玉,其丈夫佘祥林有故意杀人嫌疑。10月,佘祥林被原荆州地区中级人民法院一审判处死刑。佘祥林上诉后,湖北省高级人民法院认为此案疑点较多,以事实不清、证据不足为由发回重审。1995年5月15日,原荆州地区人民检察分院将此案退回补充侦查。

1996年2月7日,京山县人民检察院补充侦查后再次向原荆州地区人民检察院移送起诉,后再次退查。同年11月23日,京山县人民检察院再次将该案移送(因行政区划变更)荆门市人民检察分院审查起诉。1997年12月15日,荆门市人民检察分院经审查认为,佘祥林不足以被判处无期徒刑以上刑罚,将案件移送京山县人民检察院起诉。

1998年6月15日,经市、县两级政法委协调,京山县人民法院以故意杀人罪判处佘祥林有期徒刑15年,剥夺政治权利5年。佘祥林不服提出上诉,同年9月22日,荆门市中级人民法院裁定驳回上诉,维持原判。之后,佘祥林在沙洋监狱服刑。11年间,佘祥林在狱中写了厚厚的申诉材料,并记下了好几本日记,但冤情依旧。

2005年3月28日,被"杀害"的佘祥林的妻子张在玉突然归来。3月30日,湖北省荆门市中级人民法院紧急撤销一审判决和二审裁定,要求京山县人民法院重审此案。4月1日,佘祥林走出监狱,被准许取保候审。4月13日,京山县人民法院开庭重新审理此案,当庭宣判佘祥林无罪。

在佘祥林冤案中,同样存在刑讯逼供,在此不再谈刑讯逼供问题,而是讨论造成佘祥林冤案的一个体制性原因,这就是政法委的协调。

佘祥林在1998年6月15日被京山县人民法院以故意杀人罪判处有期徒刑15年,并在被荆门中级人民法院宣布维持原判之前,从1994年10

月第一次被荆门地区中级人民法院判处死刑,后又多次发回,已经长达4年。显然,这是一个久拖不决的案件,其中的疑点始终不能排除。但为什么在1998年这个案件突然以有罪而定案呢?从事后的材料可以发现,这一从疑难案件向冤案转折的背后推手,就是政法委:正是经过荆门市、县两级政法委的协调,佘祥林案件迅速得以结案,冤案由此铸成。

政法委是党的内设机构,体现了党对公检法司的领导,这是由我国的政治体制决定的。我国《宪法》和《刑事诉讼法》明确规定了公检法三机关作为办案机关各自的职权,坚持三机关互相配合、相互制约的关系。但是,对于政法委在刑事司法活动中的角色定位和具体职能,在相关法律中完全没有规定。因此,政法委在刑事司法运作中的权力并不是来自法律规定,而是来自政治体制。政法委设立的初衷是要在三机关之外形成一种对司法权统合的权力,避免三机关各自为营,造成权力的分散,不利于对司法活动的管治。

政法委的具体职能是什么呢?这个问题并不能从正式的法律文本中找到答案,而只能从党的文件中获得结论。根据有关文件的解释,政法委全称中国共产党党委政法委员会,它既是政法部门,又是党委的重要职能部门,是同级党委加强政法工作和社会治安综合治理工作的参谋和助手,地方政法委的主要职责是:① 指导督促政法各部门贯彻执行中共中央的路线、方针、政策和上级的指示及同级党委、政府的工作部署,统一政法各部门的思想和行动。② 定期分析社会治安形势,对一定时期本地的政法工作作出全面部署。③ 组织推动政法部门开展新形势下加强和改革政法工作的调查研究,及时向同级党委提出建议和意见。④ 指导社会治安综合治理,协调各部门落实社会治安综合治理各项措施。⑤ 研究指导政法执委会的建设和队伍建设,协助组织部门做好政法各部门领导班子建设和科、处、队、庭、室干部的考察和管理。⑥ 切实履行政法委职能,抓好执法督促工作,支持和督促政法各部门依法行使职权,协调政法各部门的关系、重大业务问题和有争议的重大疑难案件。⑦ 指导下级综治委、政法委工作。⑧ 地方政法委完成同级党委和上级政法委交办的其他事项。在以上8项职能中,与佘祥林冤案有关的应该是第6项职能中的"协调政法各部门的关系、重大业务问题和有争议的重大疑难案件"。这项职能往往被简称为具体案件协调职能。尤其是那些大案、要案、疑案,需要在公检法三机关之间进行协调,这也是政法委的日常事务性工作之一。政法委对具体案件的协调,除了那些政法委亲自抓的重大案件,例如打黑除恶案件以外,在一般情况下都是在三机关之间对某一案件发生意见分歧时,应某一机关的请求,政法书记以召开三长会(公安局局长、检察院检察长、法院院长)进行协调。由于过去公安局局长往往兼任政法委书记,因此,在三长会上公安机关较有话语权,而检察机关与公安机关同属控方,其意见也较接近于公安机关。在这种情况下,具有审判权的法院就成为弱势方。法院的杀手锏是向上级法院请示,在获得上级法院支持的情况下,才能坚持己见。不过,在佘祥林冤案中,法院的这一杀手锏也无法发挥作用,因为对佘祥林定罪是市、县两级政法委协调决定的。我国学者对政法委如何协调佘祥林案作了生动的说明和描述:

> 政法委之所以过问具体案件,一方面是因为某些刑事案件属于"大案要案",引起了群众关注,造成了社会影响,对这些刑事案件的处理结果往往与社会秩序的稳定、人民群众的反响有关;另一方面是因为刑事案件本身并不符合司法机关的法律标准,案件处于"办不下去"的境地。例如,案件达不到立案、起诉、定罪的法律标准或者证据标准,在侦查、检察或审判机关受阻,如果司法机关依法办案,只会导致不立案、不起诉、宣告无罪的结果,而这种法律结果与社会舆论预期的结果是完全相反的。在案件"办不下去"的情况下,就需要政法委发挥领导和协调功能。例如,在佘祥林杀妻案中,由于证据中仅有被告人口供,且证据存在多处疑点,案件被湖北省高院一再退查,而在退回补充侦查之后侦查机关和检察机关又拿不出更新、更有力的证据,荆门中院只有多次拒绝接受检方起诉,案件处于"办不下去"的境地;而另一方面,来自群众和公安机关的、要求严惩佘祥林的呼声又异常强大,在此情况下,在案件因行政区划的变更而寄送中共京山县委政法委员会后,报请中共荆门市政法委员会协调,于是政法委作

出了降格处理的决定。[1]

而正是这个决定,在铸成佘祥林冤案的方向猛推了一把,可以说是造成佘祥林冤案的终极原因。佘祥林冤案促使我们反思政法委在司法活动中的职能,否则,还会有其他冤案在政法委这一推手的作用下形成。事实上,正如在佘祥林冤案中存在刑讯逼供一样,在赵作海冤案的背后也同样出现了政法委协调的阴影。1999年5月通过刑讯逼供获取赵作海有罪供述以后,河南省柘城县公安局将赵作海案多次向检察院移送起诉,检察院拒不受理。及至2002年全国清理超期羁押专项活动期间,柘城县政法委召开会议协调研究该案,认为案件基本事实清楚,基本证据确实、充分,商丘市检察院可尽快起诉。后商丘市政法委扩大会议研究决定,由市检察院重新阅卷。同年11月11日,河南省商丘市人民检察院对赵作海以故意杀人罪提起公诉,由此而使赵作海案走上了通向冤案的快车道。

应该说,在如何看待政法委存在的必要性与合理性问题上,我国始终是存在争议的。党的领导应该是政法委存在的最崇高的理由,也是最拿得出手的理由。但是,当某些人打着"党的领导"的旗号,可能造成冤案的时候,这一理由就有些问题了。党对司法工作的领导主要体现在路线、方针、政策等方面,我国法律是在党的领导下制定的。这种情况下,依法办案就是最大的服从党的领导,办案的法律效果就是最大的政治效果和社会效果。难道协调三机关违法办案就是党的领导吗?难道协调三机关办成冤案就是党的领导吗?答案是否定的。由此可见,政法委协调案件不仅没有加强党的领导,而是败坏了党的领导。我国学者曾经提出了"保留中央政法委员会,取消地方政法委员会"的建议,指出:"党对司法工作的全局性领导方式决定了党不宜插手具体案件的审理,否则既与司法的基本原理背道而驰,也不利于党集中精力搞好对司法工作的总体规划和部署。"[2]对于这个意见,我深以为然。

冤案在任何司法体制下都不可避免。但是,越是完善的司法体制越

---

[1] 方鹏:《死刑错案的理性分析》,载陈兴良主编:《刑事法评论》(第18卷),北京大学出版社2006年版,第64页。

[2] 谭世贵:《司法独立问题研究》,法律出版社2004年版,第137页。

能够有效地防止冤案的发生,冤案在发生以后,也越能够得到平反。我国目前冤案频频暴露,揭示了现行司法体制的缺陷。当然,造成冤案的原因是多方面的,但司法体制的原因是最为根本的。为了有效地防止冤案的发生,必须完善党对司法工作的领导途径,尤其是要以审判为中心建立刑事诉讼结构,同时还要在具体案件的办理上赋予司法机关,尤其是法院以更大的独立权限,使之能够抵御来自外部的干预,包括政法委的干预。其实,干预没有当与不当之分,一切干预都是违法的。即使是没有造成冤案的干预也是违法的,司法独立是神圣的,这应当成为我们这一代法律人的理念。

冤案平反以后,公检法办案人员或多或少都受到了政纪或者法律的追究,但是从来没有一起冤案,能使造成冤案的幕后推手——政法委的相关人员受到责任追究。可见,政法委协调这一冤案的幕后推手不除,冤案难止。

三、于英生冤案反思:有罪推定陷歧途

1996年12月2日上午,于英生之妻韩某被发现在家中遇害。经蚌埠市公安机关侦查,蚌埠市人民检察院提起公诉,蚌埠市中级人民法院以故意杀人罪判处于英生无期徒刑,安徽省高院二审裁定维持原判。17年后的2013年8月13日再审,于英生被宣告无罪释放。

1996年12月2日:蚌埠市民韩某(女)在家中被人杀害。

1996年12月22日:韩某的丈夫于英生涉嫌故意杀人被批捕。后于英生被判处无期徒刑,剥夺政治权利终身。

2013年5月31日:于英生入狱后,其父亲等人相继申诉。安徽省高院根据《刑事诉讼法》第243条第1款的规定,决定对该案立案复查。

2013年8月13日:安徽省高级法院公开宣判,认为于英生故意杀害其妻事实不清、证据不足,宣告于英生无罪。

2013年11月27日:犯罪嫌疑人武某某在蚌埠被抓获。经审讯,武某某供述了17年前强奸杀害韩某的犯罪事实。

2013年5月31日,安徽省高院根据《刑事诉讼法》第243条第1款的规定,决定对该案立案复查。8月5日此案在阜阳不公开开庭审理。根据

检察机关和辩护律师提供的新证据,认为原审认定于英生故意杀人事实的证据不确实、不充分,在案证据之间的矛盾没有得到合理排除,不具有排他性、唯一性,据此,依法判决撤销原一审判决、二审裁定,宣告于英生无罪。8月13日,安徽省高院对此案再审宣判,认为原审事实不清、证据不足,判决宣告于英生无罪。

于英生拿到了100余万元的国家赔偿。

从1996年12月22日于英生被捕丧失人身自由,到2013年8月13日于英生被安徽省高级人民法院宣告无罪重新获得人身自由,过去了将近17年。案件的事实与证据都没有改变:事实还是那些事实,证据还是那些证据,但判决结果却截然不同:七年前判决认定于英生杀妻事实清楚,证据确实、充分,因而判决于英生故意杀人罪名成立;七年后判决则认定于英生杀妻证据不确实、不充分,宣告于英生无罪。这是为什么?答案其实并不复杂,就在于对案件事实与证据的思想认识发生了变化:从有罪推定到无罪推定。

有罪推定是指有罪是不需要证明的,需要证明的是无罪。换言之,不能证明无罪就是有罪。有罪推定最为典型的表现就是警察询问犯罪嫌疑人:"你是否承认有罪?"犯罪嫌疑人回答:"我没有罪。"警察质问:"你没有罪怎么会在公安局接受审讯?"警察最后这句话的问题在于:一个人为什么在公安局接受审讯,恰恰是公安局需要回答的问题。这名犯罪嫌疑人并不需要证明自己无罪,而是公安机关应该证明这名犯罪嫌疑人有罪。无罪推定是指无罪是不需要证明的,需要证明的是有罪。换言之,不能证明有罪就是无罪。因此,无罪推定与有罪推定在逻辑上是处于对立地位的:无罪推定是有罪推定的反面。过去有一种说法,我们既不搞有罪推定,也不搞无罪推定,我们坚持实事求是原则。其实,这种说法是难以成立的。因为实事求是是以查清案件事实为前提的,在案件事实已经查清的情况下,有罪就是有罪,无罪就是无罪,要坚持实事求是原则。但在案件事实难以查清或者无法查清的情况下,既不能证明有罪,又不能证明无罪,怎么实事求是?对此,只有有罪推定和无罪推定两种选择:要么是有罪推定,因为在这种情况下不能证明无罪,所以有罪;要么是无罪推定,因为在这种情况下不能证明有罪,所以无罪。可见,那种主张以实事求是原则取代无罪推定的人,其实根本没有理解无罪推定的真正含义。

有罪推定和无罪推定所要解决的是一个举证责任问题:在一个刑事诉讼案中,证明犯罪嫌疑人有罪的责任应当由控方承担,犯罪嫌疑人既没有自证其罪的义务,也没有自证无罪的责任。我国《刑事诉讼法》第49条明确规定:"公诉案件中被告人有罪的举证责任由人民检察院承担,自诉案件中被告人有罪的举证责任由自诉人承担。"在刑事辩护过程中,被告人及其辩护人当然可以进行无罪辩解或者无罪辩护。但法官只能根据控方的有罪指控是否达到法律所规定的"事实清楚,证据确实、充分"的程度作出有罪或者无罪的判决,而不是以被告人或者辩护人的辩解或者辩护是否能够证明被告人无罪为根据,作出有罪或者无罪的判决。

我国《刑事诉讼法》为有罪判决确定了证据判断标准,这就是"事实清楚,证据确实、充分"。应该说,这一标准本身是明确的,但在具体案件中,事实是否清楚,证据是否确实、充分,其判断权在于办案法官。值得反思的是,在过去相当长的一个时期,在我国司法实践中将事实清楚,证据确实、充分的法定证明标准矫正为"基本事实清楚、基本证据确实、充分",这就是所谓"两个基本"的证明标准。"两个基本"成为事实上的刑事案件证明标准以后,适用这一证明标准最大的问题在于如何界定这里的"基本"。这里的"基本"一词,在汉语中通常是指"主要"。因此,基本事实可以解读为主要事实,而基本证据可以解读为主要证据。"主要"是相对于"次要"而言的,但是如何区分这里的"主要"与"次要"?在有关"两个基本"的论述中,都提及不要纠缠于细枝末节。所谓细枝末节,就是指对定罪量刑没有根本性影响的细节。对这些次要事实与次要证据没有必要强调事实清楚、证据确实、充分。应该说,这个思路本身没有错误,也反映了认识的相对性和证明的相对性原理。但是,"两个基本"所体现的对刑事证明标准修正的思路,也潜藏着向降低刑事证明标准方向发展的危险。这就体现在"基本事实清楚,基本证据确实、充分"的"两个基本"被曲解为"事实基本清楚,证据基本确实、充分"。

在于英生冤案中,是否存在着证据标准掌握上的问题,不得而知。但事后被证明杀妻的真凶不是于英生而是另有其人,对于这样一个冤案却被认定为事实清楚、证据确实、充分,可见在证据认定上存在着重大错误,这一错误导致了冤案的发生。在赵作海冤案中,在只有被告人口供而没有其他客观证据的情况下,就是通过政法委协调,以案件基本事实清楚、基本证据确实、充分为由决定起诉的。由此可见,"两个基本"几乎成为对案件证据标准降格以求的根据,潜藏着造成冤案的危险。

当然,于英生冤案的平反还是值得称道的。前面所论及的赵作海冤案、佘祥林冤案是因为"死者"(被害人)复生而被平反,而于英生冤案则是在真凶没有归案的情况下被平反的。2013年8月13日,安徽省高院再审以犯罪证据"不具有唯一性和排他性",宣判已服刑近17年的"杀妻案犯"于英生无罪,警方随即启动再侦程序。警方称,专案组克服多种困难,从嫌犯遗留痕迹物证中检测出DNA样本独特信息,经排查锁定嫌犯。由于案发时间久远,摸排工作困难重重,专案组通过缜密分析、大胆设想,联系全国多家刑事科研单位进行反复比对、分析,运用高科技手段成功检测出犯罪嫌疑人DNA样本中的独特信息,经江苏、安徽等多地警方的密切协查,最终从排查的数千名犯罪嫌疑人中锁定武某某,并于2013年11月27日将其拘传到案。至此,本案真凶落入法网。于英生冤案据称是中央政法委关于切实防止冤假错案的指导意见出台后,安徽首次执行"疑罪从无"。无论这一表述是否存在瑕疵,通过于英生冤案的平反,无罪推定的思想获得了一次肯定,得到了一次曝光,这是值得欣慰的。

疑罪从无是无罪推定的应有之意;在法院判决的时候,基于罪疑从无的精神,应当作出无罪判决。在这方面,李怀亮案是一个积极的典型案例。李怀亮案至今还没有找到真凶,但李怀亮还是在被羁押了十余年后,获得了无罪判决。在申诉的时候,基于疑罪从无的精神,也同样应当予以平反。在这方面,于英生案是一个正面的典型案例。然而,并不是每一个案件都能做到这一点的。进入公众视野多年的聂树斌案就是一个典型,1995年4月27日,聂树斌因为在河北省石家庄西郊某地强奸杀人而被执行死刑。10年之后,2005年1月18日王书金被抓获,坦白曾在河北省石家庄等地强奸多名妇女并杀害其中4人,包括认定聂树斌实施的强奸杀人案亦为其所为。2007年4月河北省邯郸市中级人民法院一审判处王书金死刑,王书金以"未起诉在石家庄西郊玉米地那起强奸杀人案"为由提起上诉。2007年7月31日河北省高级人民法院二审不公开审理了王书金案,但长达6年没有下判。2013年6月25日河北省高级人民法院对王书金案再次开庭审理,并于6月27日作出二审判决,认为王书金的供述与检察机关提供的石家庄西郊玉米地奸杀案多项证据不符,认定王书金不是聂树斌案真凶。由此是否可以坐实聂树斌案呢?我的答案是否定的。即使否定王书金系聂树斌案的真凶,也不能成为排除聂树斌案是冤案。既然对王书金案采取了疑罪从无原则,对于聂树斌案也同样应当采取这一原则。如果聂树斌案确实没有达到"事实清楚,证据确实、充分"的程度,根据疑罪从无原则,也同样应当予以平反。因此,绝不能认为只要按下了王书金案这个葫芦,就起不来聂树斌案这个瓢。应该明白:葫芦是葫芦,瓢是瓢。[1]

四、浙江张氏叔侄冤案反思:留有余地判决埋祸根

张辉、张高平叔侄奸杀冤案发生在2003年5月,2013年3月26日,经浙江省高级人民法院依法再审并公开宣判,认定原判定罪、适用法律错误,宣告张辉、张高平无罪。2013年3月28日晚,浙江省公安厅针对张辉、张高平错案在官方微博上作出表态,向当事人及家属致歉,并表示要调查公安部门在案件中的相关执法问题。至此,此案两名被告因发生在杭州的一起"强奸致死案"被错误羁押已近十年。

张辉、张高平系叔侄关系,因涉及2003年发生在杭州的1起强奸致死案,分别被判死刑、缓期2年执行和有期徒刑15年。

2003年5月18日晚上9点左右,张高平和侄子张辉驾驶皖J-11260解放牌货车去上海。17岁的王某经别人介绍搭他们的顺风车去杭州。2003年5月19日杭州市公安局西湖区分局接到报案,在杭州市西湖区一水沟里发现一具女尸,而这名女尸正是5月18日搭乘他们便车的女子

---

[1] 2016年12月2日,最高人民法院第二巡回法庭对聂树斌案公开宣判,宣告撤销原审判决,改判聂树斌无罪。——编者注

王某。公安机关初步认定是当晚开车搭载被害人的张辉和张高平所为。

后在公安侦查审讯中,张高平与张辉交代,当晚在货车驾驶座上对王某实施强奸致其死亡,并在路边抛尸。2004年4月21日,杭州市中级人民法院以强奸罪判处张辉死刑,张高平无期徒刑。半年后,2004年10月19日,浙江省高院终审改判张辉死缓,张高平有期徒刑15年。

此后,狱中的张高平、张辉均坚称自己无罪。张高平称,杭州另一起杀人强奸案中的凶手勾海峰系此案嫌疑人。而张辉称,曾在狱中遭遇牢头狱霸袁连芳的暴力取证。

杭州市公安局将"5·19"案被害人王某指甲内提取的DNA材料与警方的数据库比对,发现了令人震惊的结果:该DNA分型与2005年即被执行死刑的罪犯勾海峰高度吻合。10年后竟发现,可能的真凶已于2005年被枪决,该犯名叫勾海峰。

2012年2月27日,浙江省高级人民法院对该案立案复查。2013年3月26日的公开宣判认为,有新的证据证明,本案不能排除系他人作案的可能。最终认定宣告张辉、张高平无罪。

2013年4月,浙江省政法委已成立调查组,彻查聂海芬等该冤案侦查、起诉、审判等全部司法过程中的涉案人员。2003年杭州"5·19"奸杀案发生后,以聂海芬为首的杭州警方办案人员在没有物证和目击证人的情况下,通过"突审"张氏叔侄,获得了该案"无懈可击"的"铁证"。

此外,有确切证据显示,聂海芬不仅是该案在公安机关侦查阶段的审核把关者,而且,也是这起冤案的"真凶"犯下的另一起杀人案的侦办者。

2013年5月17日,浙江省高级人民法院对张辉、张高平再审改判无罪并作出国家赔偿决定,分别支付张辉、张高平国家赔偿金110.57306万元,共计221.14612万元人民币。张高平不满赔偿金额称,10年冤案,回家房子都破败了,如今连房子都没得住。110多万元能干什么,买1套房子就没有了。

该案件被写入2013年浙江高院工作报告。

2014年2月12日,杭州市中级人民法院院长翁钢粮在作法院工作报告时再次提到上述案件。他表示,错案无论发生在何时,无论有何种客观原因,作为两错案的一审法院,负有不可推卸的责任,深感痛心与内疚,他代表杭州中院向杭州人民表示深深的歉意。

近年浙江司法界曝光了数起冤案,张氏叔侄(张辉、张高平)强奸杀人冤案是其中较著名的一起,另外一起就是陈建阳等五青年抢劫杀人案。两起冤案都有共同特点:一审被判处死刑立即执行,二审改判死刑缓期执行。例如张氏叔侄案,2004年4月21日杭州市中级人民法院以强奸罪判处张辉死刑,张高平无期徒刑。半年后,2004年10月19日浙江省高级人民法院改判张辉死刑缓期执行,张高平有期徒刑15年。直到将近10年以后发现"真凶",叔侄才获得平反出狱。从一审死刑立即执行到二审死刑缓期执行的改判,将张辉从死神面前拖了回来。问题在于:为什么改判?案件事实还是那些事实,证据还是那些证据。难道是二审法官突现怜悯之心?非也。二审判决书一如既往地不讲道理,除了重复"本案事实清楚,证据确实、充分"的套话以外,对于改判理由以"根据本案具体情况"一语带过。其实,这里的本案具体情况,就是定罪证据存在疑点,没有排除合理怀疑。10年后"真凶"发现,证明了这一点。既然证据存在疑点,为什么不按照无罪推定原则,罪疑从无,作出无罪判决,而是二审降格以求,作出留有余地的有罪判决呢?这是一个需要讨论的问题。可以说,留有余地的判决几乎成为处理此类疑案的通行做法,正是这一做法,给冤案的发生埋下了祸根。

留有余地的判决,本来是我国司法解释所设立的一项有利于被告人的死刑判决方法。本来的含义是:定罪证据达到了确实、充分的程度,但是量刑证据存在合理怀疑,在这种情况下,不判死刑立即执行,而是判处死刑缓期执行。应该说,这种留有余地的死缓判决是被司法解释所认可的。例如,最高人民法院、最高人民检察院、公安部、司法部《关于进一步严格依法办案确保办理死刑案件质量的意见》第35条规定:"人民法院应当根据已经审理查明的事实、证据和有关的法律规定,依法作出裁判。对案件事实清楚,证据确实、充分,依据法律认定被告人有罪的,应当作出有罪判决;对依据法律认定被告人无罪的,应当作出无罪判决;证据不足,不能认定被告人有罪的,应当作出证据不足、指控不能成立的无罪判决;定罪的证据确实,但影响量刑的证据存有疑点,处刑时应当留有余地。"这种留有余地的死缓判决,在定罪上证据已经达到了确实、充分的程度,可以认定为有罪。但影响量刑的证据存有疑点,在这种情况下,根据司法解释的规定,可以判处死缓。其实,这里的量刑证据存有疑点,还应该进一步加以辨析。因为量刑证据可以分为有利于被告人的量刑证据,例如有从轻处罚情节的证据,和不利于被告人的量刑证据,例如有从重处罚的量刑证据。在因为量刑证据存有疑点而留有余地判处死缓的情况下,这里的量刑证据是指不利于被告人的量刑证据,根据这些证据才能判处被告人死刑立即执行。如果这种类型证据存在疑点,虽然不影响定罪,但影响是否适用死刑立即执行。因此,基于留有余地的考量,对被告人适用死缓,这是对被告人有利的处理结果。这种情况不能认为是疑罪从轻的判决结果,其实仍然坚持了疑罪从无原则。因为从重处罚的量刑证据有疑而没有采用,在这个意义上,就是从无而非从有。但排除这一从重处罚的量刑证据以后,基于其他证据所证明的事实仍然符合判处死缓的条件。在这种情况下判处死缓,并无不当。

但是,在目前我国司法实践中,这种留有余地的判决发生了重大异化,演变为在定罪证据存在疑点的情况下,本来应该判决无罪,因为罪行重大,为缓解各方面关系,降格以求,采用留有余地的判决。按照这种留有余地的做法,定罪证据没有排除合理怀疑,但仍然认定有罪,但为了避免错杀留有余地,判处死刑缓期执行。这种情形,显然是没有法律根据的,但在我国司法实践中却普遍存在。并且,在判决书中采用"根据本案的具体情况"这种惯常性的表述。张氏叔侄冤案就是这一留有余地判决的受害人,可以说,这种判决对冤案的发生具有不可推脱的责任。

当然,这种留有余地的判决使被告人得以活命,也为平反留下了余地。因此,在发现真凶,被告人获得平反以后,二审法官以及法院在后怕的同时,也往往窃喜,没有造成更为严重的错杀后果。我认为,不能把没有发生更为严重的后果作为掩盖已经发生的严重后果的理由,更不能因为没有将被告人错杀而觉得自己"有功"而不是"有过"。留有余地的判决使我们反思疑罪从轻的做法是否符合司法规律。其实,疑罪是从有还是从无,是就定罪证据而言的,与量刑证据无关。在定罪时出现疑罪的情况下,要么从无,要么从有,而不存在从轻的问题。因此,疑罪从轻的提法是与无罪推定原则背道而驰的,应当彻底摈弃。我国学者提出疑罪从轻是刑事冤案迭出的祸根的命题,指出:

> 罪疑从轻的观念为冤案的产生提供了平台,因而也是产生冤案的祸根所在。在当代社会中,要使冤案不发生或者少发生,关键还是要彻底摈弃罪疑从轻的观念,并真正确立和大力弘扬罪疑从无的先进理念。[1]

对于上述观点,我是完全赞同的。疑罪从轻是在疑罪从无与罪疑从有之间的某种妥协,似乎比罪疑从有有进步,但尚未达到疑罪从无的程度。其实,罪疑从轻仍然是一种变相的罪疑从有,应在根绝之列。

留有余地的判决遭遇到的另一个尴尬是:控方并不买账。因为留有余地的判决在证据存疑的情况下,不是根据罪疑从无原则作出无罪判决,而是为了照顾控方的面子,罪疑从轻作出留有余地的判决。但法院与检察院在证据是否确实、充分上也会存在分歧意见:法院认为定罪证据存疑,因此作出留有余地的判决。但检察院认为证据并不存在疑点,因而提起抗诉。最高人民检察院颁布的指导性案例(检例第2号)忻元龙绑架案,被告人忻元龙一审被判处死刑立即执行,但二审法院认为本案在证据上存在疑点,因此以"本案的具体情况"为由改判忻元龙死刑缓期两年执行。对于二审法院的改判,高检向高法提出了抗诉,高法对本案作出了指令重审的处理。二审法院经过重审,又判处被告人忻元龙死刑立即执行。十分巧合的是,这起案件同样发生在浙江,这里的二审法院就是浙江省高级人民法院。我们可以对浙江省高级人民法院所判的3起留有余地判决的案件列出一个时间表:①陈建阳等五青年抢劫杀人案:1997年12月,浙江省高级人民法院二审以"本案的具体情况"将判处死刑立即执行的3人

---

[1] 刘宪权:《由"疑罪从轻"到"疑罪从无"》,载刘宪权主编:《刑法学研究——赵作海冤案与聚众淫乱罪研究》,上海人民出版社2010年版,第8页。

改判死缓,其他2人维持原判。②张氏叔侄强奸杀人案:2004年10月,浙江省高级人民法院二审以"本案的具体情况"将判处死刑立即执行的张辉改判死刑缓期执行,将判处无期徒刑的张高平改判15年有期徒刑。③2007年4月,浙江省高级人民法院二审以"本案的具体情况"将判处死刑立即执行的忻元龙改判死刑缓期执行。但事实证明,这三起留有余地的判决都有问题:前两起是冤案,后一起则是错案。由此看出,留有余地的判决使法院处于一种左右为难,动辄得咎的被动境地。

我认为,留有余地的判决这一问题的真正解决,还是有待于从思想认识上作出矫正。在刑事诉讼中,我们始终强调的是不枉不纵,既反对宁枉勿纵,也反对宁纵勿枉。正如实事求是是以查清案件事实为前提一样,不枉不纵也是如此。但在案件存疑的情况下,根本无法做到不枉不纵,而只能在宁枉勿纵与宁纵勿枉之间选择,二者必居其一。在命案必破的压力之下,司法机关,尤其是侦查机关和检察机关是天然地偏向于前者而非后者。当然,这不是说司法机关故意制造冤案,这是完全不可能的。但在司法制度的设计与案件流程的管理上,隐含了这一逻辑。就以以上3个留有余地的判决而言,前两个案件事后已经被证明是冤案,为什么检察机关并不抗诉而是任其发生?后一个案件法院采取了较为慎重的态度,对被告人作出了留有余地的判决,为什么检察机关提出了抗诉?对于法院来说,不枉不纵的要求无异于是:既要马儿跑,又要马儿不吃草。这样可能吗?我倒不是为法院鸣冤叫屈,真正遭受冤屈的是赵作海、佘祥林、于英生、张氏叔侄。难道不是这样吗?

在遭受司法冤屈的被害人面前,无论对司法机关予以何种责难,都是应该的。为了避免冤案,对司法机关无论提出何种要求,都不为过。冤案的制造者,无论是有意还是无心的,都应该永远钉在历史的耻辱柱上。尽管难以实现,我仍然要说:

无冤是司法的最高境界。